Nouveaux Cahiers du socialisme

n° 2, automne 2009

Comité de rédaction : Flavie Achard, Pierre Beaudet, Pierre Beaulne, Philippe Boudreau, Gaétan Breton, Véronique Brouillette, René Charest, Thomas Chiasson-LeBel, Donald Cuccioletta, François Cyr, Serge Y. Denis, Benoît Gaulin, Nathalie Guay, Jacques Létourneau, Éric Martin, Jacques Pelletier, Richard Poulin, Florence Thomas, André Vincent.

Coordination du numéro : Pierre Beaudet
Typographie, mise en pages et couverture : Richard Poulin
Révision linguistique : Philippe Boudreau et Jacques Pelletier
Illustration de la couverture : *Bolshevik Posters*, Planet Art

Rédaction
Collectif d'analyse politique (CAP)
Adresse électronique : cap@qc.ca.edu
Site Internet : www.cahiersdusocialisme.org

Administration, diffusion et abonnements
Les Éditions Écosociété
c. p. 32 052, comptoir Saint-André
Montréal (Québec) H2L 4Y5

Nous remercions le Conseil des Arts du Canada de l'aide accordée à notre programme de publication. Nous reconnaissons l'aide financière du gouvernement du Canada par l'entremise du Programme d'aide au développement de l'industrie de l'édition (PADIE) pour nos activités d'édition.
Nous remercions le gouvernement du Québec de son soutien par l'entremise du Programme de crédits d'impôt pour l'édition de livres (gestion SODEC), et la SODEC pour son soutien financier.

Dépôt légal
Bibliothèque et archives nationales du Québec
Bibliothèque nationale du Canada
© Le Collectif d'analyse politique et les Éditions Écosociété, 2009
ISSN 1918 4662 (version imprimée)
ISSN 1918 4670 (version en ligne)
ISBN : 978-2-923165-62-2

Imprimé au Canada en septembre 2009

Nouveaux Cahiers du socialisme

n° 2, automne 2009

Les *Nouveaux Cahiers du socialisme* et les Éditions Écosociété

Partageant des valeurs et une volonté communes de mieux comprendre le monde en vue de le transformer, les Éditions Écosociété et le Collectif d'analyse politique (CAP) ont signé une entente de cinq ans renouvelable. Écosociété est désormais l'éditeur des *Nouveaux Cahiers du socialisme*. Toutefois, les lignes éditoriales des deux partenaires restent complètement indépendantes l'une de l'autre.

En tant qu'éditeur, Écosociété prend en charge l'impression et la promotion, la distribution en librairie (via Dimédia), l'administration des abonnements, la correction des épreuves ainsi que la présentation de la revue dans les salons du livre, les foires et les tables militantes auxquels participe l'éditeur…

Le comité de rédaction (composé des membres du CAP) des *NCS*, auquel est invité à participer l'éditeur, détermine le contenu et la forme des numéros ainsi que leurs thèmes, évalue les articles, assure la révision linguistique et typographique, assume les traductions…

Le CAP conserve les droits de reproduction numérique pour son site Internet (< www.cahiersdusocialisme.org >) dans la mesure où la mise en ligne d'une partie des textes ne concurrence pas les ventes de la revue-papier. Écosociété peut également utiliser sur son site (< www.ecosociete.org/ >) des extraits en version numérique de la revue pour faire la promotion de la revue.

Cette division du travail, qui respecte l'indépendance éditoriale des deux parties, tient compte des intérêts communs et exige une collaboration soutenue. Elle marque aussi la solidarité du CAP avec l'éditeur qui est abusivement poursuivi par des multinationales canadiennes prédatrices.

Nous tenons à souligner ici la bataille menée solidairement par tant d'acteurs de la société civile, ayant permis l'adoption d'une législation pour prévenir l'utilisation abusive des tribunaux (SLAPP) et favoriser le respect de la liberté d'expression et la participation des citoyens au débat public.

Introduction
La crise! Quelle crise?

PIERRE BEAUDET

En chinois, l'idéogramme qui exprime l'idée de « crise » contient deux caractères : 危机. Le premier signifie « destruction »; le deuxième, « opportunité ». Dans cette approche, la crise n'est donc pas seulement le collapsus, comme on le comprend en français, mais aussi un moment durant lequel divers « possibles » apparaissent. C'est évidemment ce concept de crise aux accents dialectiques qui nous intéresse ici et que nous abordons dans le dossier qui constitue la pièce maîtresse du numéro deux des NCS.

DEPUIS L'ÉCLATEMENT DE LA BULLE des « *subprimes* », une série de chocs a traversé le système boursier et financier, d'abord aux États-Unis, puis dans le reste du monde. Au début, sous l'administration Bush, l'ampleur de la catastrophe a été occultée et niée. Au Canada, Stephen Harper affirmait même que cette « turbulence » avait du bon, puisqu'elle permettait de réaliser de « bonnes affaires » sur les marchés. Lors de la dernière campagne électorale, en octobre 2008, le Parti conservateur a eu l'audace de spécifier qu'aucun programme d'urgence n'était requis. Il accusait l'opposition de « faire peur au monde » et, si elle était élue, de remettre le Canada « dans le rouge ».

Certes, la question se pose : pouvions-nous attendre quelque chose d'autre de ce gouvernement? Nous avons été habitués depuis l'élection de Stephen Harper en 2006 à tant de bouffonneries, de mensonges et de choix bêtement néoconservateurs que plus rien ne pouvait nous surprendre. Le problème actuel, toutefois, dépasse le cadre limité et probablement éphémère du règne de Harper. En réalité, cette occultation de la crise est reprise par l'ensemble des dominants, quoique de façon nuancée. Au premier plan, soit celui de la langue, le mot « crise » est banni. Les grands médias refusent même d'employer le mot « dépression ». On parle d'une « récession », présentée comme un cycle descendant, momentané, un « mauvais moment » à passer, un creux de vague sur l'horizon radieux et lisse du néolibéralisme. On guette les indices boursiers pour dire à tout bout de champ que le « pire est terminé » et que la « reprise » est en vue. Si on était au Moyen-Orient, on pourrait dire simplement « *Inch'Allah !* »

Qui va la payer ?

Les dominants, bien que confiants de surmonter la crise, ne sont pas cependant totalement d'accord sur la manière à court et à long terme de reconstruire le système. Pour le moment, l'option qui est majoritaire parmi eux est qu'il faut apporter des correctifs « mineurs » pour s'en sortir. Certes, ces correctifs « mineurs » coûteront des milliards, qui seront empruntés par l'État, ce qui veut dire que tout le monde en sera responsable pour les prochains 20-30-50 ans.

Ce programme de « sortie de crise » est relativement cohérent. L'inspiration vient bien sûr de Washington, mais est également relayée par les principaux alliés européens, canadiens, japonais, et endossée par le nouvel espace de « concertation » qu'est devenu le G-20[1]. Sous diverses modalités, ce programme est relativement simple :

- Il faut préserver l'architecture économique et politique actuelle du monde, sous la gouverne du G-8 (« *relooké* » en G-20) et du néolibéralisme.
- Les priorités urgentes sont de recapitaliser les banques et les institutions financières et de leur permettre de reprendre leurs activités spéculatives (ce qu'on appelle le « marché » financier), de refinancer certains conglomérats comme GM et Chrysler

---

1. Le G-20 comprend, outre les G-7 « originaux » (États-Unis, Canada, Japon, France, Grande-Bretagne, Allemagne, Italie) qui sont devenus plus tard le G-8 (avec la Russie), les pays dits « émergents » qui accèdent à ce club sélect sur la base de leur importance économique (Chine, Inde, Corée du Sud, Indonésie, Turquie, Arabie saoudite, Afrique du Sud, Brésil, Mexique, Argentine, Australie), ainsi que l'Union européenne.

et d'autres secteurs dits stratégiques, et de distribuer quelques secours d'urgence aux chômeurs et démunis.

• Il faut éliminer de ce système les « canards boiteux » et les « moutons noirs » qui en ont « abusé », système qui reste efficace dans sa substance, mais vulnérable sous certains aspects. Cette élimination passe par des contrôles plus sévères et des restrictions imposées aux manipulateurs de capitaux, mais n'implique pas de mettre un frein réel à la financiarisation du capitalisme.

• Les classes populaires et moyennes devront payer. Avec les nouveaux sommets d'endettement de l'État, seront envisagées de nouvelles formes de taxations supplémentaires. Parallèlement, l'État surendetté devra diminuer les services, bref pratiquer, à l'échelle mondiale et non plus seulement dans les pays du tiers-monde, une sorte d'« ajustement structurel ». Bien sûr, cet « ajustement » sera inégalement opérationnalisé. Les populations du G-8 devront réduire leur consommation. Quant aux populations plus vulnérables des « G-192[1] », il y aura des réductions drastiques au niveau des biens « essentiels », ce qui veut dire, en clair, la famine pour 100 millions de personnes de plus, qui ainsi s'ajouteront au milliard actuel de crève-la-faim.

Il est effectivement possible, avec un tel programme, que le « problème » soit temporairement « réglé ». Et que les indices boursiers, de même que la valeur des actifs des grandes entreprises, reviennent en hausse. Toutefois, la crise n'est pas seulement ni principalement le mouvement des hauts et des bas de ces indices. Ce dont il s'agit, c'est d'une restructuration fondamentale du système, laquelle a déjà commencé depuis une trentaine d'années, et qui va probablement poursuivre son cours pendant longtemps encore.

La crise : crash « inévitable » ou « terminal » du capitalisme ?

Avant d'aller plus loin dans le débat sur la crise, il importe de rappeler que, depuis longtemps, des mouvements anticapitalistes et des intellectuels de gauche prédisent la « crise finale », la

---

1. Le Président de l'Assemblée générale de l'ONU, Miguel d'Escoto, a rappelé récemment au monde qu'il y a avait 192 États, et non 8 ou 20, et que, dans la majorité de ces États, la misère était le lot de la majorité.

fin « imminente » du capitalisme. Or, pendant la première moitié du xxᵉ siècle, les événements semblèrent leur donner raison : crises financières à répétition, grande dépression des années 30, deux guerres mondiales, insurrections en cascade à commencer par la révolution russe, etc. Une lecture au « premier degré » de Marx insiste alors sur les contradictions « insolubles » du capitalisme, sur la tendance à la chute des taux de profit, bref sur le moment-choc qui doit arriver, un jour ou l'autre :

> la société bourgeoise moderne [...] ressemble au sorcier qui ne sait plus dominer les puissances infernales qu'il a évoquées. Depuis des dizaines d'années, l'histoire de l'industrie et du commerce n'est autre chose que l'histoire de la révolte des forces productives contre les rapports modernes de production, contre les rapports de propriété qui conditionnent l'existence de la bourgeoisie et de sa domination. Il suffit de mentionner les crises commerciales qui, par leur retour périodique, remettent en question et menacent de plus en plus l'existence de la société bourgeoise. Ces crises détruisent régulièrement une grande partie non seulement des produits fabriqués, mais même des forces productives déjà créées. Au cours des crises, une épidémie qui, à toute autre époque, eût semblé une absurdité, s'abat sur la société – l'épidémie de la surproduction[1].

Plus tard, la Troisième Internationale construit sa stratégie en misant sur cette « fin imminente ». L'économiste hongrois Eugène Varga prédit la crise de 1929 avant tous les experts et affirme qu'il s'agit de la « deuxième phase » de la crise « finale » du capitalisme[2]. Le mouvement communiste doit seulement « pousser » un peu pour que le capitalisme « bascule » dans le vide. En réalité, l'histoire démontrera par la suite que ce « basculement » ne survient pas. En effet, le capitalisme surmonte ses contradictions, via le grand virage keynésien, propulsé à la suite de la Deuxième Guerre mondiale. Le système non seulement survit à ses contradictions, mais il peut vaincre l'adversaire de gauche (la Troisième Internationale) et celui de droite (le nazisme).

---

1. Karl Marx et Friedrich Engels, *Manifeste du parti communiste*, 1848, < http://classiques.uqac.ca/classiques/Engels_Marx/manifeste_communiste/manifeste_communiste.html >

2. Eugène Varga, *La crise économique, sociale et politique*, Paris, Éditions sociales, 1976.

Cette incapacité à penser l'au-delà de la crise coûte très cher. Dans les pays capitalistes, la relance de l'économie sur le mode keynésien déplace le centre de gravité politique et, peu à peu, marginalise la gauche. Parallèlement, l'Union soviétique s'enlise et s'isole, incapable de construire un espace post-capitaliste sur des bases solides et à long terme. Certes, cet aveuglement de la gauche est critiqué et décortiqué. Des voix prémonitoires, celles de Gramsci notamment, mettent en garde contre cet emportement devant la « crise finale » et l'espoir qui en découle en une sorte de « *happy ending* » communiste.

Dans les années 1960 et 1970, le débat reprend au moment où se manifestent justement les symptômes d'une nouvelle crise, après les trente années « glorieuses » de développement capitaliste. Poursuivant les travaux de Nicolas Kondratieff, Ernest Mandel et la Quatrième Internationale proposent une analyse historique des crises du capitalisme permettant de dépasser le schématisme qui avait dominé jusque-là la pensée de la gauche sur la crise[1]. Par la suite, des avancées considérables sont mises de l'avant dans les travaux de Robert Boyer, de Michel Aglietta et d'Alain Lipietz[2]. La crise est alors analysée non pas comme la « fin du capitalisme », mais comme la fin d'un cycle et d'un mode de régulation spécifique du capitalisme. On comprend enfin que dans le sillon du keynésianisme et du fordisme, le capitalisme post-crise a effectivement restructuré le système en créant un cercle « vertueux », basé sur l'accumulation du capital, la consommation de masse et la discipline des classes populaires par l'État libéral-démocratique.

Aujourd'hui la « crise des crises »

C'est ce système « keynésien-fordiste » qui entre lui-même en crise au tournant des années 1970, comme l'explique Robert Brenner. C'est une crise qui reflète les contradictions à la base même du système capitaliste, mais également l'acuité des conflits « inter-impérialistes » où rivalisent des puissances dominantes mais

1. Ernest Mandel, *Le troisième âge du capitalisme*, Paris, Union générale d'édition, 10/18, 3 vol., 1976.
2. Robert Boyer, *Théories de la régulation*, Paris, La Découverte, 2004 ; Michel Aglietta, *La cris*e, Paris, Michalon, 2008 ; Alain Lipietz, *La crise*, Paris, Syros, 1983.

déclinantes (les États-Unis) et des États « émergents » (voir le texte de Samir Amin). C'est une crise propulsée également par plusieurs décennies de « mal développement » qui conduit à l'épuisement de certaines ressources et qui met fin à une économie basée sur l'énergie fossile à bon marché (texte de Tanuro). C'est une crise enfin qui est le résultat des grandes révoltes prolétariennes et populaires qui courent à travers le monde pendant les « Trente glorieuses » (Bensaïd). Cette crise des crises détruit toutes les visions simplistes monocausales qui s'imposent encore dans le discours dominant.

De cette crise émerge un nouveau paradigme, le néolibéralisme qui relance le « turbocapitalisme » à travers l'expropriation massive des ressources auparavant redistribuées par le keynésianisme. Cette relance produit une formidable poussée de l'accumulation qui doit se « réaliser » par la déstructuration et la restructuration des rapports de production à une échelle inédite, planétaire. Cependant, l'accumulation devient suraccumulation, comme l'avait prédit Marx. La porte de sortie « temporaire » est le déplacement de cette masse de capitaux vers l'économie spéculative, celle des « bulles ». Gindin et Panitch démontrent l'importance énorme que cette économie-casino acquiert pour valoriser les actifs des dominants (et secondairement, des dominés). Au Québec et au Canada, le processus est le même (Beaulne, Tremblay). Les impacts au niveau des classes populaires sont déjà et seront encore plus dramatiques (Gélinas, Lamoureux). C'est d'autant plus inquiétant que la crise environnementale, composante « organique » de cette crise, ne cesse de s'étendre (Taruro).

Devant cette évolution à la fois lente et rapide, divers « possibles » se rouvrent, comme il a été dit précédemment. Les dominants ne sont pas prêts – le pourraient-ils tout en préservant l'essentiel, à savoir l'accumulation du capital ? – à revenir au « grand compromis » qui avait permis la sortie de la grande crise précédente. La « solution » est pourtant de faire payer, aux dominants, de gré ou de force, le démantèlement du « filet de sécurité » keynésien (au « Nord »), y compris aux États-Unis (Cuccioletta) et l'aggravation de la famine et de la misère au « Sud ».

La version social-démocrate de ce plan de sortie de crise, qu'on perçoit de façon inégale, en Amérique du Sud (LeBel), en Chine (Husson) et en Europe (Massiah), respecte les contours essentiels de cette stratégie « néo néolibérale », quitte à en « bonifier » certains aspects, comme par exemple, en augmentant les prestations pour les chômeurs, mais en ne soulevant pas la possibilité de changer de cap, comme par exemple, en nationalisant les banques. On est loin, très loin même, de Keynes, selon Dostaler. Quant au « *green capitalism* », il ne semble pas, pour le moment en tout cas, que cela aille plus loin que des mesures compensatoires, quitte à diminuer les émissions de carbone, sans toucher au cercle vicieux du productivisme et de la consommation sans fin.

Entre-temps, les dominés, comme toujours, s'entêtent et résistent. Des victoires partielles comme celle de l'UQÀM (Bonenfant, Hamel, Petitclerc), des défaites amères comme à York (Lafrance), des résistances opiniâtres comme à Holiday Inn (Reyes Bruneau) interpellent les militants et les militantes, surtout que se profilent pour la fin de l'année de puissantes confrontations dans le secteur public (Charest, Bouchard). De tout cela émergent, ici et ailleurs, des pistes pour non seulement résister à la crise, mais aller au-delà de celle-ci (David, Rioux).

Est-ce assez? Certainement pas. De ces débuts balbutiants ressortent des réflexions qui iront plus loin, dans le travail d'enquête et d'analyse, mais aussi sur le terrain, dans la lutte. C'est ce à quoi nous nous attelerons.

Dossier

LEUR CRISE!

Pourquoi la crise?

La crise au-delà de la crise

Entrevue avec Daniel Bensaïd

Réalisée par Jacques Pelletier et François Cyr

Daniel Bensaïd enseigne la philosophie politique à l'Université de Paris 8. Longtemps associé à la Ligue communiste révolutionnaire et à la Quatrième Internationale, il a participé récemment à la formation du Nouveau parti anticapitaliste (NPA), qui regroupe une partie importante de la gauche radicale en France. Il a publié de nombreux essais dont Politiques de Marx, *Paris, La Fabrique, 2008, et* Prenons parti pour un socialisme du XXIe siècle *(écrit avec Olivier Besancenot), Paris, Mille et une nuits, 2009.*

NCS. Cette crise, il faut nous efforcer d'en saisir rapidement la nature afin d'anticiper son ampleur, sa portée, mais surtout pour contrer les solutions douloureuses de sortie de crise auxquelles le capitalisme nous a habitués. Osons une typologie pour amorcer la discussion. On peut identifier d'abord un camp du déni qui réduit le problème à une question de pouvoir d'achat lié au surendettement des classes moyennes, particulièrement aux États-Unis. Incapables de consommer davantage, de faire chauffer le plastique des cartes de crédit, elles sont tenues responsables de ce qui arrive et on blâme leur manque de confiance dans l'avenir. Manque de confiance, voilà pour cette analyse le maître mot de la crise. D'autres, par ailleurs, essaient d'expliquer la crise par l'incurie, voire la malhonnêteté de certains hauts dirigeants du secteur financier qui auraient perdu tout contact avec la réalité. Dans ce cadre, la sortie de crise passe par un bon ménage, quoique très partiel et sélectif, assorti d'une réglementation adéquate pour

encadrer les aspects les plus effrénés de la spéculation, quitte
à renforcer le contrôle des pouvoirs publics. « We are all socialist now », titrait *Newsweek* en février 2009. Comment démêler
cela ?

On cherche souvent à comparer la crise actuelle à la grande crise
de référence, celle de 1929. Les différences importent autant que
les ressemblances. La crise actuelle est probablement beaucoup plus
grave. C'est fondamentalement une crise de la loi de la valeur, une
crise donc de la démesure ou de la malmesure d'un monde (capitaliste) où richesses et rapports sociaux sont évalués au seul étalon
du temps de travail abstrait. Or, ainsi que Marx l'annonçait dans
ses *Manuscrits de 1857-1858*, cet étalon est devenu de plus en plus
« misérable » et irrationnel avec une socialisation (une coopération)
de plus en plus poussée du travail et une intégration de plus en
plus forte du travail intellectuel et du travail manuel. C'est ce dont
témoignent, entre autres, les critères d'évaluation abracadabrants
élaborés pour quantifier l'inquantifiable et mesurer l'incommensu-
rable en matière d'éducation ou de santé. Dans sa double dimension,
sociale et écologique, cette crise prend sa source au cœur même du
système. Le caractère « misérable » de la loi de la valeur s'y manifeste en effet par l'explosion des nouvelles formes de pauvreté et
d'exclusion sociale : pourquoi les gains de productivité mirobolants,
au lieu de se traduire par davantage de « temps libre », génèrent-ils
toujours plus de chômage et de précarité ? Et comment évaluer en
« temps réel » (les cours de la Bourse !) et en termes monétaires les
dégâts infligés aux conditions naturelles de reproduction de l'espèce
humaine (déforestation, pollution des océans, stockage des déchets
nucléaires, changements climatiques).

La crise est d'emblée mondiale ou globale dans la mesure où le
système capitaliste a pratiquement épuisé les réserves d'expansion
externe lui permettant, selon Rosa Luxembourg dans *L'accumulation
du capital*, de repousser ses limites en intégrant à la production marchande des zones géographiques ou des formes de production qui
lui échappaient encore. Lors de la crise des années 30, la population
et la production agricoles représentaient encore plus de 30 % dans
les principaux pays capitalistes, de sorte que les solidarités fami-

liales et villageoises pouvaient constituer des amortisseurs sociaux. Aujourd'hui, les salariés constituent environ 90 % de la population active, de sorte que la crise, de licenciements en délocalisations, fait boule de neige. En France, le gouvernement en est à se féliciter du rôle que jouent (encore!) ce qu'il appelle désormais pudiquement « les stabilisateurs automatiques », soit, en clair, ce système de protection sociale qu'il s'acharnait à liquider.

Enfin, cette crise est aussi, pourrait-on dire, une crise des solutions à la crise. On parle beaucoup, dans les gazettes, de New Deal ou de relance keynésienne. C'est oublier un peu vite que le New Deal de Roosevelt a permis en 1934 une courte reprise (sous la pression de grandes luttes ouvrières), avant une brutale rechute en 1937-38. La crise n'a été réellement surmontée que par l'explosion de l'industrie d'armement et l'économie de guerre. Mais c'est surtout oublier que les politiques keynésiennes d'après-guerre n'ont pas seulement consisté en un « cercle vertueux » entre productivité, salaires, et consommation de masse, mais qu'elles supposaient tout un édifice institutionnel (droit du travail, services publics, politiques monétaires), établi dans des cadres nationaux aujourd'hui battus en brèche par la globalisation et la dérégulation. Pour envisager une relance keynésienne à l'échelle européenne, comme l'envisagent parfois les partis sociaux-démocrates dans leurs discours électoraux, il faudrait un virage à 180° de la construction européenne qu'ils ont eux-mêmes soutenue depuis un quart de siècle : une reprise de contrôle politique de la monnaie (abandonnée aujourd'hui à la Banque centrale), une reconstruction des services publics et des systèmes de protection sociale méthodiquement détruits depuis vingt ans par les gouvernements de droite et de gauche, une abrogation des traités européens instituant la libre circulation des capitaux, etc.

NCS. D'autre part, dans le camp de la gauche altermondialiste, l'effort de compréhension cherche visiblement à approfondir l'analyse. Cette crise n'est pas la première, ni hélas, la dernière : elle est inhérente au capitalisme. Mais contrairement aux classiques crises de surproduction, celle-ci émergerait d'un gouffre sans fond entre, d'une part, l'économie réelle qui produit les biens et services et, d'autre part, l'activité spéculative qui produit

quarante fois plus d'argent sans produire un iota de valeur réelle : celle qui est le fruit du travail. C'est la thèse de l'économie casino et de ses nouveaux maîtres, les spéculateurs, pratiquant une sorte de grand banditisme. Que penser de tout cela ?

Si l'on évalue ainsi la nature et l'ampleur de la crise, on mesure l'indigence des explications et des solutions généralement avancées, qu'il s'agisse de la thèse dite de la « sous-consommation », ou de celle invoquant l'immoralité des banquiers. La première reprend plus ou moins la théorie de Say sur l'équilibre spontané supposé entre production et consommation, qui peut valoir pour une économie de troc, mais non dans une économie capitaliste où production et consommation sont dissociées dans le temps et dans l'espace.

Il est établi aujourd'hui que, sous l'effet des contre-réformes libérales, 10 % de la valeur ajoutée est passé en 20 ans de la poche des travailleurs à celle des capitalistes (actionnaires, etc), de sorte que le « pouvoir d'achat » n'a pas suivi les gains de productivité. La consommation a donc été soutenue par un recours massif au crédit et à l'endettement qui ont permis de différer une crise latente de surproduction. Révélée par l'explosion de la bulle spéculative, elle est aujourd'hui manifeste dans les secteurs-clefs du bâtiment ou de l'automobile.

Cette séquence néolibérale s'est aussi caractérisée par une explosion des inégalités, moralement choquante certes (avec parachutes dorés, bonus prodigieux, retours miraculeux de 15 % sur investissement pour une croissance moyenne inférieure à 5 % !), mais néanmoins fonctionnelle : cette explosion a permis de compenser partiellement la compression de la consommation populaire par l'essor d'un secteur de consommation de luxe. L'incrimination indignée de la cupidité patronale sert donc aujourd'hui de diversion. Elle masque notamment la responsabilité politique des gouvernements de droite et de gauche. La dérégulation n'est pas en effet un phénomène économique aussi fatal que les calamités dites naturelles (qui ne le sont pas toujours au demeurant) : il a fallu 20 ans de mesures législatives pour déréguler les Bourses, libérer la circulation des capitaux, privatiser les services publics, promouvoir le brevetage du savoir et du vivant, etc.

La formule de « l'économie casino » ne fait donc que désigner un phénomène déjà décrit par Marx dans les *Théories sur la plus-value* et dans *Le Capital*, à savoir celui du fétichisme monétaire, du « capital fictif », du miracle de l'argent qui ferait de l'argent par auto-engendrement, sans passer par la fécondation de la production et de la circulation. Le fameux retour sur investissement de 15 % pour une croissance de 4 ou 5 % était plus prodigieux encore que le miracle biblique de la multiplication des pains. Il ne pouvait durer éternellement, et s'il était impossible de prévoir la date et le détonateur de la crise, il n'y avait pas besoin d'être diplômé de la London School of Economics pour comprendre qu'elle était inévitable !

Quant à la fable sur la moralisation du capitalisme, son inanité est évidente. En traitant les travailleurs jetables comme des « variables d'ajustement », le capitalisme a toujours traité les hommes comme des moyens et non comme des fins. C'est ce qu'admet ouvertement la philosophie utilitariste et ce que Marx résumait fort bien en écrivant, dès les premières pages du *Capital,* qu'à l'entrée de l'enfer de l'exploitation était écrit : « No entry, except for business. » Entrée interdite, sauf pour affaires. Autrement dit : laisser sa morale à la porte.

NCS : Quatre cents ans après son émergence, le capitalisme est-il au bout de sa route ? N'est-il encore fort que de la faiblesse et de la désunion de ceux qui le contestent ? Peut-on envisager une voie de sortie de crise qui soit autre chose que la guerre ou un fascisme version XXIe siècle ? Peut-on envisager une sorte de néo-keynésianisme musclé par les luttes sociales et écologiques et s'appuyant sur une large coalition issue de toutes les sphères de la société civile ? Dit plus simplement : y a-t-il une autre vie possible pour le capitalisme postnéolibéral ? Cette question n'est ni théorique, ni spéculative. La réponse qu'on lui apporte induit différentes propositions programmatiques et organisationnelles des différents courants se réclamant du socialisme. Formulé plus directement : doit-on militer pour unifier et mettre en mouvement les forces de résistance aux « excès » néolibéraux ou au capitalisme ?

Écartons d'emblée l'idée d'une crise finale du capitalisme telle que l'envisageaient les théoriciens de l'effondrement (*Zusammenbruchtheorie*) comme Eugen Vargas lors de la « troisième période d'erreur de la IIIᵉ Internationale ». Il y a probablement une issue, le problème étant de savoir à quel prix et sur le dos de qui. Le prix de l'issue à la crise de 1929 a été exorbitant pour les opprimés et les exploités : le fascisme, une guerre mondiale et la consolidation temporaire d'un stalinisme apparemment victorieux. Mais il faut se garder de penser l'histoire sous forme de la répétition du même, au risque de rester aveugle à ce qu'elle présente toujours d'inédit et de surprenant. Nul ne sait ce que peut donner aujourd'hui la combinaison des crises économique, sociale et écologique.

En revanche, si, comme vous le rappelez, le capitalisme en tant que système dominant n'a approximativement que quatre ou cinq siècles d'âge, il est certain qu'il n'est pas éternel. Quel peut être son au-delà ? Cela dépend, aurait dit Héraclite, de la nécessité et de la lutte. Quel dépassement du capitalisme est envisageable ? Ce n'est pas une question de modèle ou d'horizon utopique. Il s'agit de détecter dans les luttes actuelles, dans le « mouvement réel » qui tend à abolir l'ordre existant, le germe des possibles. Pour moi, ce germe réside dans l'opposition d'une logique solidaire (du bien commun, du service public, de l'appropriation sociale), à la logique concurrentielle de la propriété privée et du calcul égoïste. C'est ce que j'ai résumé, entre autres, dans *Les Dépossédés*.

La question (et les doutes) portent en réalité plutôt sur les forces capables de faire aboutir cette grande transformation sociale. Dès le début des années 60, dans *L'homme unidimensionnel*, Marcuse posait la question de savoir s'il était encore possible de briser le cercle vicieux de la domination. Il la posait par rapport à une société de consommation qui semblait promise à l'abondance, à la saturation des besoins, à l'intégration sans restes des capacités subversives du prolétariat. Sa quête de sujets sociaux de rechange (les étudiants) a fait long feu. De fétichisme en spectacle (Debord, 1967), de spectacle en simulacre (Baudrillard, 1980), le cercle vicieux n'a semble-t-il cessé de se parfaire et de se refermer. On est pourtant bien loin aujourd'hui des mythes de l'abondance à portée de main, et les luttes sociales, y compris la lutte de classe, connaissent un regain d'intensité.

La question nouvelle, à mon sens, est celle de la construction d'un nouveau bloc historique hégémonique à partir de l'irréductible pluralité des contradictions et des dominations, de l'irréductible pluralité (et discordance) des temps sociaux. L'expérience des forums sociaux donne à ce propos de précieuses indications. Qu'est-ce qui fait que des mouvements aussi divers que des syndicats industriels, des mouvements féministes, écologistes, culturels, etc, puissent y converger ? Pour moi, le grand unificateur, c'est le capital lui-même : c'est sa logique systémique mondialisée qui génère le besoin de réponses anti-systémiques. Mais tout cela débouche sur une autre question qui déborde les limites de cet entretien, celle de l'articulation entre luttes sociales et politiques, entre mouvements sociaux et partis, entre contestation sociale et représentation institutionnelle.

Quant à savoir, puisque telle est la question, s'il y a « une vie possible pour le capitalisme post-libéral », la réponse serait : probablement, mais quelle vie ? Avant de proclamer, comme nous l'avons fait dans les forums sociaux, qu'un autre monde est possible, il faut se convaincre qu'il est d'abord nécessaire. Il s'agit donc de le rendre possible. Et cet autre monde ne saurait se contenter de corriger les excès et abus du capitalisme (qui sont inscrits dans son logiciel). Il exige de briser sa logique mortifère.

NCS: Ce qui donne vigueur et substance à l'hypothèse de la nécessaire rupture révolutionnaire d'avec le capitalisme renvoie sans aucun doute à cette spectaculaire incapacité des classes politiques dirigeantes à fournir des explications et des réponses satisfaisantes à la crise. Pour l'essentiel, ce sont les mêmes qui, après avoir allumé l'incendie, se transforment en pompiers. Mais cette incapacité, on la rencontre aussi, sur le plan des idées, chez certains intellectuels qui ont expliqué le monde selon Thomas Friedman ces 30 dernières années. De leur côté, c'est également le désert. On les sent incapables de formuler des propositions nouvelles, si ce n'est celle d'un capitalisme vert aux contours vagues et imprécis. Leurs réponses sont pour le reste souvent insignifiantes et culpabilisantes. Du côté des classes populaires, les luttes sont dures et surtout défensives. Acculés le dos au mur, on essaie de contrer les pertes d'emplois, les reculs sur les conditions de travail, la vie chère. Il s'agit essentiellement de luttes pour contrôler et limiter les dégâts

de la crise. Comment expliquer cet écart entre la dureté des affrontements et la modestie tant des objectifs que des résultats qui tranche singulièrement avec les grandes batailles de la période keynésienne? Comment expliquer cette inflexibilité des classes politiques dirigeantes qui tranche non moins singulièrement avec une certaine plasticité du capitalisme d'hier? Les impératifs de la concurrence mondialisée n'expliquent pas tout; il y a sûrement d'autres facteurs qui jouent : lesquels? Par ailleurs, la très réelle menace que fait courir à l'humanité la détérioration de notre environnement alimente un profond sentiment d'urgence, surtout dans la jeunesse. En définitive, pouvons-nous nous payer encore le luxe d'être modérés? La perspective radicale n'est-elle pas devenue une impérieuse nécessité fondant notre droit à la révolte?

Que les luttes populaires, souvent dures et longues, aient un caractère défensif n'a rien de surprenant. Le XXe siècle s'est achevé par une défaite historique des espérances d'émancipation. Il ne s'agit ni exclusivement, ni principalement, comme on tend parfois à le croire, d'une défaite idéologique, à savoir : du discrédit du projet communiste au vu de la faillite du socialisme réellement inexistant incarné par le despotisme bureaucratique. Il s'agit surtout d'une défaite sociale que résume bien le doublement, en moins de vingt ans, de la main d'œuvre disponible en concurrence sur un marché mondialisé et dérégulé du travail. Cette donnée va peser lourdement sur les rapports de forces sociaux à l'échelle internationale jusqu'à ce que les résistances qui émergent à peine en Chine, en Europe de l'Est, en Russie, se traduisent par une réorganisation syndicale et politique. Cela finira par arriver, mais une course de vitesse est engagée, et cette course de vitesse, les catastrophes (sociales et écologiques) du XXIe siècle peuvent hélas la gagner.

En même temps, la brutalité de la crise suscite bien évidemment des réactions, certes défensives (il suffit, pour mesurer le chemin parcouru à reculons, de rappeler qu'en 1985 le congrès du syndicat de la magistrature votait en France une motion pour la suppression des prisons!), mais radicales et parfois violentes. Comme si bon nombre de travailleurs étaient écartelés entre la peur (légitime) du chômage et la colère devant tant d'injustices et d'inégalités. La question qui ou quoi, de la peur ou de la colère, l'emportera n'est pas tranchée. Si c'est la peur, ce sera le sauve-qui-peut général, la guerre de tous contre tous, et la montée du racisme et de la xénophobie dont on perçoit déjà les prémices.

Bien sûr, la perte de confiance dans les solutions ou les « modèles » alternatifs est aussi un lourd handicap. Il se traduit par la tentation du repli sur un faux réalisme minimaliste et sur des politiques du moindre mal qui nourrissent les grandes déceptions et les grands découragements. Mais on perçoit déjà les signes, certes minoritaires, d'un réengagement politique, y compris chez les jeunes. Après ce que j'appelle le moment utopique de la fin des années 90 et du début de la décennie, caractérisé par l'opposition entre des « nouveaux mouvements sociaux », considérés sains par nature, et des partis politiques dépassés, la crise démontre que l'autosuffisance des mouvements sociaux est une illusion et la nécessité de reconstruire une perspective politique face à l'intransigeance des classes dominantes.

Car, comme vous le dites, elles sont intransigeantes. Face à la crise, elles prétendent prendre des mesures cosmétiques de moralisation du capitalisme. Mais le peu de décisions concrètes sorties du sommet du G-20 montrent que les limites des déclarations d'intention sont vite atteintes. Pendant la crise, la contre-réforme libérale continue, en matière d'éducation, de santé, de droit du travail, etc. Pourquoi cette intransigeance ? Peut-être parce qu'en dépit des discours sur la « refondation du capitalisme » ou sur un « New Deal vert », les stratèges des classes dirigeantes savent fort bien que revenir à des politiques keynésiennes (à supposer que ce soit possible dans le cadre d'une économie mondialisée), ce serait retrouver les contradictions auxquelles la contre-réforme libérale prétendait échapper. Ils font preuve à leur manière d'une forte conscience de classe : pour eux, la sortie de crise passe par la nécessité d'infliger aux classes dominées une défaite historique encore plus lourde, et d'en finir avec ce qui subsiste des acquis sociaux de la période précédente.

Face à ce « pur capitalisme » (selon la formule de Michel Husson), un pur anticapitalisme est nécessaire pour conjurer la catastrophe sociale et écologique imminente.

NCS : Depuis la grande période de crise 1910-1950, les gauches ont peu réussi à « lire » correctement les soubresauts du capitalisme. Il y a eu bien sûr des exceptions comme le moment de Pétrograd en 1917 ou celui de Yenan en 1940. Mais dans la plupart des situations, l'incapacité de la gauche à penser les crises a conduit à des erreurs graves : soit d'aller trop vite et de manière trop optimiste (Berlin, 1923), soit, la plupart du temps, de ne pas bouger assez vite et assez loin. On peut se justifier en disant que l'histoire n'est pas lisible comme une boule de cristal et que le marxisme n'est pas une boussole infaillible ou un logiciel, mais est-ce suffisant? Il y a à gauche une oscillation dramatique entre un attentisme marqué d'économisme, une sorte de fatalisme, et un ultra volontarisme comme quoi tout serait possible et tout de suite. Les deux attitudes s'inscrivent par ailleurs dans un fondement commun, une croyance presque religieuse au « progrès », à l'avènement inévitable du socialisme... Toi, tu conçois la politique comme un nœud tressé de bifurcations et de possibles, de régressions aussi hélas, ce qui représente une avancée par rapport à la vision économiste de l'histoire. Est-il possible d'aller encore plus loin? Comment faire, par exemple, pour éviter l'isolement d'une couche de militants volontaristes, enthousiastes, formée de jeunes surtout, dans un monde qui fonctionne globalement à la routinisation, enfoncé dans une sorte de somnambulisme pour reprendre l'expression célèbre d'Hermann Broch?

Il y a belle lurette que « les illusions du progrès » ont du plomb dans l'aile, depuis au moins un petit livre de Georges Sorel qui, dès avant 1914, portait déjà ce titre. Puis il y eut, au lendemain de la Première Guerre mondiale, les regards de Valéry sur le monde actuel, le Freud du *Malaise dans la civilisation*, les thèses de Benjamin sur le concept d'Histoire. Aujourd'hui, crise écologique aidant, nous savons mieux que jamais que les civilisations sont mortelles, et que nous faisons nous-mêmes une histoire ouverte sans Jugement dernier.

« Comment faire pour éviter l'isolement d'une couche de militants volontaristes... », demandez-vous? Si nous le savions! Le propre (et la grandeur) d'une politique profane, sans garantie divine ni scientifique, c'est précisément de « travailler pour l'incertain » (selon une vieille formule de Saint-Augustin). L'engagement révolutionnaire a inévitablement la forme d'un pari, d'un pari raisonné certes, le plus lucide possible, mais il n'y a pas de science exacte des révolutions. Pour changer le monde – ce qui est plus urgent que jamais – nous sommes condamnés au bricolage, sans certitude de réussir ; mais avec la certitude que si nous n'essayons pas nous serons condamnés à mourir de honte avant même d'être anéantis par une éventuelle catastrophe nucléaire ou par un désastre climatique.

La crise de l'accumulation

Entrevue avec Robert Brenner

Réalisée par Songjin Jeong

S. J. Pour les médias, la crise actuelle est financière. Êtes-vous d'accord?

Le point de départ est effectivement l'effondrement des banques et des marchés financiers. Mais il faut aller plus loin pour comprendre. Le secrétaire au trésor, Henry Paulson, et le Président de la Banque fédérale de réserve, Ben Bernanke, ainsi que d'autres responsables de la politique états-unienne, expliquent la crise par les problèmes dans le secteur financier. En même temps, ils prétendent que l'économie réelle reste forte. Les soi-disant « fondamentaux » sont solides, disent-ils. Mais ils ont tort. En réalité, la source de la crise actuelle réside dans la performance déclinante des économies capitalistes avancées depuis 1973, une situation qui s'est fortement aggravée depuis l'an 2000. Les principaux indicateurs (PIB, taux d'investissement, salaires réels) des États-Unis, de l'Europe occidentale et du Japon n'ont cessé de se détériorer. Le cycle économique qui s'est échelonné de 2001 à 2007 a été le moins performant depuis 1945 et ce, en dépit du plus important programme de stimuli mis en place par le gouvernement américain en temps de paix.

S. J. Quelles sont les causes de l'affaiblissement de l'économie réelle depuis 1973?

C'est le déclin profond et durable des taux de profit, qui dure depuis la fin des années 1960. Ce taux de profit stagne, ce qui est d'autant plus remarquable que, durant la même période, la croissance des salaires réels a fortement ralenti. La principale cause (mais non la seule) de ce déclin du taux de profit relève de la surcapacité persistante du secteur manufacturier. Et cette surcapacité à son tour découle de l'arrivée sur le marché de nouvelles puissances industrielles, au début le Japon et l'Allemagne, puis ensuite les « nouveaux pays industrialisés » d'Asie, et finalement, le géant chinois. Dans les faits, ces « nouveaux » compétiteurs produisent les mêmes marchandises que les pays capitalistes déjà établis. Mais ils le font à meilleur prix ! Résultat, l'offre dépasse la demande, ce qui force les prix à la baisse et fait pression sur les profits. Certes, les entreprises tentent de maintenir leurs profits par l'innovation et l'investissement dans la technologie. Toutefois, finalement, cette course ne fait qu'aggraver le problème de surcapacité. On constate alors que, sur la durée, les profits ne cessent de diminuer. Quelles sont les options ? Soit, diminuer la production et l'emploi. Soit, résister à l'augmentation des salaires. Également, encourager les gouvernements à réduire leurs dépenses sociales. Mais à la longue, toutes ces coupures réduisent la demande globale, qui demeure la base de la faiblesse de l'économie.

S. J. Quelle est l'importance de l'implosion de la bulle ?

La bulle immobilière doit être comprise dans le contexte des bulles multiples qui se succèdent depuis les années 1990. Toutes ces bulles ont été le résultat des politiques mises en place par la Banque fédérale de réserve. Dès le début du long déclin, les autorités financières ont tenté de répondre au problème de l'insuffisance de la demande en encourageant l'endettement public et privé. Au début, elles ont favorisé des déficits budgétaires du gouvernement, ce qui a permis d'éviter la récession. Cependant, avec le temps, cette stratégie de l'endettement a perdu son impact. Au début des années 1990, les gouvernements états-unien et européens, à l'initiative de l'administration Clinton, ont réduit les déficits pour mettre en place des budgets équilibrés. L'idée était de laisser le marché libre réguler l'économie. Mais parce que la profitabilité n'était pas au rendez-vous, la réduction des déficits a beaucoup affaibli la demande, propulsant ainsi les récessions et les taux de croissance inférieurs de 1991 à 1995.

S. J. Pourquoi les gouvernements occidentaux ont-ils adopté cette réponse ?

Pour redémarrer l'économie, les autorités états-uniennes ont adopté l'approche que le Japon avait expérimentée à la fin des années 1980. En maintenant les taux d'intérêts à un bas niveau, la Banque fédérale de réserve a facilité le crédit pour stimuler les investissements dans les actifs financiers. Les prix ont grimpé. Et les corporations et les ménages ont vu leurs actifs prendre de la valeur, au moins sur papier. D'où la spirale de l'endettement, ainsi que celle des investissements et de la consommation. Peu à peu, les déficits privés ont remplacé le déficit public. Une sorte de keynésianisme basé sur la valeur des actifs a remplacé le keynésianisme traditionnel. D'où un étonnant spectacle, par lequel l'accumulation du capital finit par dépendre de vagues spéculatives, orchestrées et rationalisées par les gestionnaires publics ! C'est ainsi qu'est apparue la bulle boursière à la fin des années 1990, puis la bulle immobilière, puis la bulle du crédit et ainsi de suite jusqu'à la crise actuelle.

S. J. Est-ce qu'il y aura une reprise à la fin de 2009 ?

La crise actuelle est beaucoup plus grave que la pire des récessions survenues depuis la fin de la Guerre. Elle se compare à la Grande Dépression, même si la situation n'est pas exactement la même. Aujourd'hui, les experts sous-estiment la crise parce qu'ils surestiment la force de l'économie réelle. Ils ne tiennent pas compte de l'étendue de la dépendance envers la dette et les différentes bulles. Aux États-Unis, entre 2001 et 2007, la croissance du PIB a été la plus faible de toute la période de l'après-guerre. L'emploi dans le secteur privé n'a pas augmenté. Le niveau des investissements est également le plus bas depuis 1945. Les salaires réels ont stagné. Le revenu médian des familles est resté au même point, un fait inédit depuis la guerre. La croissance économique est venue de la consommation personnelle et de l'investissement résidentiel, facilités par l'accès au crédit et l'augmentation de la valeur des maisons. Résultat, la performance est restée anémique, en dépit des stimulants provenant de la bulle immobilière et des énormes déficits budgétaires de l'administration Bush. Le secteur immobilier a représenté plus d'un tiers de la croissance du PIB. Également, c'est ce secteur qui a créé la moitié des emplois entre 2001 et 2005. Il était donc prévisible qu'au moment de l'implosion de la bulle immobilière, les niveaux de consommation et d'investissements résidentiels chutent, précipitant ainsi l'économie toute entière.

S. J. Que répondez-vous aux économistes qui estiment que la crise actuelle est typiquement « financière » et non une crise « marxienne » de surproduction ?

C'est trompeur d'opposer les aspects réels aux aspects financiers de la crise. Pour moi, c'est une crise marxienne, qui reflète la tendance à long terme de la baisse des taux de profit. Cette baisse est la source fondamentale de la décroissance de l'accumulation du capital. En 2001, le taux de profit des corporations non-financières a été le plus bas de l'histoire de l'après-guerre (à l'exception de 1980). Cependant, pour comprendre l'effondrement actuel, il faut démontrer le lien entre la faiblesse de l'économie réelle et le crash financier. Ce lien est une dépendance croissante du crédit pour maintenir une croissance artificielle, ainsi qu'une dépendance du gouvernement à la montée des prix pour maintenir le crédit. À la base du marché immobilier et bancaire, il y a eu les bas taux d'intérêt. Cette faiblesse, la même qui s'était manifestée durant les crises de 1997-98 et de 2001-02, a été atténuée et « gérée » par les achats de dollars de la part des États d'Asie de l'Est. Ceux-ci voulaient absolument maintenir la valeur du dollar américain (et donc de la capacité d'acheter et de consommer aux États-Unis).

S. J. Que dire de la bulle immobilière ?

Durant toute cette période, la Banque fédérale de réserve a maintenu les plus bas taux d'intérêt depuis les années 1950. Le résultat de tout cela a été la montée vertigineuse du prix des domiciles, parallèle à la chute de la valeur des bons du trésor américains. Puisque la valeur des bons chutait, les institutions peinaient à assurer des rendements adéquats. Les fonds de pension et les compagnies d'assurance ont été particulièrement affectés, de même que les fonds spéculatifs *(hedge funds)* et les banques d'investissements. Toutes ces institutions étaient prêtes à investir dans des opérations à risque, comme les hypothèques « *subprimes* », qui offraient des rendements élevés en fonction justement du risque qu'elles représentaient. Cette spirale a continué jusqu'au point où les prêteurs ont offert des crédits à des clients non-solvables. La bulle immobilière a atteint des sommets inégalés, permettant la continuation de l'expansion économique. Évidemment, cela ne pouvait pas durer éternellement. Quand le prix des domiciles a chuté, l'économie réelle est entrée en récession et le secteur financier s'est mis à fondre. Aujourd'hui, la récession aggrave le crash, qui rebondit dans la récession en restreignant l'accès au crédit. Il y a une interaction mutuelle entre le crash financier d'une part, et la récession d'autre part, ainsi qu'entre l'économie réelle et le secteur financier, ce qui rend le déclin si difficile à surmonter. Le potentiel d'une catastrophe apparaît à l'horizon.

S. J. N'est-il pas vrai que l'offensive néolibérale a empêché l'aggravation de ce déclin dans les années 1980 ?

Si on entend par néolibéralisme le virage vers la finance et la dérégulation, je ne vois pas en quoi cela a aidé l'économie. Mais si on comprend cela comme un assaut des employeurs et des gouvernements contre les salaires, les conditions de travail et le *Welfare State*, oui, effectivement, le néolibéralisme a ralenti la chute des taux de profit. Il faut cependant dire que cette offensive patronale a commencé avant la soi-disant ère néolibérale des années 1980. Elle est apparue dans le sillon de la chute de la profitabilité, donc dès le début des années 1970. Cependant cette offensive n'a pas permis de rétablir les taux de profit et, en fait, elle a aggravé le problème de la demande globale. Par la suite, les États se sont orientés vers d'autres formes de stimulation économique, plus dangereuses celles-là, et que j'appelle le « keynésianisme des prix des actifs ». Cette évolution nous a menés au désastre actuel.

S. J. Que pensez-vous des économistes qui disent que la financiarisation a favorisé la résurgence du Capital ?

L'idée que le capitalisme peut être mené par la finance est une contradiction dans les termes. Certes, le capitalisme peut être porté ou stimulé par des opérations financières, le crédit à la consommation par exemple. Mais en fin de compte, les taux de profit reflètent l'état de santé de l'économie réelle. Pour faire face au déclin des taux de profit dans l'économie réelle, le gouvernement américain a encouragé un virage vers la finance en dérégularisant le secteur financier. Mais parce que l'économie réelle continuait de stagner, le principal résultat de cette dérégulation a été d'intensifier la compétition au sein même du secteur financier, ce qui a fragilisé encore davantage les taux de profit, encouragé la spéculation et l'adoption de stratégies impliquant de plus en plus de risques. Tout au long des années 1970, l'expansion de la finance a mené au désastre. À chaque fois, c'est l'État qui est venu à la rescousse, comme lors de la crise du crédit dans les années 1970-80, ou encore, lors du crash des Caisses d'épargne et de crédit. Avec l'implosion de la bulle immobilière et celle du crédit qui a gonflé artificiellement depuis 2000, on a le même scénario. Le secteur financier semble dynamique, mais en réalité, c'est parce que les gouvernements sont au rendez-vous pour réparer les pots cassés.

S. J. Est-ce que le keynésianisme et l'étatisme reviennent vraiment en force?

Les gouvernements n'ont pas le choix de revenir au keynésianisme et à l'État pour sauver l'économie. Après tout, le marché libre est totalement incapable de prévenir ou d'atténuer la catastrophe économique et encore moins d'assurer la stabilité et la croissance. Aussi les élites politiques qui n'ont cessé de réclamer la dérégulation des marchés financiers sont redevenues keynésiennes. Toutefois, on peut douter que ce keynésianisme atteindra les effets espérés. Depuis sept ans, grâce aux emprunts et aux dépenses encouragés par la bulle immobilière et celle du crédit orchestrée par la Banque fédérale de réserve et les déficits budgétaires de l'administration Bush, nous avons connu l'un des plus grands programmes de stimulation keynésienne depuis 1945. En même temps, nous avons eu le cycle économique le plus médiocre de cette période. Aujourd'hui, le défi est beaucoup plus important. La bulle immobilière est crevée. La restriction du crédit force les ménages à réduire leurs dépenses et leurs investissements résidentiels. Tout cela aboutit à une chute des profits, que les corporations gèrent en diminuant les salaires et en licenciant des travailleurs, ce qui crée à rebours une spirale négative où tant la demande que la profitabilité décroissent. Dans un passé récent, les ménages ont misé sur l'augmentation du prix de leurs maisons pour emprunter. Cependant, avec la croissance de la dette, ils doivent cesser d'emprunter, au moment où l'économie a pourtant besoin de consommateurs. Ce qui est prévisible, c'est que l'argent qui sera redonné aux ménages par les gouvernements sera épargné et non dépensé. Comme le keynésianisme ne pouvait stimuler l'économie durant l'expansion, on ne peut pas s'attendre à ce qu'il réussisse lors de la pire récession depuis les années 1930.

S. J. Est-ce qu'Obama peut effectuer ce virage?

Pour avoir un impact significatif sur l'économie, l'administration Obama devra envisager une énorme vague d'investissements publics directs et indirects. Dans les faits, cela prendrait la forme d'une sorte de capitalisme d'État. Cependant, on imagine les énormes obstacles politiques et économiques pour qu'un tel projet prenne forme. En effet, la culture politique aux États-Unis reste très hostile à l'idée d'étatiser l'économie. En même temps, le niveau de dépenses et d'endettement qui serait requis pour effectivement relancer l'économie pourrait menacer la force du dollar. Jusqu'à maintenant, les gouvernements d'Asie de l'Est se sont contentés de financer les déficits des États-Unis, dans le but de maintenir la consommation américaine et donc leurs propres exportations. Mais au fur et à mesure que la crise s'étend en Chine, les gouvernements asiatiques ont de moins en moins la capacité de financer le déficit américain. Ainsi se profile la perspective, terrifiante, d'un déclin accentué de la valeur du dollar.

S. J. Est-ce qu'Obama peut être le nouveau Roosevelt du XXIe siècle?

La victoire d'Obama a été importante. On ose à peine imaginer la situation si McCain avait gagné. Cela aurait été le début d'une nouvelle offensive contre ce qui reste de mouvement syndical, de *Welfare State* et de protection environnementale. Une fois dit cela, Obama, comme Roosevelt d'ailleurs, est un démocrate centriste dont les moyens sont limités. Il est soumis à d'énormes pressions patronales. Après tout, c'est lui qui a appuyé le sauvetage titanesque du secteur financier, ce qui représente le plus grand vol de l'histoire des payeurs de taxes aux États-Unis. C'est scandaleux, d'autant plus que le gouvernement n'a pratiquement imposé aucune condition aux banques. Obama appuie aussi le sauvetage de l'industrie auto-mobile alors que les patrons d'entreprises affirment vouloir imposer des licenciements massifs et de drastiques réductions de salaires. Il y a quelques leçons dans l'histoire. À l'époque de l'administration Roosevelt, les principales législations progressistes, notamment la loi Wagner et la sécurité sociale, ont été adoptées *après* une gigan-tesque vague de grèves de masse. Pourquoi cela serait-il différent pour Obama ?

S. J. Rosa Luxembourg dans son temps et, plus récemment, David Harvey ont démontré que le capitalisme surmonte la ten-dance à la crise par l'expansion géographique. Est-ce pensable aujourd'hui ?

Effectivement, l'expansion géographique est essentielle à l'accu-mulation du capital. La croissance, tant celle de la force de travail que celle de l'espace géographique occupé par le système, est indis-pensable. Lors du boom de l'après-guerre, l'expansion spectaculaire du capital dans le sud et le sud-ouest des États-Unis, de même que dans les régions dévastées d'Europe et du Japon, a été déterminante pour relancer l'accumulation. Cependant, je crois que le problème aujourd'hui est différent. Certes, le capital réagit à la profitabilité décroissante par une nouvelle expansion en cherchant à combiner de nouvelles avancées techniques avec le travail à bon marché, notam-ment en Asie de l'Est. Cela représente un moment d'une grande importance historique et même une transformation du capitalisme. Cependant, même si l'expansion en Asie de l'Est est une réponse au déclin de la profitabilité, elle reste, je crois, une solution insatisfai-sante. Au bout du processus, la nouvelle production manufacturière qui émerge de manière spectaculaire en Asie de l'Est, reproduit, à un prix inférieur, la production qui existait ailleurs. À l'échelle du système, la compétition asiatique exacerbe, sans le résoudre, le problème de surcapacités. En d'autres mots, la globalisation est une réponse au déclin de la profitabilité. Mais les nouvelles industries ne sont pas complémentaires, mais au contraire redondantes dans la division internationale du travail. Ainsi, le problème de profita-bilité demeure intact. Pour résoudre ce problème qui ralentit l'ac-cumulation du capital, le système a besoin d'une crise. Or celle-ci est reportée depuis plusieurs années. Ce qui est nécessaire pour le capitalisme est une refonte fondamentale. À rebours, cette refonte exige de diminuer la valeur des moyens de production et donc de réduire le prix du travail. Historiquement, c'est comme cela que le capitalisme a restauré les taux de profit et les conditions nécessaires à la relance de l'accumulation du capital.

S. J. Alors seule la crise peut résoudre la crise?

C'est le cas. Faisons un bref retour en arrière. Au début des années 1930, le New Deal et le keynésianisme ont été inefficaces. La reprise n'a pas été au rendez-vous, comme l'a démontré la récession de 1937-38. Entre-temps, la crise s'est aggravée. Progressivement, le capital s'est départi des moyens de production obsolètes. Dix ans plus tard, le taux de profit a remonté. Puis au moment de la Deuxième Guerre mondiale, les dépenses massives en armements ont permis une relance de la demande. Pendant la guerre, les taux de profit ont été élevés, préparant les conditions pour le boom de l'après-guerre. Les déficits keynésiens, en soi, auraient été efficaces, parce qu'il est nécessaire, en termes marxistes, de passer à travers une crise qui « nettoie » le système.

S. J. Pensez-vous que la crise actuelle va affaiblir l'hégémonie états-unienne?

Je pense que ceux qui prédisent un déclin de l'hégémonie américaine perçoivent le processus comme une question de pouvoir géopolitique et, au bout de la ligne, comme une question de rapports de force. Mais je ne vois pas l'hégémonie américaine de cette manière. Les élites de ce monde, à commencer par celles des pays capitalistes avancés, se satisfont de l'hégémonie américaine. Les États-Unis assument le rôle de gendarme du monde et les coûts qui vont avec. Pour le policier du monde, le but n'est pas tant d'attaquer les autres pays que d'assurer l'ordre social, de créer des conditions stables pour l'accumulation du capital. La rationalité de l'Empire, c'est d'éliminer les menaces potentielles contre le capitalisme, de maintenir en place la structure des rapports de classes. L'hégémonie américaine ne déclinera pas à cause de l'essor de la Chine, par exemple. Les États-Unis ne vont pas attaquer la

Chine. Ils veulent maintenir leurs liens commerciaux et continuer d'acheter les exportations chinoises. Pour la Chine, l'essentiel est que le gendarme du monde assure le libre-échange et la circulation des capitaux. Bref, les élites du monde veulent d'abord et avant tout maintenir l'ordre globalisé actuel. Les États-Unis restent la clé de cette stabilité.

S. J. Cette crise peut-elle « déraper » et tout faire basculer ?

Il faudrait une crise très grave. Dans de telles conditions, les États-Unis de même que d'autres États, pourraient revenir au protectionnisme économique, au nationalisme et même à la guerre. Pour le moment, les élites de ce monde comprennent qu'un tel virage serait catastrophique. Cependant, l'espace politique n'est pas totalement contrôlé par les élites. Ces dernières sont souvent divisées. On ne peut jamais dire jamais, et donc un retour aux politiques d'extrême-droite, de protectionnisme, de militarisme, de nationalisme et des mesures anti-immigrants, n'est pas impensable. C'est évidemment ce qui s'est passé en Europe et au Japon durant la période entre les deux guerres. Si l'administration Obama échoue, la droite pourrait revenir en force, d'autant plus que les Démocrates n'offrent aucune alternative idéologique.

Quinze remarques sur la crise

Leo Panitch et Sam Gindin

Traduction de Pierre Beaudet

1. Comprendre la crise

Les sphères de la finance et de la production sont inter-re-liées, aujourd'hui encore plus qu'hier. D'une part, les origines de la crise financière actuelle, et dont le centre est localisé aux États-Unis, ne relèvent pas d'une crise de profitabilité dans la sphère de la production, comme cela avait été le cas durant la crise des années 1970. D'autre part, la crise ne découle pas non plus de déséquilibres commerciaux, lesquels ont émergé dans le monde durant la dernière période. Il est indéniable par ailleurs que le secteur financier a acquis, au sein des économies capitalistes, une importance accrue. C'est ce secteur financier qui a été au centre de la restructuration du capitalisme dans les années 1970. Il faut se souvenir qu'à l'époque la crise s'était surtout manifestée par ses effets négatifs sur la valeur des actifs financiers. Cette crise minait également le rôle international du dollar. C'est en fonction de ces réalités que le capitalisme s'est réorganisé. Sous la gouverne de la Banque fédérale de réserve des États-Unis, les marchés financiers ont alors substantiellement relevé les taux d'intérêt dans le but de vaincre les syndicats grâce à l'augmentation du chômage et de limiter les dépenses sociales publiques, alors vus comme les deux principales causes de la chute du taux de profit et de la hausse de l'inflation. Paradoxalement, cette « réponse » à la crise des années 1970 explique dans une large mesure la crise actuelle.

2. L'ascendance du secteur financier

Le développement des marchés financiers et l'accélération de l'internationalisation du secteur financier américain ont permis l'expansion phénoménale de l'utilisation des fonds spéculatifs *(hedge funds)*. Grâce à une plus grande intégration des investissements, de la production et du commerce, les risques ont été répartis, constituant une sorte d'« assurance anti-risque », permettant ainsi à l'accumulation du capital de s'épanouir. À travers le même processus, les classes subalternes ont été intégrées dans ce système financier en tant que débiteurs, épargnants et investisseurs et ce, grâce aux fonds de pension privés, au crédit à la consommation et aux hypothèques domiciliaires. De cette manière, la demande a été maintenue, même si, tout au long de la période, les salaires ont stagné et l'inégalité n'a cessé de croître.

Pour ce faire, le secteur financier s'est renforcé par d'importantes innovations technologiques utilisant de manière croissante les nouveaux systèmes d'information. Parallèlement, les secteurs de haute technologie ont connu une croissance rapide, notamment grâce à la disponibilité des capitaux de risques aux États-Unis. Globalement, en fonction du rôle central joué par le dollar et les Bons du trésor américains, « site » stable et principal de la valeur, les institutions financières américaines ont capté les surplus dans le monde pour les diriger vers les marchés et les outils financiers américains. Ces surplus sont devenus autant de crédits permettant aux États-Unis de se maintenir comme principal importateur et consommateur dans le monde. Dans ce schéma, la réduction des taux d'intérêt américains était fondamentale pour assurer la stabilité macro-économique et donc pour « gérer » les récessions mineures survenues entre 1983 et 2007.

3. L'État et la gestion des « bulles » financières

Face à la pression pour générer de plus hauts taux de rendement, des innovations pour rendre les institutions plus compétitives ont permis d'utiliser de nouveaux leviers financiers et donc d'augmenter la disponibilité du crédit. *De facto*, l'offre de monnaie a augmenté de manière significative. Mais au lieu de se traduire par une inflation des prix (comme l'avaient prédit les monétaristes), les liquidités accrues se sont traduites en une inflation de la valeur des actifs. Cette évolution relève de la faiblesse du monde du travail, d'une part, et de la capacité croissante des corporations, d'autre part, à financer leurs investissements à même leurs fonds internes. Certes, cette inflation de la valeur des actifs a été inégale selon les secteurs, produisant des « bulles financières » successives un peu partout, des marchés boursiers jusqu'au secteur immobilier. Pendant une certaine période, la valeur des bulles a augmenté, en lien avec l'expansion matérielle de l'économie « réelle ». Plus tard, ces mêmes bulles ont éclaté, forçant de nouvelles interventions étatiques. En fin de compte, le soit-disant « retrait » de l'État des marchés à travers la globalisation du capitalisme a été une des illusions néolibérales, un jeu de dupes. Les États des principaux pays capitalistes ont continué d'irriguer le système financier par des injections de fonds dans les banques, tout en s'assurant que, dans les pays en développement, l'État maintienne la discipline financière. C'est l'État américain qui a joué ce rôle principalement, en tant que garant impérial, coordonnateur et pompier pour le capitalisme global.

4. Le gouvernement américain et la crise domiciliaire

L'État américain a joué un rôle central dans la projection du capitalisme global, notamment en manipulant les diverses bulles financières dont celle qui s'est développée dans le secteur domiciliaire. Que s'est-il passé? Une partie importante des classes populaires ayant accédé à la propriété a maintenu son niveau de consommation en négociant une deuxième hypothèque, sur la base de la valeur gonflée de leur actif domiciliaire. En fin de compte, cette « astuce » a permis de faire contrepoids à la distribution de plus en plus inéquitable des revenus, laquelle s'est produite, tout au long des 30 dernières années, dans le sillon des défaites du monde du travail et des restructurations de la production et de l'emploi. Autre effet et cause du processus, la disponibilité des crédits à bon marché pour l'accès à la propriété a permis au gouvernement américain de se désengager de la construction de logements publics, laissant toute la place au secteur privé via des marchés financiers plus agressifs et sécurisés par d'importantes déductions fiscales.

C'est de là que provient l'évolution des « *subprimes* ». Ce sont des crédits consentis par les institutions bancaires à des niveaux inférieurs aux standards normaux et qui avaient été approuvés par les agences régulatrices. Parallèlement aux politiques de la Banque fédérale de réserve maintenant de bas taux d'intérêt, cette évolution a intensifié les pressions à la compétition sur le système financier. Cela a aussi maintenu, artificiellement, un haut niveau de confiance dans le système, au point où, dans les milieux financiers, l'on est venu à croire que la hausse des prix des maisons allait se poursuivre indéfiniment par des exercices systémiques d'arbitrage entre les bas taux d'intérêt et les crédits à haut taux d'intérêt.

5. Les impacts d'une crevaison prévue et prévisible

Bien sûr, la bulle domiciliaire devait crever un jour ou l'autre et, effectivement, les prix des maisons ont atteint leur seuil maximal vers 2005, forçant l'État fédéral à réviser sa gestion des taux d'intérêt. Par la suite, l'augmentation des saisies et la revente des maisons ont eu des effets immédiats sur le prix des maisons, sur la construction domiciliaire et sur les ventes d'appareils et de meubles. Parallèlement, le déclin des dépenses à la consommation s'est accéléré au fur et à mesure que la valeur des actifs des travailleurs a diminué, provoquant des impacts importants sur les importations.

En réalité, le renforcement des marchés financiers sur la base du système des *subprimes* et autres outils financiers s'est révélé très fragile. Au début, le facteur de risque avait été éparpillé à travers des « *packages* » de fonds dérivés qui comprenaient diverses tranches de dettes plus ou moins risquées. Mais cette évolution, en fin de compte, a miné les équations économétriques « fondamentales » régissant les marchés financiers. Les fonds en question, reposant sur des hypothèques à risque, sont devenus difficiles à valoriser et à vendre. Peu à peu, ce déclin a contaminé l'ensemble des marchés financiers et interbancaires, d'où l'effondrement à l'échelle internationale puisque, dû au fait que l'économie américaine fonctionne comme le principal consommateur dans le monde, les autres régions du monde ne pouvaient éviter de tomber elles aussi dans la crise.

6. La centralité de l'État américain

La demande croissante pour les dollars et les Bons du trésor américain sur les marchés monétaires, au fur et à mesure que la crise se développe, reflète des faits fondamentaux. En clair, le monde demeure dépendant du dollar. C'est l'État américain qui reste l'ultime garant de la valeur. Le dollar et les Bons du trésor demeurent le substrat le plus stable de la valeur dans un monde capitaliste volatile. En réalité, le rôle de l'État américain n'a jamais été aussi central. C'est cet État qui décide, ou non, d'approvisionner les autres États en dollars, qui coordonne également les politiques entre les banques centrales et les ministères des finances. Cependant, malgré ses interventions très actives, l'État américain n'a pas réussi à contenir les effets de la crise. Les injections massives de liquidités vers le système financier depuis août 2007 n'ont pas restauré la capacité ou la volonté de ce système de prêter à des taux comparables à ce qui prévalait avant, d'abord aux institutions financières elles-mêmes, ensuite aux firmes ou aux consommateurs. C'est l'ensemble du système financier qui a implosé, malgré et en lien avec les politiques précédentes de crédit à la consommation facile, et tout cela à travers les nouveaux mécanismes de distribution et de gestion des risques disséminés aux quatre coins du système financier international.

7. « Le capitalisme est international en substance, mais sa reproduction est nationale dans la forme. » (Marx)

On porte beaucoup d'attention aux rencontres internationales comme celles du G-20, mais en vérité les interventions importantes tels les stimuli fiscaux, les sauvetages financiers et les nouvelles régulations se produisent au niveau des États singuliers. Au moment de la grande dépression dans les années 1930, les réactions nationales face à l'effondrement économique ont fragmenté le capitalisme et approfondi la crise. Les réponses actuelles cependant sont pensées de manière à maintenir le libre-échange et le libre mouvement du capital. En d'autres mots, le capitalisme contemporain est gouverné non pas par des règles internationales administrées par des organismes comme le FMI, la Banque mondiale ou la Banque des règlements internationaux, mais par l'action des États individuels. Ces États gardent la responsabilité, à l'intérieur de leurs frontières, de maintenir les fondements essentiels de l'accumulation. En même temps, il faut considérer l'importance de l'intégration structurelle du capitalisme du XXIᵉ siècle. Ces liens se manifestent par la proximité et les visions semblables qui existent entre les principaux acteurs étatiques, notamment ceux qui agissent dans les banques centrales et les ministères des finances. Cela se manifeste aussi par l'intérêt de tous les États agissant dans le capitalisme global de maintenir le rôle central de l'État américain au niveau de la gestion et de la coordination.

Considérons brièvement les implications stratégiques de cette réalité. Assez souvent, les mouvements sociaux tentent de construire des réseaux globaux, de façon à faire face aux forces capitalistes agissant globalement. Quelquefois cependant, on peut perdre de vue l'importance d'établir une base solide sur le terrain local ou national. Or, sans cette base permettant de confronter et de transformer les États, on ne peut vraiment changer les choses. En réalité, le terrain national continue de dominer le terrain international. C'est un fait incontournable pour le développement de politiques alternatives.

8. Quelle nouvelle « régulation »?

Comme le démontrent les récentes interventions de l'État, compte tenu de l'état actuel du rapport de forces social, la « nouvelle » régulation dont on entend parler est d'abord une solution technique, et dont le but est de préserver les marchés, et non une réorganisation « fondamentale » du pouvoir, de l'économie, de la société. En substance, l'intervention étatique vise à reconstituer et à préserver le capitalisme financier. Il faut tenir compte aussi qu'il n'est pas question, vraiment, d'un « retour » à l'époque pré-néolibérale. Rappelons que le néolibéralisme a été une réponse à la crise précédente. Cette crise était le produit des luttes de classes où les dominants, menacés par la pression ouvrière, avaient répondu par des tactiques appropriées, dont le ralentissement des investissements et la délocalisation des entreprises. Face à cette « réponse » des dominants, une partie de la gauche avait alors proposé, non seulement un plus grand contrôle sur les banques et les corporations, mais aussi l'idée d'une planification démocratique. Il est donc impensable de revenir en arrière, du moins si un certain nombre de questions « fondamentales » ne sont pas abordées. Qui va « profiter » de la crise actuelle? Est-ce que le pouvoir des corporations peut (doit) être restauré pour trouver une solution? Est-ce pensable d'imaginer et de lutter pour une alternative démocratique?

9. Intégration et division des classes populaires

Après les défaites des années 1970, les travailleurs ont été forcés de recourir au crédit pour préserver leur pouvoir de consommation. Par la suite, ils ont regardé du côté des marchés boursiers pour augmenter la valeur de leurs fonds de pension. Ils ont également capitalisé sur les bulles, surtout sur la bulle domiciliaire, pour augmenter la valeur de leurs actifs, accroissant du coup leur accès au crédit.

En termes de composition de classes, cette évolution a fragmenté la classe ouvrière. Le « virage » vers le crédit s'est fait au détriment de la lutte pour de meilleurs salaires et l'amélioration des biens publics. Les dominants ont pu demander la réduction des impôts et taxes, ce qui permettait aux travailleurs d'« investir » leurs épargnes dans leurs besoins privés, au détriment de perspectives et de capacités collectives. Dans la crise actuelle, les implications de ce rapport entre les travailleurs et les marchés financiers sont claires. En dépit de la colère populaire contre le sauvetage des banques, il y a au bout de la ligne une sorte d'acceptation un peu hésitante de la nécessité de « sauver le système », système dont tout le monde, y compris les travailleurs, est dépendant.

Par ailleurs, les classes populaires se retrouvent aujourd'hui beaucoup plus stratifiées et polarisées qu'elles ne l'étaient. De vastes inégalités de revenus et de conditions traversent la classe ouvrière, essentiellement entre ceux qui ont des conditions stables et ceux qui sont marginalisés ou précaires. Les entreprises demandent des concessions au premier groupe, qui se retrouve isolé, puisqu'il est considéré comme « privilégié » par les marginalisés. Quant à ceux-ci, leurs revendications pour des programmes sociaux sont vues comme « abusives » et « coûteuses » par les premiers, à qui on dit qu'ils doivent payer pour ceux « qui ne travaillent pas ».

10. Les alternatives

La résistance pour défendre les maisons, les épargnes, les emplois et les programmes sociaux des travailleurs doit être bien sûr encouragée et appuyée. Il faut aussi lutter pour d'autres revendications comme l'élargissement de l'assurance-maladie (soins dentaires, médicaments, etc.), le développement d'un système de fonds de pension adéquat pour tout le monde, la relance des infrastructures publiques (logement, transport, etc.), ce qui d'une part répond aux attentes populaires et d'autre part, acquiert une importance stratégique. En effet, des gains à ce niveau auront pour effet de réduire la dépendance de la classe ouvrière face aux marchés et aux employeurs. Elles stimuleront la solidarité de classe en concentrant les revendications sur les droits universels et les besoins collectifs. L'habitation par exemple, considérée comme un droit et un bien public, peut beaucoup contribuer à reconstruire les communautés.

Pour financer ces biens et besoins, le principe est simple : les riches doivent payer! D'autant plus que les privilégiés ont acquis ces dernières années d'immenses fortunes, lesquelles ont conduit au présent désastre. En pratique, cela veut dire rétablir des normes plus équitables au niveau de l'impôt sur le revenu. Mais cela n'est sans doute pas suffisant. Il faudra aussi augmenter les impôts et les taxes d'une manière qui affectera aussi les classes populaires, du moins le segment privilégié de ces classes. Ce qui implique une opposition au « populisme » anti-taxation, populisme qui renforce l'individualisme et endommage la solidarité de classe. Certes, l'argument rationnel qu'on doit utiliser est que la fiscalité à rabais favorise surtout les riches. Cependant, la redistribution via la taxation et la fiscalité, à elle seule, ne pourra résoudre la crise. Les épargnes devront être mobilisées par l'État pour appuyer des programmes de construction des infrastructures, comme cela a été le cas durant la Seconde Guerre mondiale.

11. Les réformes et leurs limites

De meilleurs programmes sociaux dépendent d'une économie croissante qui dépend à rebours du secteur privé, d'où la question : comment affronter le capital tout en luttant contre lui « à l'intérieur » du système, si on peut dire? Pour la social-démocratie, historiquement, ce dilemme a été géré en modérant les demandes. Il y a toujours eu, et il y a encore, un défi dans cette approche : comment aller plus loin? Si la démocratie n'est pas seulement une forme de gouvernement, mais aussi une sorte de société, alors l'économie, tellement importante dans nos vies, doit également être démocratisée. Prenons par exemple la question de la crise environnementale. Compte tenu de la gravité de la question, il faut repenser la totalité de ce que nous produisons et comment nous le produisons, etc. Cela ne peut survenir si les décisions continuent d'être prises par des entreprises individuelles dont le motif premier est la captation du profit.

La crise du secteur de l'automobile illustre cette remarque. Un sauvetage de ce secteur, même si on exige de produire des véhicules plus « verts », ne résout pas le problème de la surproduction. Alors on peut se poser la question : au lieu de fermer les usines, ne peut-on pas les convertir, à partir d'un plan national, pour produire d'autres biens dont une économie consciente de son environnement a besoin ? Comme cette industrie est concentrée dans certaines communautés, la question, de plus, n'est pas tant la crise de l'automobile que la crise de ces communautés. À Windsor par exemple, des milliers de travailleurs de l'automobile ont perdu leur emploi. Un plan de revitalisation doit intégrer le secteur automobile, mais aussi l'infrastructure publique et l'éventail des services sociaux qui donnent leur sens au concept de communauté.

12. La nationalisation des banques

Lors de la crise des années 1970, la question de la nationalisation des banques a été mise sur la table dans les pays capitalistes avancés. Une partie de la gauche pensait alors que le seul moyen de dépasser les contradictions de l'État keynésien d'une manière positive était de placer le système financier sous contrôle public. Récemment, même des conservateurs comme Greenspan ont flirté avec l'idée d'une nationalisation des banques. Toutefois, il faut distinguer l'idée d'une nationalisation temporaire de la revendication fondamentale et démocratique de transformer le système bancaire en une entreprise publique dont le mandat serait de superviser le système financier et de répartir les épargnes nationales sur une autre base que celle qui gouverne les banques et les investissements aujourd'hui. Ceci permettrait la distribution du crédit et du capital en conformité avec des critères démocratiquement établis et inclurait non seulement le contrôle des capitaux en lien avec la finance internationale, mais aussi le contrôle sur les investissements domestiques. Sans ce contrôle public de la finance, il sera impossible, par exemple, de transformer l'industrie de l'automobile en un système de transport écologiquement durable, comme partie prenante d'un processus de planification démocratique qui confronte la crise climatique. La revendication de nationaliser les banques ouvre la voie à des stratégies plus vastes mettant au premier plan la nécessité d'alternatives systémiques aux problèmes sans issue produits par le capitalisme contemporain.

13. Lutter et résister

Le triangle « vertueux » qu'il faut établir entre l'exigence de la résistance immédiate, celle de la formulation de politiques pour répondre à la crise actuelle et finalement celle du développement de solutions plus fondamentales (comme la planification démocratique ou la nationalisation des banques), s'insère dans un continuum. Ce ne sont pas des « étapes » qu'il faut franchir l'une après l'autre. En clair, la résistance locale, par exemple, fait partie de toutes les étapes. De son succès ou de son échec dépendent les mobilisations plus larges. Quant à la question de la planification et de la nationalisation des banques, elle se pose également dans une échelle de temps rapproché et renvoie à la question-clé, celle du pouvoir. Comment transformer cette distribution du pouvoir dans nos sociétés ?

C'est dans ce contexte que réapparaît la question du temps de travail, question disparue des revendications ouvrières depuis un certain temps. Pendant longtemps, le mouvement ouvrier a revendiqué la réduction du temps de travail, essentiellement pour partager les emplois. Ce qui est très important dans certains secteurs et qui traduit également un principe de solidarité. Cependant, la signification de cette revendication relève d'une perspective encore plus importante qui remonte aux premiers temps du syndicalisme et qui partait du principe que la pleine citoyenneté et la participation politique exigent du temps : du temps pour lire, apprendre, penser, participer à des réunions et des débats, pour prendre part à l'élaboration des stratégies et des organisations des dominés.

14. L'irrationalité du capitalisme

Alors que les entreprises et les agences de l'État suppriment des emplois et réduisent les salaires, la demande globale se rétrécit de plus en plus. En même temps, la crise financière expose de nouvelles irrationalités, comme celle par exemple d'échanger des crédits de carbone comme solution à la crise climatique. En pratique, la gestion et la solution de ce problème fondamental deviennent dépendantes de marchés financiers volatiles, ouverts à toutes les manipulations des comptes et des crédits. Bien sûr, il faut s'opposer à cela. Il faut démontrer que le sauvetage des emplois et des communautés passe par la conversion de la production vers des secteurs écologiquement viables. Ce qui requiert de briser la logique des marchés capitalistes plutôt que d'utiliser les institutions de l'État pour les renforcer. Changer les institutions politiques et économiques de manière à permettre la planification démocratique est nécessaire pour décider collectivement comment et où produire afin de maintenir nos vies et l'environnement.

15. La démocratie

Quelle que soit la profondeur de la crise, au-delà de la confusion et de la démoralisation des élites capitalistes au sein et à l'extérieur de l'État, au-delà même de la colère populaire contre ces élites, la lutte pour la démocratisation implique un dur labeur de la part de la gauche. Celle-ci doit plancher non seulement sur les revendications immédiates, mais aussi repenser la démocratie authentique, une démocratie qui pourrait transcender l'État et l'économie capitalistes. C'est l'une des conditions-clé pour envisager la construction de nouveaux mouvements et partis émergeant de la crise. La tâche est plus difficile que de « simplement » amalgamer diverses forces. Car il faut reconnaître les échecs passés, les dangers présents dans l'avenir et les ouvertures potentielles qui apparaissent maintenant. Les mouvements doivent donc revoir ce qu'ils font et ce qu'ils ne font pas. Il faut aussi déterminer comment construire (ou reconstruire) des capacités et, en fonction de cela, élaborer le processus qui mènera à l'élaboration de véritables alternatives.

Une idéologie globale pour une crise globale

Jacques Gélinas

PLUS UN SYSTÈME ÉCONOMIQUE est inégalitaire et prédateur, plus il a besoin de se draper dans une idéologie astucieuse qui le rende crédible et légitime, voire bienfaisant aux yeux de la population. C'est le cas de cette nouvelle mouture du capitalisme appelée globalisation, et qui a pris forme au début des années 1980. L'idéologie qui décrit, explique et justifie cette pratique économique a pour nom le *néolibéralisme*. Comme le préfixe *néo* l'indique, il s'agit d'une idéologie relativement nouvelle. C'est en fait un avatar du bon vieux libéralisme élaboré et fignolé au cours des XVIIIᵉ et XIXᵉ siècles. Tout comme le libéralisme est le versant idéologique du capitalisme ordinaire, le néolibéralisme est la doublure verbale du capitalisme extrême. Pour justifier les effets ravageurs de ce système, les idéologues néolibéraux ont poussé les postulats du libéralisme à leurs ultimes limites, jusqu'à aboutir à une sorte d'absolutisme du laisser-faire. Or, il appert que des penseurs zélés ont posé les fondements intellectuels, asociaux et amoraux, de la crise systémique et multiforme qui affecte aujourd'hui l'humanité entière.

L'idéologie, ce sont les mots et le discours mis au service du pouvoir. Ce discours est à la fois une description et une prescription. Description de la réalité sociale, économique et politique, interprétée dans le sens des intérêts du pouvoir. Prescription de ce qu'il faut penser et faire pour fonctionner comme un individu normal dans la société. Cette idéologie, devenue hégémonique grâce aux médias et à une publicité omniprésente, impose une façon de penser le monde et des comportements correspondants. C'est la pédagogie du conformisme et de la soumission.

Une idéologie commandée et commanditée

Le néolibéralisme n'est pas apparu comme le résultat d'une évolution naturelle de la pensée économique. Son émergence a été au contraire commandée et commanditée. Dans les années 1960, les grands lobbies d'affaires se rendent compte qu'en plus d'avoir perdu du terrain en faveur de l'État keynésien, ils ont perdu la bataille des idées. C'est alors qu'ils décident d'organiser la riposte. Il faut déconstruire et remplacer le discours keynésien qui reconnaît la légitimité et même la nécessité de l'intervention de l'État dans la gestion des services publics et dans la redistribution des revenus. Des fondations issues de nobles et anciennes fortunes se portent volontaires pour subventionner des centaines de *think tanks*, des chaires universitaires, des conférences et des colloques, des chercheurs et des écrivains qui militent pour un retour à ce qu'ils présentent comme les vrais fondements du capitalisme : un marché totalement déréglementé et la libre concurrence à la grandeur du globe. Une poignée d'économistes fondamentalistes constitue l'avant-garde de cette contre-offensive idéologique. Le chef de file de cette école, Milton Friedman, démontre, à grand renfort de postulats en porte-à-faux, que le marché est le lieu suprême de la liberté économique et sociale, et donc de toutes les libertés. Il considère la fonction redistributive de l'État comme destructrice de la liberté individuelle, de l'esprit d'entreprise et de la croissance, et donc du progrès économique et social.

Au début des années 1980, les temps semblent mûrs pour que les oligopoles financiers et industriels rétablissent leur domination et leur légitimité. Les compagnies multinationales, à force d'accumulation, d'acquisitions et de fusions, sont devenues si puissantes qu'elles se sentent à l'étroit dans le cadre juridique national. Elles regorgent de capitaux qu'elles cherchent à investir sans entraves partout sur la planète. Elles veulent aussi élargir le champ des investissements, ce qui les conduit à convoiter les services publics : l'éducation, la culture, les soins de santé, les transports, le système pénitentiaire, etc. Pour envahir ces nouveaux gisements de profits insuffisamment exploités, elles ont besoin d'un nouveau vocabulaire que leur fournira la novlangue néolibérale. Elles ont besoin aussi de l'appui indéfectible d'une nouvelle classe politique, dont Margaret Thatcher et Ronald Reagan viennent d'assumer le leadership.

Les prescriptions du néolibéralisme

Les prescriptions du néolibéralisme tendent toutes à un même objectif : établir la suprématie du marché sur les pouvoirs publics, au motif que le marché libre est le répartiteur optimal des ressources et des revenus. (Il faut comprendre ici que la répartition optimale est celle qui penche en faveur des détenteurs du capital.) Résumons en cinq points les principales prescriptions du néolibéralisme qui, dans la pratique, se recoupent et se complètent l'une l'autre :

- Déréglementation pour que les pouvoirs publics s'appliquent à démanteler et s'interdisent toute législation sociale ou environnementale faisant obstacle au libre fonctionnement des lois du marché.
- Privatisation des services publics pour élargir le champ de l'investissement et grossir les chiffres du commerce.
- Libéralisation pour permettre la libre circulation des capitaux, des services et des marchandises sur toute la planète, sans égard à la protection de l'environnement et des intérêts vitaux des pays pauvres.
- Flexibilité du travail pour arracher aux salarié-es toujours plus de concessions en faveur des actionnaires du grand capital.
- Réingénierie de l'État pour que les gouvernants se concentrent prioritairement sur le bon fonctionnement des lois du marché.

Une nouvelle classe politique, cooptée par des intérêts économiques transnationaux, approuve et applique ces consignes avec empressement, fût-ce au détriment de leurs mandants et de l'environnement. Depuis deux décennies, les gouvernants n'ont cessé, par lois et traités, de renoncer volontairement à leurs pouvoirs – et devoirs ! – de réguler l'économie et d'encadrer de leur autorité ces biens publics que sont la monnaie et le système financier. La déréglementation est au cœur de tous les accords contemporains de libre-échange que nos élites politiques ont signés : l'Accord de libre-échange Canada-États-Unis, l'Accord de libre-échange nord-américain (ALÉNA) et la trentaine d'accords multilatéraux régis par l'Organisation mondiale du commerce (OMC), dont l'Accord général sur la commercialisation de services.

Des prescriptions aux effets pervers : la crise !

La déréglementation tous azimuts de la monnaie d'abord, puis des services financiers, a généralisé et légitimé la spéculation financière, une pratique économiquement irrationnelle qui consiste à faire de l'argent avec de l'argent, sans production de valeur réelle. La spéculation financière sous toutes ses formes a transformé le système financier en un casino planétaire incontrôlé et proprement incontrôlable : spéculation massive sur les devises, prolifération des paradis fiscaux, multiplication des fonds spéculatifs, dérives de la Bourse vers les produits dérivés, glissement des banques vers la spéculation, déferlement sur les marchés financiers de titres « novateurs », présentés comme « adossés à des actifs », alors qu'il s'agit de titres virtuels, échafaudés sur des créances.

Ce nouveau régime d'accumulation par la spéculation financière n'a pas dénaturé le capitalisme. Il lui a permis au contraire d'aller jusqu'au bout de ce que lui dicte sa propre nature : l'accumulation illimitée par tous les moyens moraux et immoraux.

L'ensemble des consignes du néolibéralisme évoquées plus haut ont permis aux lobbies d'affaires d'atteindre leur véritable objectif : la concentration de la richesse dans les mains d'un petit nombre d'individus et d'institutions privés. Ce qui a provoqué une diminution constante du pouvoir d'achat des salarié-es, de qui on continue d'exiger toujours plus de « flexibilité ». Conséquence : surcapitalisation, surproduction et contraction de la demande solvable.

Un exemple patent : l'oligopole mondial de la construction automobile, General Motors, pouvait, avant la débâcle, produire 95 millions de voitures par année, alors que les acheteurs ne pouvaient en payer que 55 millions. Ainsi dans tous les domaines et spécialement dans le secteur financier. Que faire de cette masse de capitaux inutilisée ? La solution facile à ce dilemme a été la spéculation financière et le crédit débridé. On connaît la suite : prolifération des produits dérivés du crédit, euphorie spéculative, bulle, dégonflement de la bulle et, finalement, crise financière qui dégénère fatalement en crise économique.

Cette crise est globale et multiforme car, dans un système, tout se tient. Crise environnementale, crise alimentaire – survenue comme le paroxysme de toutes les inégalités –, crise énergétique, crise de la dévastation des régions, crise sanitaire, crise porcine : toutes ces crises sont générées et apparentées entre elles par un père commun : le capitalisme.

Quand l'idéologie ne fait plus l'affaire

La présente crise fournit la démonstration patente que la pratique économique et l'idéologie qui la justifie sont deux choses distinctes. On constate comment les maîtres du monde globalisé n'hésitent pas à transgresser leur propre credo, lorsque leurs intérêts le commandent. Le dogme formulé par Ronald Reagan – « *Government is not the solution, government is the problem* » – est mis au rancart. Comme par magie, le gouvernement est devenu la solution… avec l'argent du public. Il faut sauver les banques ! Il faut sauver Chrysler et General Motors en faillite pour cause d'incompétence, d'aveuglement et de cupidité. Il faut sauver Abitibi-Bowater qui exige encore plus de flexibilité des salarié-es pendant que les dirigeants de cette transnationale en mettent plein leurs poches, tout en quémandant sans vergogne l'aide des gouvernements.

Tant de contradictions ne manquent pas de produire une certaine schizophrénie. Alors que l'OMC, le FMI, la Banque mondiale et le G-20 continuent de mettre en garde contre les méfaits du protectionnisme, le gouvernement des États-Unis proclame deux lois très protectionnistes : le *Buy America Act* et l'*American Recovery and Reinvestment Act*. Le gouvernement Harper, tout en dénonçant le protectionnisme, vient au secours des plus grosses entreprises du pays. Les gens d'affaires du Québec, ci-devant grands défenseurs du libre-échange, s'inquiètent. Dans une lettre à tous les premiers ministres du Canada, ils se plaignent : « Les contrecoups du protectionnisme américain se font de plus en plus sentir au Canada[1]. » Ils n'ont pas compris, quand c'était le temps, que le grand frère voisin a toujours été libre-échangiste en paroles, protectionniste au besoin.

Et pendant ce temps, que disent les idéologues d'hier ? Ils bafouillent, se contredisent, prédisent la fin de la crise qui dans cinq mois, qui dans cinq ans. Certains économistes sont devenus muets. Quant aux fondateurs et maîtres à penser de l'école néolibérale, la plupart sont morts sans avoir eu à répondre des effets néfastes de

---

1. *Le Devoir*, le 2 juin 2009.

leur prédication. Milton Friedman a quitté ce monde en novembre 2006, quelques mois avant l'éclatement de la crise financière. Peu de temps avant de déserter la scène, il déclarait : « Je suis pour les baisses d'impôts en toute circonstance, sous quelque prétexte ou raison que ce soit[1]. »

Mais n'en doutons pas : d'autres idéologues surgiront pour reformuler une nouvelle idéologie adaptée aux exigences du nouveau capitalisme qui émergera de la crise, plus inégalitaire et plus prédateur que jamais. Plus agressif aussi, car il se reconstruira sur fond de raréfaction plus aiguë des ressources qu'il faudra prélever, de gré ou de force, dans les pays pauvres. Pour maintenir sa progression, le capitalisme aura besoin, pour appuyer la « main invisible du marché », du poing visible de l'armée et de la police, la coercition venant pallier la faiblesse de l'idéologie.

Vivement un autre paradigme !

La crise idéologique, économique et sociale qui ébranle les colonnes du temple capitaliste offre aux forces progressistes une opportunité exceptionnelle. Des esprits longtemps dominés par le discours néolibéral se montrent aujourd'hui plus réceptifs à une vision alternative. Pour les divers mouvements sociaux partisans d'une transformation radicale, il ne s'agit pas d'inventer une nouvelle idéologie mais de définir en termes clairs une politique économique, réaliste et réalisable. Il leur incombe de proposer une véritable alternative au système capitaliste qu'ils dénoncent et qui vient une fois de plus de montrer ses limites. Au Québec, au moment où une nouvelle gauche s'organise pour livrer bataille sur le terrain politique, il devient urgent de développer une réflexion économique aux assises solides et aux larges perspectives. Toute alternative politico-économique restera impossible sans la conduite simultanée d'un combat éthique, culturel et intellectuel visant à fonder une économie sur des valeurs de coopération, de solidarité et d'équité. Un combat officiellement engagé lors du premier Forum social mondial à Porto Alegre, en 2001.

---

1. Rapporté par *Business Week*, le 4 décembre 2006. Milton Freeman est né en 1912.

La crise et les dépossédés

ENTREVUE AVEC BERTRAND SCHEPPER ET MARTIN PETIT, IRIS

Réalisée par THOMAS CHIASSON-LEBEL

L'INSTITUT DE RECHERCHE *et d'information socio-économique (IRIS) est un institut à but non lucratif, indépendant et progressiste. Sorte de* think-tank *de gauche, il produit des recherches sur les grands enjeux socio-économiques de l'heure (fiscalité, pauvreté, mondialisation, privatisations, etc.) et les publie. Martin Petit, diplômé en sciences comptables, travaille sur les conséquences des accords de libre-échange sur l'environnement et la collectivité, les politiques gouvernementales en matière de logement ainsi que sur les politiques fiscales, la privatisation et le financement public des sociétés privées. Bertrand Schepper, diplômé en administration des affaires et candidat à la maîtrise en science politique, s'intéresse notamment aux inégalités fiscales.*

Quel sera l'impact de la crise sur les classes dépossédées ? Au Canada, les médias faisaient l'annonce de 65 000 nouveaux chômeurs seulement pour le mois de mars. Lorsqu'on sait que c'est une minorité de cotisants qui a accès à l'assurance-emploi, c'est inquiétant, et beaucoup plus de gens ont perdu leur emploi. En même temps, on annonçait un déficit record pour l'État fédéral qui dépassera les 50 milliards de dollars. Quel sera l'impact de la crise sur ces gens ?

Martin Petit : Comme dans toutes les crises du système capitaliste, on fait porter le fardeau de l'échec des maîtres aux gens qui sont à la base du système. On fait porter l'odieux de la décision des maîtres par les gens qui sont les plus vulnérables, les plus dépendants. Même si un multimilliardaire voit sa fortune fondre de cinq milliards à un milliard, il est encore très riche. Par contre, ceux qui sont à la base du système économique se voient confinés par les maîtres au rôle de producteur-consommateur. Avec la crise, l'effondrement de la consommation leur fait perdre leur emploi, et si en plus, leur fonds de pension s'est fait liquider parce qu'il était placé dans des titres à risque, ils se retrouvent devant une catastrophe « *heavy metal* ». Ils ne sont plus producteurs parce qu'ils perdent leur emploi, et ils ne sont plus consommateurs parce que leurs actifs ont fondu. Ils se retrouvent alors dans un violent cul-de-sac. Ce cercle infernal est en train de se généraliser. C'est la base du système capitaliste, la surconsommation, qui est mise en péril, et c'est la même chose qui était arrivée en 1929. Un effondrement de la demande a créé des mises à pied massives, et il n'est pas exclu que nous vivions quelque chose de plus drastique et dramatique que ce qui s'est passé dans les années 30.

Mais les maîtres ont besoin que les gens consomment. Pourquoi ne sauveraient-ils pas la situation ?

M. P. : Parce que les riches veulent continuer à faire les mêmes taux de profit. Il ne faut pas oublier que la crise est aussi un bon prétexte pour faire des mises à pied massives. Mais surtout, on assiste à un paradoxe qui n'existait pas dans les années 1930. À cette époque, pour mettre fin à la crise, l'État a cherché à restimuler la demande. Cependant, les politiques néolibérales des dernières années appliquées un peu partout sont contraires à cette idée. Ces politiques ont appauvri les États. Les néolibéraux, qu'on devrait appeler les ultralibéraux, qui pratiquent le « turbocapitalisme », ont tout fait pour réduire le pouvoir de taxation de l'État, pour qu'il réduise son pouvoir d'intervention monétaire. Maintenant qu'il y a la nécessité d'intervenir dans l'économie, les États vont afficher des déficits colossaux, et la collectivité devra encore une fois éponger les affres du système capitaliste. Toutefois, ce n'est pas parce que le gouvernement met de l'argent que la relance est gagnée. Comme le soulignait *The Economist* (qui n'est pas un magazine d'extrême gauche !), trois mille milliards ont été investis dans le système bancaire international et ça n'a pas du tout réglé la crise. En continuant à flamber de l'argent comme cela, on amenuise le pouvoir des États à intervenir plus judicieusement, et la suite ne sera que plus catastrophique.

Bertrand Schepper : Il fallait sauver le système capitaliste en l'empêchant de s'effondrer. Comme des poules sans tête, les dirigeants ont lancé des tonnes d'argent. Il faut se rappeler comment le plan Paulson[1] s'est organisé en pleine période électorale américaine, alors que la crise devenait le sujet de l'heure. Il fallait une solution magique. Si ces investissements avaient été faits au niveau communautaire ou au niveau des services sociaux, ils auraient touché beaucoup plus de gens, et surtout ceux qui vont subir la crise. Dans un plan solide, une partie de l'argent aurait quand même pu aller aux banques pour soutenir les épargnes et les retraites. Aux États-Unis, les banques fournissent aussi les assurances. Il y a tout un système bancaire lié au quotidien des gens. Par contre, soutenir les banques sans se questionner sur ces institutions est une autre chose. Entre-temps, les 3 000 milliards ont été très profitables pour les dirigeants d'entreprises et les banques. Il s'agissait surtout d'empêcher le surendettement systématique des grandes institutions. Dans les années 1930, les États sont intervenus pour stimuler l'économie, mais ce qui a vraiment relancé l'économie, c'est la Seconde Guerre mondiale. C'est malheureux de le dire, mais il faudrait une bonne grosse guerre pour relancer l'économie. Voilà une autre preuve que le capitalisme est un système destructeur, anthropophage, et qu'il doit mourir.

Vous sembliez vous réjouir que certaines grosses entreprises (GM par exemple) rendent l'âme, mais en même temps, c'est leur effondrement qui cause l'aggravation de la situation des dépossédés. Peut-on réellement s'en réjouir?

M. P. : Mais ça fonctionne parce qu'on travaille! Est-ce qu'on doit maintenir le système capitaliste en place? D'après moi non! On doit même favoriser sa mort. Les pertes d'emplois massives sont tragiques pour bien des familles. Cependant, nous vivons sur une planète qu'on est en train de démolir complètement, et si l'on veut simplement sauver les meubles, il faudra que le capitalisme cède sa place à autre chose. Il faut cesser de penser que l'employeur nous

---

1. Ce Plan, mis en place par les États-Unis pour faire face à la crise financière, provient d'une loi proposée par le Secrétaire au Trésor des États-Unis, Henry Paulson.

fait vivre. C'est plutôt le contraire : ce sont les dépossédés qui le font vivre. Ce système reste fort de notre soumission volontaire. Sortir du capitalisme impliquera des épisodes barbares où il y aura des confrontations majeures avec l'ordre établi dans lesquelles les armées et les « flics » vont tenter de maintenir l'ordre des maîtres actuels, mais on ne se sortira pas de cette destruction massive de la planète sans qu'il n'y ait de heurts, de confrontations. J'aimerais que tout se passe bien, en douceur, mais c'est peu probable.

B. S. : On pourrait songer à nationaliser certaines entreprises en mauvais état, aider à la création de coopératives. N'y a-t-il pas moyen de faire de ces usines des moyens de faire vivre des familles ? Le besoin de profit fait en sorte que les usines qui n'atteignent pas un certain niveau de rendement sont estimées non-rentables et ferment. Or, bien de gens auraient pu continuer à y travailler et à en vivre. Plusieurs usines auraient sans doute pu continuer à tourner s'il n'avait pas été uniquement question de la marge des dirigeants. Une reprise en coopérative avec un solide appui de l'État permettrait de les faire fonctionner. Elles pourraient alors être envisagées comme des investissements pour la collectivité. Toutefois, les nationalisations sont un moyen. Pour les banques par exemple, il est à craindre qu'elles soient nationalisées aujourd'hui pour être mieux revendues lorsqu'il y aura reprise économique. Depuis une quinzaine d'années, on nous répète que l'État est incapable de bien gérer, alors dès qu'elles redeviendront profitables, on voudra les revendre à un prix minimum.

M. P. : Même en nationalisant les banques, la problématique demeure la même si elles continuent d'opérer dans le système capitaliste, où l'objectif est de faire des profits par n'importe quel moyen. Même les coopératives peuvent tomber dans la logique pure et dure du système capitaliste, comme Desjardins pour ne pas la nommer. Le problème fondamental est le fonctionnement même du capitalisme avec sa propension à donner de plus en plus d'argent à ceux qui en possèdent déjà et à en enlever à ceux qui n'en ont pas. C'est ce système qui produit les crises.

Les banques jouent quand même une fonction pour les gens qui ne peuvent que vendre leur force de travail : elles servent à placer

leurs épargnes et à accorder des crédits. Aujourd'hui, les banques ont profité des largesses de l'État, mais ne desserrent pas le crédit. Si elles sont écartées, qu'est-ce qui devrait assumer cette fonction pour les gens ordinaires?

M. P. : Pour les dépossédés, la problématique dans le système capitaliste actuel est qu'il n'y a pas d'existence sans compte de banque. Sans un compte de banque, il est aujourd'hui difficile de se faire payer. Non seulement les banques monopolisent le droit à l'existence des individus dans le système, mais en plus, elles en fixent les règles, et pire, quand elles se trompent, elles se font rembourser presque intégralement ce qu'elles ont perdu. Nationaliser les banques, bien sûr, mais pour leur donner une tout autre perspective. Il faudrait toutes les nationaliser en même temps et, surtout, retirer cette mentalité capitaliste qui dit : « nous on prête de l'argent et il faut en faire des profits ». C'est ce qui est arrivé avec la Caisse de dépôt et placement. Pendant des années les dirigeants de la CDP se vantaient d'avoir battu le marché dopé aux stéroïdes. Plus ça va, plus cette mentalité de faire des profits à tout prix transperce de part en part les institutions publiques qu'on veut rentables. Cette pensée insidieuse traverse tout, même les décisions personnelles.

Mais l'une des sources de la crise est que les banques accordaient des crédits à des gens qui n'avaient pas les moyens de les rembourser. L'excès du crédit est une des sources de la crise. Aujourd'hui, on se plaint que les banques n'accordent pas de crédit avec l'argent qu'elles ont reçu. Ne devrait-on pas plutôt se réjouir qu'elles aient pris des leçons de la crise?

M. P. : Les banques ont commencé à agir de la sorte parce qu'elles avaient besoin de davantage de débouchés pour les capitaux. Les riches avaient du capital à ne plus savoir quoi en faire et devaient absolument le faire fructifier. C'est aussi ça la base du système capitaliste : toujours faire fructifier son argent. Ainsi, les banques ont développé des produits plus risqués en spéculant, à travers les gens, sur la croissance du marché immobilier. Mais c'était basé sur du « pipeau », sur de la spéculation. La spéculation, c'est de parier sur la possibilité que quelque chose arrive. Elles ont tellement spéculé sur la spéculation, qu'elles se sont tirées dans le pied et ont tiré dans le pied des États qui ont dû ramasser les pots cassés de ces décisions. Les banques avaient trop d'argent, elles ont décidé de prendre des risques supplémentaires dont nous assumons les coûts. Et c'est sans compter les milliers et les milliers de ménages qui ont embarqué là-dedans en pensant qu'ils pourraient posséder une maison, devenir quelqu'un dans le système capitaliste. Ils se sont fait complètement berner et, aujourd'hui, une grande quantité de ces gens n'ont plus rien. C'est vraiment très triste.

Oui, mais les gens n'ont-ils pas leur part de responsabilité? Pourquoi ont-ils accepté les crédits s'ils n'avaient pas les moyens de les payer?

M. P. : Je suis de l'école de pensée qui ne croit pas en la loi de l'offre et la demande. C'est la loi de l'offre qui domine. Les grands de ce monde offrent plein de rêves et de possibilités à travers un système de propagande et de publicité qui promet de rendre les gens heureux par la surconsommation : c'est le fétichisme de la marchandise. On rend les gens dépendants de leurs propres rêves, et un de ces rêves est de pouvoir s'affranchir des propriétaires qui exaspèrent pour un logement miteux. N'importe qui peut se faire embarquer dans ce genre de rêve. C'est le rêve américain qui nous fait croire qu'on peut se sortir individuellement de notre situation par le système lui-même.

Que peut faire un travailleur qui veut mettre un peu d'argent de côté, pour sa retraite par exemple, pour ne pas réalimenter une bulle spéculative?

M. P. : Les alternatives dans le système capitaliste sont très minces. Il n'existe pas de possibilités réelles d'investir dans une économie solidaire. Il est question de microcrédit, et d'autres choses du genre, mais dans certains pays, les petits agriculteurs qui reçoivent un appui vont acheter des semences de Monsanto. Il se peut qu'il existe des façons différentes de placer son argent, probablement en faisant des placements conservateurs, mais les banques vont reprendre cet argent et le replacer sur le marché financier pour essayer d'en tirer davantage. Tant qu'on ne sortira pas de cette logique, les épargnes des gens ordinaires peuvent servir à n'importe quoi.

Beaucoup de travailleurs vont perdre leur emploi, d'autres, leur retraite, et certains vont perdre les deux. Y a-t-il d'autres aspects de la crise dont il faut se méfier?

B. S. : Il faut regarder historiquement les inégalités entre les riches et les pauvres. Dans les années 1960 à 1980, quand survenait une crise, les plus pauvres perdaient leur emploi, et lors de la reprise, ces gens pouvaient en retrouver un. L'écart entre les riches et les pauvres n'était pas si grand. À partir des années 1990, l'écart entre les riches et les pauvres s'est agrandi. Si on regarde à l'échelle du Québec, dans les dix dernières années, les baisses d'impôts aident les plus riches et non les plus pauvres. C'est qu'on prétend qu'en aidant les plus riches, telle une pyramide de coupes de champagnes dont on arrose le sommet, l'écoulement aura pour effet de remplir les verres jusqu'à la base. Pour reprendre cette image des Zapartistes, en ce moment, la coupe du dessus a le format d'une piscine, et le précieux fluide ne s'écoule jamais jusqu'en bas. S'il y a une reprise, les travailleurs seront prêts à accepter de moins bonnes conditions. C'est l'un des effets de la panique engendrée par la crise. Même avant la crise, on voyait de plus en plus de travailleurs pauvres : des gens qui travaillent à temps plein, mais demeurent sous les seuils de faible revenu. Par rapport aux années 1970, on constate également qu'aujourd'hui tous les membres d'une famille travaillent alors qu'avant un seul salaire suffisait pour faire vivre tout le monde. On risque de travailler de plus en plus pour des salaires de moins en moins intéressants.

Et la question qu'il faut toujours se poser : que faire?

B. S. : Beaucoup de travailleurs aimeraient pouvoir faire confiance aux institutions qui sont là. Ils aimeraient qu'elles marchent. Notre rôle est peut-être de provoquer une prise de conscience, de dénoncer des situations chaque fois que des citoyens se font avoir et de pointer du doigt le fait que ça ne marche pas. Il faut tester jusqu'à quel point les gens veulent du capitalisme. Dans leur vie quotidienne, ils ont probablement peu de temps pour y réfléchir : ils travaillent, ont des contraintes, veulent réussir; et il y a beaucoup de mécanismes mis en place pour que ces questions ne soient pas posées. Mais ils doivent connaître leur pouvoir. En 2005, les débardeurs aux

États-Unis ont fait une grève de cinq jours qui a failli avoir des conséquences majeures sur l'économie. S'ils l'avaient faite pendant dix jours, les États-Unis auraient eu de gros problèmes financiers. Les grèves aux endroits stratégiques ont des impacts. Il faut donc faire de la conscientisation.

M. P. : Il y a une indignation particulière devant la crise qui est un bon signe. Mais entre l'indignation et l'action, il y a une marge. La journée où des centaines de gens entreront dans un supermarché pour se réapproprier le contenu et en ressortir le sourire aux lèvres en disant « aujourd'hui, nous avons rendu justice au peuple affamé », ce sera une prise de conscience sérieuse et concrète. L'indignation c'est bien, mais l'action est nécessaire pour changer les choses. Oui, il y a de l'indignation, mais il y a aussi du cynisme, qui est une forme de défaite de la conscience dont il faut se méfier.

Révolution keynésienne, Keynes, keynésianisme d'hier à aujourd'hui

Gilles Dostaler

John Maynard Keynes, né en 1883 à la mi-temps de la Grande Dépression[1], est décédé en avril 1946. Il avait vécu, comme témoin privilégié et acteur de premier plan, deux guerres mondiales et une crise qui allait à son tour prendre le nom de Grande Dépression. C'est au moment de son décès que l'expression « révolution keynésienne » a été forgée et que le keynésianisme a pris son envol. Alors qu'on évoque le retour de Keynes, il importe de distinguer clairement les idées de Keynes, la révolution keynésienne et le keynésianisme. Les trois décennies de l'après-guerre, que l'historien Jean Fourastié a appelées les « Trente glorieuses », ont vu s'imposer et triompher, sur le plan de la théorie comme de la politique économiques, une certaine vision du fonctionnement de l'économie, de ses rapports avec l'État et des politiques économiques, qu'on a appelée le keynésianisme. À la fin des années 1960, on a pu même entendre un critique résolu de Keynes, Milton Friedman, et un président qu'il a conseillé, Richard Nixon, déclarer : « Nous sommes tous keynésiens. » Mais c'était le baiser de Tosca. Dans les années 1970, avec la stagflation et les chocs pétroliers, on diagnostiquait une crise du keynésianisme, dont les partisans s'engagèrent alors dans une longue traversée du désert. Monétarisme, nouvelle macroéconomie classique et autres courants ultra-libéraux ont pris le relais, tant dans le monde académique que dans les lieux de décision politique et économique. Les néologismes « thatchérisme » et « reaganisme » ont été créés pour décrire les politiques de déréglementation, de privatisation, de démantèlement des

---

1. C'est à la crise mondiale qui s'est déployée de 1873 à 1896 qu'on a d'abord donné le nom de « Grande Dépression ».

systèmes de sécurité sociale, de remise en question des acquis et pouvoirs syndicaux qui ont été engagées partout à travers le monde, à des degrés d'intensité variables.

Alors qu'en 1968, au moment où je commençais mes études d'économie, on nous conseillait de préparer nos cours de macro-économie en lisant la *Théorie générale de l'emploi, de l'intérêt et de la monnaie* de John Maynard Keynes, une vingtaine d'années plus tard, des économistes prestigieux déconseillaient aux étudiants la lecture de cet ouvrage publié en 1936, en suggérant d'en reléguer la mention aux cours d'histoire de la pensée économique, considérée le plus souvent comme l'histoire des idées erronées d'auteurs décédés. Ces cours ont d'ailleurs de plus en plus de difficulté à survivre dans les programmes universitaires, centrés sur l'apprentissage de techniques mathématiques sophistiquées dont les rapports avec la réalité économique sont le plus souvent fort distants. La création en 1969 du prix de la Banque de Suède en sciences économiques en mémoire d'Alfred Nobel, faussement appelé « prix Nobel d'économie », permet à cette discipline de s'approprier frauduleusement le capital symbolique des sciences naturelles comme la physique ou la chimie[1].

Ces événements ont provoqué un déplacement des économistes sur l'échiquier politique. Dans les années 1960, alors que Friedrich Hayek et Milton Friedman prêchaient dans le désert, Paul Samuelson, le pape du keynésianisme américain, nous apparaissait, aux étudiants de gauche, comme très à droite, alors que son collègue John Kenneth Galbraith était considéré comme tout au plus au centre sinon au centre-droit. Vingt ans plus tard, alors que Friedman et Hayek ont conquis les territoires de la droite, Samuelson est déporté au centre sinon même au centre-gauche et Galbraith résolument à gauche[2].

La crise financière déclenchée en 2008, dans la foulée de la bulle immobilière aux États-Unis, n'est pas la première crise de

---

1. Voir à ce sujet Gilles Dostaler, « Les "prix Nobel d'économie" : une habile mystification », *Alternatives économiques*, n° 238, juillet-août 2005, p. 88-91.

2. Voir les traductions françaises de six des derniers livres de Galbraith, *Économie hétérodoxe*, Paris, Seuil, 2007, qui contiennent entre autres une critique féroce du néolibéralisme et une passionnante histoire des crises financières.

ce genre depuis la guerre. Elle a été précédée de plusieurs autres coups de semence. Mais, par son ampleur et surtout par la récession sans précédent de l'activité économique réelle dont elle est accompagnée, elle oblige les gouvernements à intervenir pour réparer les pots cassés en violant les préceptes néolibéraux qui s'étaient imposés depuis les années 1980[1]. On entend ainsi des hommes politiques connus pour leurs convictions libérales prôner la nécessité de combattre la spéculation, de réglementer la finance, à l'échelle nationale mais aussi internationale, en convoquant un nouveau Bretton Woods, et même de refonder le capitalisme.

Et voici que ressuscite celui qu'on pensait avoir inhumé pour de bon dans les années 1970 et 1980. Il y a même une répétition symbolique de ce qui s'était passé en 1929, alors que Keynes, éloigné pendant quelques années des cercles du pouvoir en Angleterre, avait écrit à sa femme Lydia Lopokova le 25 novembre, un mois après le krach de Wall Street : « Je reviens à la mode[2]. » Le nouveau

---

1. L'expression « néolibéralisme » est ambiguë, comme du reste celle de libéralisme. Un libéral en Europe désigne un partisan de l'économie de marché, opposé à l'intervention de l'État, alors qu'aux États-Unis il désigne au contraire un partisan de l'interventionnisme, keynésien ou social-démocrate. Par ailleurs, libéralisme est un terme polysémique, qui s'applique à la morale et à la politique comme à l'économie. On peut être libéral dans un sens et pas dans l'autre. Ainsi Keynes était libéral en politique et sur le plan des mœurs, mais opposé au libéralisme économique. Apôtres du libéralisme économique, Friedman et Hayek admettaient que, dans certaines circonstances, comme celle du Chili de l'après Allende, un régime politique autoritaire, sinon dictatorial, pouvait être nécessaire pour rétablir la liberté économique.La Chine contemporaine est un exemple saisissant de coexistence du libéralisme économique et de dictature politique, alors que les États-Unis de Bush le sont de l'alliance du libéralisme économique et du conservatisme moral. Quant au terme de néolibéralisme, il est d'autant plus ambigu qu'il a parfois été utilisé, dans le passé, comme synonyme de « nouveau libéralisme », qui désigne un interventionnisme très actif, un soutien à l'État providence et même, dans certains cas, un socialisme non marxiste. Keynes se réclamait du nouveau libéralisme développé pas Thomas Hill Green, Leonard Hobhouse et John Hobson, dont les racines plongeaient dans le radicalisme philosophique de John Stuart Mill. « Ultralibéralisme » rendrait mieux la signification du thatchérisme et du reaganisme, mais il vaut mieux sacrifier à l'usage.

2. Lettre se trouvant dans les archives de Keynes conservées à la bibliothèque de King's College, Cambridge.

gouvernement travailliste faisait appel à ses conseils et à ses services sur divers comités. Keynes est donc de nouveau devenu un personnage respectable et fréquentable, partout à travers le monde. Dans les terres québécoises, la précédente ministre des Finances, Madame Monique Jérôme-Forget, qui n'était pas connue jusque-là pour ses sympathies interventionnistes, a qualifié Keynes dans son dernier discours du budget de « grand maître de l'économie » !

La révolution keynésienne

Le 1er janvier 1935, John Maynard Keynes écrivait à son ami, l'écrivain irlandais George Bernard Shaw, dans le cadre d'une controverse sur l'URSS et le marxisme : « Pour comprendre *mon* état d'esprit [...] vous devez savoir que je crois être en train d'écrire un livre de théorie économique qui révolutionnera grandement – non pas, je suppose, immédiatement, mais au cours des dix prochaines années – la manière dont le monde considère les problèmes économiques. » Il ajoute que ce grand changement, qui affectera l'action et les affaires, se fera lorsque « ma nouvelle théorie aura été dûment assimilée et amalgamée aux politiques, aux sentiments et aux passions[1] ». Keynes était ainsi le premier à parler de révolution pour caractériser les effets de la publication, le 4 février 1936, de son livre, *Théorie générale de l'emploi, de l'intérêt et de la monnaie*. Comme il l'avait prédit, c'est entre 1936 et 1946 que les idées mises en avant dans son ouvrage allaient s'imposer dans la plupart des grands pays occidentaux. L'année suivant sa mort, l'expression « révolution keynésienne » est utilisée pour la première fois, dans le titre d'un livre de Lawrence Klein, disciple américain de Keynes et l'un des fondateurs de l'économétrie moderne[2]. Cette révolution consiste simultanément en un changement sur le plan de la théorie et une transformation sur le plan des politiques économiques, les deux processus étant étroitement imbriqués, comme Keynes lui-même l'indiquait dans sa lettre à Shaw.

La révolution keynésienne est loin de se limiter au contenu de la *Théorie générale* de Keynes et à ses applications pratiques. C'est un

---

1. *The Collected Writings of John Maynard Keynes* [désormais désigné par JMK], Londres, Macmillan, 1971-1989, vol. 13, p. 492-493. Ici comme ailleurs, les italiques sont dans le texte original.

2. *The Keynesian Revolution*, New York, Macmillan, 1947.

processus plus complexe, multiforme, dont Keynes n'est ni l'unique auteur, ni l'unique acteur. C'est un événement qui se déroule dans un contexte historique particulier, marqué par deux guerres mondiales et une crise économique majeure. Il accompagne le passage du capitalisme libéral du xixe siècle, de l'idéologie victorienne et de la domination de l'empire britannique au capitalisme financier et monopoliste, à l'idéologie consommatoire et à la domination des États-Unis. Les difficultés économiques dans lesquelles le capitalisme est enfoncé depuis la crise mondiale de la fin du xixe siècle et qui aboutissent à la Première Guerre mondiale, comme celle des années 1930 débouchera sur la seconde, sont accompagnées d'une croissance du mouvement ouvrier et des partis se réclamant du socialisme et du marxisme. L'entre-deux-guerres voit naître et se développer le fascisme et le nazisme. Paul Valery écrit en 1919 : « Nous autres, civilisations, nous savons désormais que nous sommes mortelles. » Freud publie en 1930 *Le malaise dans la culture*, dans lequel il évoque la possibilité d'une victoire de Thanatos sur Eros, de la pulsion de mort sur les forces de la vie et donc l'écroulement de la civilisation. Keynes était préoccupé, de la même manière, par l'avenir d'une civilisation dont on découvrait qu'elle est une mince croûte sur un volcan[1].

La révolution keynésienne est une réaction, théorique et pratique, à ces événements. Sur le plan théorique, elle constitue en premier lieu la remise en question d'un certain nombre de dogmes, dont le principal est celui de l'autorégulation de l'économie capitaliste. Laissé à lui-même, le capitalisme génère périodiquement des crises, qui sont donc endogènes. Chômage et inégalités inacceptables des revenus et des salaires sont inéluctables. En découle cette conséquence pratique : l'État, les pouvoirs publics doivent intervenir pour réguler ce système. Le laisser-faire a fait son temps. L'État-providence et les systèmes de sécurité sociale se mettent en place.

En 1916, alors au service du Trésor britannique, Keynes devait accompagner le ministre de la Guerre, Lord Kitchener, en Russie pour y mener des négociations financières. À la dernière minute,

---

1. Sur les relations entre les analyses de Freud et de Keynes, voir Gilles Dostaler et Bernard Maris, *Capitalisme et pulsion de mort*, Paris, Albin Michel, 2009.

on l'a rappelé à Londres pour des affaires plus urgentes de sorte qu'il ne s'est pas embarqué sur le navire en partance pour Saint-Pétersbourg, navire qui a sauté sur une mine, tuant tous ses passagers. Si Keynes s'était embarqué, la *Théorie générale* n'aurait bien sûr jamais été publiée. Mais les idées qu'elle contenait étaient dans l'air. Elles auraient été formulées autrement. Et la révolution keynésienne aurait eu lieu, évidemment sous une appellation différente. Il n'y a pas de sauveur suprême, comme il est dit dans un chant célèbre. Il n'y a pas, dans l'histoire, de personnage irremplaçable. Le président du Conseil de France Georges Clemenceau, que Keynes a côtoyé à l'occasion de la conférence de Paris, figure majeure s'il en fut, a commis cette phrase célèbre : « Les cimetières sont pleins de gens irremplaçables. »

À côté de Keynes, comme avant lui, d'autres penseurs ont développé des idées semblables à celles qui seront popularisées par la *Théorie générale* : aux États-Unis, dans la foulée des travaux de Thorstein Veblen, les économistes institutionnalistes qui ont dominé la profession jusqu'à la Seconde Guerre mondiale ; en Suède, à la suite de Knut Wicksell – dont Keynes s'est explicitement inspiré – les théoriciens de l'École de Stockholm, en particulier Gunnar Myrdal ; en Pologne, Michal Kalecki, disciple de Marx et de Rosa Luxembourg. En 1932, *L'équilibre monétaire* de Myrdal présente, en Suédois, des idées analogues à celles de Keynes. L'année suivante, Kalecki publie une courte étude, en polonais, qui contient l'essentiel de la théorie de la demande effective que Keynes rendra publique cinq ans plus tard. La version de Keynes s'est imposée compte tenu du prestige international de l'homme et du fait qu'il a publié son livre, très attendu, dans la bonne langue, au bon endroit et au bon moment. Keynes était un intellectuel, mais aussi, un homme influent, un homme de pouvoir, qui se trouvait depuis longtemps au centre de la profession économique et du monde politique anglais.

De même que la révolution sur le plan théorique, la révolution sur le plan politique n'est pas le fait du seul Keynes et ne peut être considérée comme l'application pratique des idées contenues dans la *Théorie générale*. L'État-providence s'est mis en place en Suède après la victoire électorale du Parti social-démocrate en 1932, dans la foulée de la grande grève d'Adalen l'année précédente. Myrdal et ses amis sont les principaux conseillers économiques du gouvernement et en particulier du ministre des Finances, Ernst Wigforss. Élu en novembre 1932, Roosevelt déclenche le New Deal en mars 1933, trois ans avant la publication du livre de Keynes. Ce sont des économistes institutionnalistes, en particulier John R. Commons, qui le conseillent. Keynes le rencontre le 28 mai 1934 après lui avoir écrit, dans une lettre ouverte publiée dans le *New York Times* du 31 décembre 1933 : « Vous vous êtes fait le mandataire de tous ceux qui, dans tous les pays, cherchent à mettre fin aux démons de notre condition par une expérience raisonnée, envisagée à l'intérieur de la structure du système social existant. Si vous échouez, le changement rationnel subira un préjudice grave, à travers le monde, laissant à l'orthodoxie et à la révolution le champ libre pour la combattre[1]. » Le Front populaire dirigé par Léon Blum prend le pouvoir en France en avril 1936, mais ce ne sont pas les idées de Keynes, dont la *Théorie générale* paraîtra en français en 1942, qui l'inspirent. Depuis la publication des *Conséquences économiques de la paix*, en 1919, Keynes était du reste considéré comme francophobe et germanophile, ce qui était partiellement fondé. C'est le Canada qui sera le premier pays à adopter explicitement, dans le budget de 1939, le cadre keynésien d'analyse, avant que le pays d'origine de Keynes ne le fasse en 1941[2].

Mais, de toute manière, qu'il s'agisse de Myrdal, de Commons ou de Keynes, il est trop simple de considérer les politiques, en particulier les politiques de gestion de crise, comme l'application de théories économiques, pas plus aujourd'hui qu'hier. Nécessité fait loi, pourrait-on dire. Les problèmes économiques, politiques et sociaux exigent, en particulier en temps de crise, des solutions. Les théories économiques leur donnent le plus souvent une rationalisation, une justification *a posteriori*. Les problèmes auxquels étaient confrontés les États-Unis, le Canada, la France, la Grande-Bretagne et les autres pays dans les années 1920 et 1930 étant semblables, il n'est pas surprenant que les solutions aient eu des liens de parenté,

---

1. JMK, vol. 21, p. 289.
2. Voir Gilles Dostaler et Frédéric Hanin, « Keynes et le keynésianisme au Canada et au Québec », *Sociologie et sociétés*, vol. 37, n° 2, automne 2005, p. 153-181.

et qu'on puisse en fin de compte parler de révolution keynésienne même lorsque leur rationalisation théorique venait d'ailleurs que de Keynes. Le développement historique dans la première moitié du XXᵉ siècle ne pouvait que provoquer des transformations du type de celles que nous venons de décrire, au terme de ce que Karl Polanyi a appelé « la grande transformation[1] ».

On constate du reste qu'il en est de même lorsqu'on se penche sur les relations entre la philosophie politique et la pensée économique des grands auteurs. La première précède et informe la seconde, comme Myrdal l'a magistralement exposé dans son *Science et politique en économie*, publié en suédois en 1930[2]. Keynes en était lui-même persuadé : il a écrit qu'un auteur influent avait en général développé sa philosophie politique avant trente ans. Marx a adhéré au socialisme en 1844, vingt ans avant d'élaborer sa théorie de la plus-value. Keynes s'est déclaré hostile au laisser-faire et partisan d'une intervention active de l'État dans l'économie dès le début des années 1920, une quinzaine d'années avant de construire la théorie de la demande effective. Milton Friedman a commencé sa croisade libérale et anti-interventionniste une vingtaine d'années avant d'opposer à la théorie de Keynes sa reformulation de la théorie quantitative de la monnaie[3].

---

1. K. Polanyi, *The Great Transformation*, New York, Rinehart, 1944. Il est étonnant que les références croisées entre Keynes et Polanyi, dont les idées étaient très proches, soient aussi peu nombreuses.

2. *The Political Element in the Development of Economic Theory*, Londres, Routledge, 1998.

3. J'ai envoyé jadis à Milton Friedman le manuscrit d'un article dans lequel je comparais ses thèses et celles de Keynes, en exposant cette idée sur les rapports entre la politique et l'économie. Il m'a répondu que j'avais tout à fait raison en ce qui concerne Keynes, mais pas dans son cas! Il n'avait, m'a-t-il écrit, commencé à faire de la politique qu'au moment où la plus grande partie de sa production scientifique était derrière lui. Friedman a emprunté au père de Keynes, John Neville (*The Scope and Method of Political Economy*, 1891) la distinction entre « économie positive » et « économie normative », que Maynard, pour qui le politique et l'économique sont étroitement imbriqués, rejetait. Voir Gilles Dostaler, « Friedman and Keynes : divergences and convergences », *European Journal of the History of Economic Thought*, vol. 5, n° 2, 1998, p. 317-347.

L'apport de Keynes

Plusieurs raisons expliquent qu'on ait associé au nom de Keynes les transformations intervenues entre les deux guerres comme les politiques qui seront menées après la Seconde Guerre[1]. C'était un homme d'une intelligence exceptionnelle, dont la rapidité d'esprit éblouissait tous ceux qui l'ont croisé, y compris ses adversaires les plus résolus. Friedrich Hayek est ainsi l'un de ceux qui lui a rendu hommage. C'était un grand écrivain, un maître de la langue anglaise, comme le reconnaissait son amie Virginia Woolf. Il excellait dans tous les genres, du lourd traité théorique à l'article de journal destiné à un grand public, en passant par les innombrables mémorandums dont il inondait les officines gouvernementales et autres institutions. Contrairement à la plupart des économistes et autres universitaires du temps présent, il n'écrivait pas uniquement pour ses pairs, en vue de progresser dans sa carrière, mais pour convaincre des contemporains de la nécessité de procéder à des transformations radicales. Il se définissait comme un « publiciste » – au sens ancien de brasseur d'idées – un prophète, une Cassandre. Il écrivait à une vitesse stupéfiante, comme en font foi, non seulement les *Collected Writings*, publiés en 30 volumes, mais les monumentales archives qui ont été éditées en 170 microfilms. Il maniait la plume, mais aussi la parole, avec une redoutable efficacité, comme enseignant, conférencier, militant politique, conseiller du prince. Hayek a évoqué le pouvoir ensorceleur d'une voix qui finissait par séduire ses adversaires les plus résolus. Keynes payait lui-même la production de ses livres, ce qui lui permettait de les diffuser très largement à bas prix. C'était un homme de pouvoir, devenu très jeune, au début de la trentaine, un proche du Premier ministre de son pays, consulté par les dirigeants

---

1. Parmi les biographies de Keynes, la plus complète est celle de Robert Skidelsky, publiée en trois volumes en 1983, 1992 et 2000, *John Maynard Keynes*, Londres, Macmillan. Une version condensée a été publiée en 2003, chez le même éditeur : *John Maynard Keynes, 1883-1946, Economist, Philosopher, Statesman*. Voir aussi Donald E. Moggridge, *Maynard Keynes : An Economist's Biography*, Londres, Routledge, 1992. Dans *Keynes et ses combats* (Paris, Albin Michel, 2005 ; nouvelle édition revue et augmentée, 2009), j'étudie les combats menés par Keynes sur les plans philosophique, politique, économique et artistique en combinant les données analytiques, biographiques et contextuelles.

de tous les partis, les organisations syndicales et patronales. Comme Engels avait dit, sur le tombeau de Marx, que c'était justice que le nom de son ami désigne la théorie qu'ils avaient élaborée ensemble, les amis et disciples qui avaient étroitement collaboré avec lui dans la production de la *Théorie générale* considéraient que l'appellation « keynésienne » pour désigner la nouvelle théorie et la nouvelle vision n'était pas usurpée.

Keynes était un être paradoxal, ce qui se reflète dans son œuvre et dans la postérité à laquelle elle donnera lieu. Dénonçant la spéculation, il la pratiquera néanmoins avec beaucoup de succès, en dépit de trois passes difficiles, laissant à sa mort une somme équivalant à environ 30 millions de dollars américains actuels. Iconoclaste, membre du groupe d'esthètes hédonistes connu sous l'appellation de Bloomsbury, multipliant les aventures homosexuelles avant son mariage intervenu sur le tard, à 42 ans, il était en même temps à certains égards profondément conservateur, respectueux des traditions et élitiste. Préconisant le plein emploi et la hausse des salaires de ceux qui sont en bas de l'échelle, il manifestait en même temps une condescendance mêlée de mépris envers une classe ouvrière qu'il estimait destinée à disparaître. Il détestait Marx tout en empruntant, de manière parfois déguisée, des éléments importants de sa théorie et en manifestant du même souffle respect et amitiés pour les jeunes marxistes et communistes qu'il fréquentait à Cambridge dans les années 1930. Les communistes, quant à eux, le considéraient comme un conservateur déguisé en progressiste alors que les conservateurs le décrivaient comme un cryptocommuniste, ce qui du reste l'amusait beaucoup. S'étonnant que les travaillistes, pour la première fois au pouvoir en 1924, mènent une politique économique très orthodoxe, comme ils le feront une fois réélus en 1929, il a déclaré : « Je suis certain d'être moins conservateur au niveau de mes tendances que l'électeur travailliste moyen [...] La république de mon imagination se situe à l'extrême gauche de l'espace céleste[1]. »

Si l'on se tourne maintenant vers sa vision économique, il importe de dissiper un malentendu largement répandu. La théorie de Keynes est ainsi présentée comme « l'économie de la dépression »,

---

1. « Liberalism and labour », *Nation and the Athenaeum*, vol. 38, 20 février 1926 ; JMK, vol. 9, p. 308-309.

valable en situation de crise, mais dangereuse, porteuse de déficits, d'inflation, de surconsommation lorsque l'économie est retournée sur ses rails. Cela est totalement faux. Keynes s'est intéressé, bien sûr et comme tout le monde, à la crise de 1929, dont il est lui-même sorti appauvri. Il en a offert des explications et a proposé des solutions. Mais cette crise était loin de constituer l'objet principal de sa réflexion théorique. La rédaction du livre publié en 1936 n'a pas été provoquée ou stimulée par la crise de 1929. Il en est d'ailleurs très peu question dans la *Théorie générale*. La conjoncture qui alimente la réflexion de Keynes, c'est plutôt la stagnation et le chômage permanent et important qui caractérise la Grande-Bretagne des années 1920. Keynes a toujours été préoccupé par les tendances à long terme à l'œuvre dans le capitalisme.

Très tôt, dès le début du siècle, si l'on en croit le témoignage d'un de ses amis de collège, John Sheppard, rapporté par son biographe Royd Harrod, Keynes est convaincu que le laisser-faire est une doctrine dépassée et dangereuse[1]. Cette idée est formulée dans un des premiers articles qu'il publie en 1908, le compte-rendu d'un livre intitulé *A Study in Social and Industrial Problems*, par Edward G. Howarth et Mona Wilson. Keynes est très tôt convaincu que le capitalisme n'est pas un système autorégulé et que, laissé à lui-même, il engendre le chômage et des inégalités intolérables de revenu et de fortune. Il n'a jamais cru dans la main invisible :

> Tirons tout à fait au clair les principes métaphysiques ou généraux sur lesquels on a parfois fondé le *laissez-faire*. Il *n'*est *pas* vrai que les individus possèdent à titre prescriptif une « liberté naturelle » dans leurs activités économiques. Il *n'*existe *pas* de « contrat » conférant des droits perpétuels à ceux qui possèdent et à ceux qui acquiè-rent. Le monde *n'*est *pas* gouverné d'en haut de sorte que l'intérêt privé et l'intérêt social coïncident toujours. Il *n'*est *pas* dirigé ici-bas de sorte qu'ils coïncident dans la pratique. Il *n'*est *pas* correct de déduire des principes de l'économie que l'intérêt personnel éclairé œuvre toujours à l'intérêt public[2].

1. Roy Harrod, *The Life of John Maynard Keynes*, Londres, Macmillan, 1951, p. 192.
2. *The End of Laissez-Faire*, Londres, Hogarth Press, 1926; traduction française in J.M. Keynes, *La Pauvreté dans l'abondance*, Paris, Gallimard, 2002, p. 78.

Il est aussi rapidement convaincu que la main visible de la collectivité doit veiller au grain. Dès le début des années 1920, il commence, dans le cadre de ses activités au sein du Parti libéral anglais, à prôner une série de mesures interventionnistes, telles qu'investissements et travaux publics, politiques fiscales visant entre autres à redistribuer les revenus, appuis aux chômeurs et autres individus privés de revenus, politiques monétaires expansionnistes, utilisation du solde budgétaire de l'État comme moyen de contrer le cycle. Il s'oppose résolument aux propositions de réduction de salaire pour relancer l'emploi, estimant non seulement qu'elles sont moralement inacceptables mais que, de toute manière, seuls des régimes autoritaires, fascistes ou bolcheviques, sont en mesure d'imposer des réductions massives.

Ce qu'il convient de remarquer ici, c'est que les « politiques keynésiennes » voient le jour avant la théorie permettant de les justifier et de les rationaliser. En 1930, Keynes publie son plus gros livre, *A Treatise on Money*, en deux volumes. Immédiatement, il estime – et ses amis le lui font savoir – que l'argumentation développée dans ce livre est « en retard » par rapport aux propositions politiques qu'il défend. Et c'est pourquoi il se met au travail d'abord pour réviser ce livre et finalement pour rédiger sa *Théorie générale*. Le *Treatise* contient toutefois plusieurs réflexions et avancées capitales. L'idée que l'épargne et l'investissement, résultats de décisions prises par des agents séparés, ne sont pas égaux, que l'épargne n'est donc pas automatiquement transformée en investissement, mène au diagnostic qu'il fait de la crise de 1929 : l'effondrement de l'investissement. On trouve aussi une description saisissante des rapports entre l'entreprise et la finance. Faisant un tableau de l'histoire à long terme de l'humanité, Keynes explique que les phases de croissance ont toujours été celles où l'entreprise s'est libérée du joug de la finance, où l'on a dépensé plutôt qu'épargné.

Il n'est pas question de revenir ici sur le cadre analytique de la *Théorie générale*, sinon pour rappeler quelques idées simples[1]. Le niveau de l'emploi dans une économie est déterminé par la demande effective. Cette dernière résulte de trois propensions psychologiques fondamentales. La propension à consommer relie le niveau de la consommation à celui du revenu. L'efficacité marginale du capital

---

1. Voir à ce sujet le chapitre 6 de *Keynes et ses combats, op. cit.*

est le rapport entre le flux de revenus futurs espérés par un investisseur et le coût de cet investissement. La préférence pour la liquidité mesure la proportion de leurs ressources que les individus préfèrent garder sous une forme liquide. Les problèmes du capitalisme découlent du fait qu'alors que les deux premières grandeurs sont trop faibles, la troisième est trop élevée. Il faut donc trouver les moyens de corriger cette situation.

Toutefois, là-dessus il y a très peu d'indications dans son livre. Keynes s'en explique dans un article important paru l'année suivante[1]. Son objectif est de faire un diagnostic de l'état de santé du capitalisme contemporain, pas seulement de la crise. Non pas de proposer des remèdes. Il n'y a en effet pas de remèdes simples, valables en tout temps et en tout lieu. Keynes est ici fidèle à un pragmatisme dont on trouve une première expression dans un essai de jeunesse sur Burke, écrit en 1904[2], et qui se manifeste de manière particulièrement frappante dans une réponse faite en 1930 par Keynes à des questions soumises par le Premier ministre Ramsay MacDonald, concernant les causes de la crise et les solutions possibles : « En conséquence, je suis en faveur d'un programme éclectique, utilisant des suggestions venant de tous les côtés, n'espérant pas trop de l'application de chacune d'entre elles, mais espérant qu'on arrive à quelque chose de leur ensemble[3]. »

Mais si la *Théorie générale* ne propose pas de recettes à court terme, elle évoque des perspectives de transformation à plus long terme, avec les thèmes de l'euthanasie du rentier et de la socialisation de l'investissement. Pour Keynes, non seulement sous le capitalisme, mais dans toute l'histoire humaine, l'intérêt, qui ne rémunère aucun sacrifice, est un frein pour l'entreprise. Dès lors, sa disparition à long terme pourrait constituer un élément de solution au problème de l'emploi. Elle implique la disparition d'une classe sociale parasitaire, « l'euthanasie du rentier et par suite la disparition progressive du pouvoir oppressif additionnel qu'a le capitaliste d'exploiter la valeur

---

1. « The general theory of employment », *Quarterly Journal of Economics*, vol. 51, février 1937 ; traduction française *in La pauvreté dans l'abondance*, p. 239-60.
2. Je présente le contenu de cet essai inédit dans le chapitre 3 de *Keynes et ses combats. op. cit.*
3. JMK, *op. cit.*, vol 20, p. 376.

conférée au capital par sa rareté[1] ». L'intérêt, comme la rente, ne récompense aucun sacrifice. C'est la rareté du capital qui permet au capitaliste oisif d'accaparer une prime. L'atténuation de ce privilège injustifié pourra se faire graduellement, sans bouleversement, par l'augmentation du volume de l'équipement et par le biais de la fiscalité. Un contrôle du système financier pouvant aller jusqu'à la nationalisation est aussi une voie à envisager.

La socialisation de l'investissement vise quant à elle à régler les problèmes qui se posent dans les économies dans lesquelles le développement du capital est exclusivement gouverné par des critères de rentabilité financière à court terme, soumis à l'appât du gain, où l'entreprise est à la merci de la spéculation. La lutte contre l'instabilité de l'efficacité marginale du capital et donc de l'investissement, doit passer par une intervention de l'État : « Nous nous attendons à voir l'État, qui est en mesure de calculer l'efficacité marginale des biens capitaux avec des vues plus lointaines et sur la base de l'intérêt général de la communauté, prendre une responsabilité sans cesse croissante dans l'organisation directe de l'investissement[2]. » Il ne s'agit pas pour autant de supprimer l'entreprise privée, avec laquelle les pouvoirs publics devront coopérer, mais « une assez large socialisation de l'investissement s'avérera le seul moyen d'assurer approximativement le plein emploi[3] ».

À l'occasion de la crise de 1930, Keynes évoque des perspectives à plus long terme, dans un texte à saveur lyrique intitulé « Perspectives économiques pour nos petits-enfants ». Cette crise, qui provoque « un grave accès de pessimisme économique », n'est pas le résultat de « rhumatismes propres à la vieillesse, mais de douleurs de croissance résultant de changements trop rapides[4] ». Le progrès technique et un programme radical de réformes sociales, politiques et économiques peuvent permettre d'entrevoir la transition vers un avenir lointain dans lequel aura été résolu le problème économique, c'est-à-dire

1. *Théorie générale de l'emploi, de l'intérêt et de la monnaie*, Paris, Payot, 1982, p. 369.

2. *Ibid.*, p. 176.

3. *Ibid.*, p. 371.

4. « Economic possibilities for our grandchildren », *Nation and Athenaeum*, vol. 48, octobre 1930 ; traduction française *La pauvreté dans l'abondance*, p. 106.

celui de la rareté, source de la lutte entre classes sociales et entre nations. Dans cent ans, espère-t-il – donc en 2030! – on pourra envisager un monde où les besoins essentiels seront satisfaits et où les énergies pourront être employées à des buts non économiques. Cès besoins pourront être comblés avec une moyenne de deux à trois heures de travail par jour, de sorte que « pour la première fois depuis sa création, l'homme sera confronté à son problème véritable et permanent : quel usage faire de sa liberté, une fois dégagé de l'emprise des préoccupations économiques?[1] »

Il se posera toutefois un problème lié au fait que le capitalisme, fondé sur le puritanisme, l'épargne et donc la non-consommation, ne nous a pas préparés à cultiver l'art de vivre, à jouir du moment présent, comme « les lys des champs qui ne peinent ni ne filent[2] ». Cette carence risque de provoquer une dépression nerveuse universelle. L'éducation artistique, dont Keynes s'est fait le promoteur inlassable, est pour lui un moyen essentiel pour préparer l'avènement de ce monde meilleur. Il est convaincu que le développement des sciences et des techniques le rend matériellement possible. Ce sont des obstacles liés aux structures sociales, aux institutions politiques et économiques, aux idéologies dominantes, qui empêchent de régler le problème de la pauvreté et du sous-développement, de l'alternance de phases d'expansion, de crise et de dépression. Le monde idéal ici décrit n'est pas sans ressemblance avec celui qu'évoquent Marx et Engels dans *L'Idéologie allemande* et la *Critique du programme de Gotha*.

Le keynésianisme

La révolution keynésienne, comme je l'ai dit, est un processus de transformation historique, idéologique et théorique dont Keynes est un acteur, certes majeur, mais non unique. Une transformation du même genre se serait produite si Keynes n'avait pas été là. De la même manière, la « contre-révolution monétariste », pour reprendre une expression de Friedman, serait advenue, sous une forme sans doute différente, si les Hayek, Friedman ou Lucas n'avaient jamais vu le jour. D'autres intellectuels se seraient chargés de rationaliser les politiques néolibérales. Il ne faut pas confondre, toutefois,

---

1. *Ibid.*, p. 113.
2. *Ibid.*, p. 117.

révolution keynésienne et keynésianisme. Le keynésianisme désigne un ensemble d'idées qui, inspirées par Keynes, se sont développées après lui. Comme on sait, les querelles d'héritage, celles qui opposent les plus proches parents, sont souvent les plus virulentes. Ce fut le cas avec Marx, le seul penseur de l'économie et de la société à avoir, avec Keynes, donné son nom à un mouvement de pensée. Ces noms sont nés avant le décès du maître à penser, ce qui a donné l'occasion à ce dernier de prendre ses distances avec ses disciples. Marx aurait ainsi déclaré à au moins deux reprises, quand on lui demandait d'arbitrer des conflits au sein des social-démocraties française et russe : « Quant à moi, je ne suis pas marxiste. » Keynes a déclaré à son ami, Austin Robinson, alors qu'il sortait d'une réunion avec quelques économistes aux États-Unis pendant la guerre : « J'étais le seul non keynésien présent. »

L'œuvre de Keynes est complexe et contradictoire. Il est normal qu'elle ait donné lieu à des interprétations multiples et divergentes et qu'on se questionne encore aujourd'hui sur le vrai sens de la *Théorie générale*. Il est inévitable, aussi, qu'une pensée subtile se transforme en dogme aux mains de prosélytes à l'intelligence parfois limitée. C'est ce qui s'est produit dès après la publication de la *Théorie générale*. On trouvait le livre compliqué, difficilement lisible. On lui reprochait l'absence de formalisation mathématique. Keynes a lui-même répondu à cette objection en écrivant qu'il ne souhaitait pas une « cristallisation » prématurée de ses idées dont les plus fondamentales étaient relativement simples. On a fait le contraire, en proposant un modèle mathématique simple, illustré par un célèbre graphique, qui permettait de transmettre la pensée de Keynes dans les salles de classe sans obliger les étudiants à le lire. De la même manière, on sait que l'Église n'encourage pas la lecture directe de la Bible, et que l'interprétation du *Capital* était réservée aux mandarins de l'Académie des sciences de l'URSS.

C'est ainsi que s'est imposée une version aseptisée de la théorie keynésienne, synthèse entre la microéconomie néoclassique que Keynes rejetait et une macroéconomie keynésienne délestée de ses éléments les plus fondamentaux : les temps, l'incertitude, les anticipations, la présence de la monnaie[1]. Principal architecte de

---

1. Sur les courants de pensée évoqués dans ce qui suit, on peut consulter Michel

cette construction, auteur du manuel qui a initié des générations d'étudiants à l'économie, Paul Samuelson l'a baptisée « synthèse néoclassique ». Sur ce socle analytique, on a assis un ensemble de recettes simples pour gérer la conjoncture, des politiques budgétaires et monétaires permettant d'arbitrer entre le chômage et l'inflation. On a illustré cet arbitrage au moyen d'un autre graphique célèbre, la courbe de Phillips. L'économiste néozélandais Phillips est aussi l'auteur d'une construction faite de pompes, de tuyaux et de valves qu'il utilisait dans ses cours pour illustrer le mécanisme des politiques keynésiennes. On a appelé « keynésianisme hydraulique » cette version édulcorée des idées de Keynes. C'est celle qui s'est imposée dans l'après-guerre, jusqu'aux années 1970, et c'est celle qui resurgit à la faveur de la crise actuelle.

Une forme nouvelle s'est toutefois développée au moment du triomphe de la macroéconomie classique et du néolibéralisme. On l'a appelé la nouvelle économie keynésienne. Cherchant à émuler la nouvelle macroéconomie sur son propre terrain, elle se présente de manière très sophistiquée sur le plan formel. Sur le plan théorique, elle réduit le modèle de Keynes à un modèle néoclassique doté de « rigidités nominales » des prix et des salaires, qu'il faut expliquer. La nouvelle économie keynésienne est donc plus éloignée encore du projet de Keynes que la synthèse néoclassique. Parmi d'autres, Joseph Stiglitz est l'un des créateurs de ce courant de pensée. Il a toutefois durci le ton face à l'orthodoxie néoclassique depuis son passage à la Banque mondiale.

D'autres courants insistent plutôt sur la rupture entre la théorie keynésienne et la théorie néoclassique. On désigne sous le nom de courant postkeynésien un ensemble assez vaste et diversifié d'auteurs qui insistent, à des degrés divers, sur l'importance de facteurs comme l'incertitude, le temps, les anticipations, le caractère actif et endogène de la monnaie, l'instabilité financière du capitalisme, la domination des économies modernes par les monopoles. Ces auteurs rejettent la microéconomie néoclassique à laquelle ils substituent des analyses inspirées de Marx, des institutionnalistes

Beaud et Gilles Dostaler, *La pensée économique depuis Keynes : historique et dictionnaire des principaux auteurs*, Paris, Seuil, 1993 (édition abrégée, Points Économie, 1996).

et d'autres courants hétérodoxes : prix administrés ou déterminés par les coûts de production, par le travail, répartition résultant de rapports de force, de la lutte des classes. Du coup, les propositions politiques des postkeynésiens sont beaucoup plus radicales. Amie de Keynes et porte-parole importante et colorée de ce courant de pensée, Joan Robinson, qualifiait de keynésianisme bâtard la synthèse néoclassique. Elle se définissait comme une keynésienne de gauche, prônait nationalisations et planification des économies et considérait que la disparition de l'intérêt réglerait une bonne partie des problèmes économiques contemporains. Elle fut aussi l'auteur d'une œuvre théorique importante. Son nom a circulé un temps comme candidate au prix de la Banque de Suède. On ne sera pas étonné qu'elle ne l'ait pas reçu.

C'est la synthèse néoclassique qui s'est imposée dans le monde académique de l'après-guerre, avant d'être supplantée par les courants de pensée qui rejetaient la greffe keynésienne sur l'orthodoxie néoclassique. Et, sur le plan des politiques économiques, c'est le réglage de précision de la conjoncture, à travers les politiques budgétaires et monétaires, qui a tenu le haut du pavé, particulièrement aux États-Unis où l'on croyait, au moment de la présidence de Kennedy, que la « nouvelle économie » avait enfin permis de résorber crises et chômage et qu'elle réglerait éventuellement le problème de la pauvreté dans la « nouvelle société ». Les choses ne se sont pas déroulées comme prévu. L'une des raisons en est l'écroulement du système monétaire international mis en place à Bretton Woods en 1944, système par ailleurs très éloigné du projet initial de Keynes qui prônait un contrôle beaucoup plus strict de la finance internationale. Aujourd'hui, le retour aux recettes keynésiennes de l'après-guerre ne suffira pas à régler les problèmes reliés, entre autres, à la déréglementation financière internationale, à la spéculation effrénée, au contrôle de l'entreprise par la finance, à l'accroissement des écarts de revenu, auxquels s'ajoutent désormais les menaces à l'environnement. Ces recettes permettront sans doute une sortie de crise plus rapide que dans les années 1930. Mais une fois la machine mortifère repartie comme avant, la prochaine crise risque d'être plus grave et, comme Keynes l'a écrit à la fin de la Première Guerre mondiale, les hommes ne se laissent pas mourir de faim sans réagir. Quant à la possibilité d'un changement de système, il avait exprimé ainsi son dilemme, en 1933 :

> Le capitalisme international, et cependant individualiste, aujourd'hui en décadence, aux mains duquel nous nous sommes trouvés après la guerre, n'est pas une réussite. Il est dénué d'intelligence, de beauté, de justice, de vertu, et il ne tient pas ses promesses. En bref, il nous déplaît et nous commençons à le mépriser. Mais quand nous nous demandons par quoi le remplacer, nous sommes extrêmement perplexes[1].

---

1. « National self-sufficiency », *New Statesman and Nation*, vol. 6, 8 et 15, juillet 1933 ; traduction française *in La pauvreté dans l'abondance*, p. 203.

La crise des crises

Crise financière, crise systémique

Samir Amin

1. Questions de méthode

L'EFFONDREMENT FINANCIER de septembre 2008 amorce le développement d'une crise systémique majeure. Pour comprendre la nature de cette crise, des enjeux et à partir de là, imaginer les contours possibles des différents systèmes alternatifs qui émergeront des réponses que leur donneront les forces dominantes en place, les États et les classes dirigeantes, comme les travailleurs et les peuples dominés, il est nécessaire d'aller au-delà de l'analyse du déroulement de la crise financière à proprement parler. Mais il ne suffit pas non plus de juxtaposer cette dernière analyse et celle d'autres crises en particulier : (i) la crise de l'accumulation dans l'économie productive réelle ; (ii) la crise énergétique, concernant a) l'épuisement des ressources fossiles, b) les conséquences de la croissance associée au modèle d'utilisation de cette énergie (effets possibles sur le climat inclus), c) les conséquences des politiques de substitution mises en œuvre (agro-carburants) ; (iii) la crise des sociétés paysannes soumises à une destruction accélérée et la crise de l'agro-alimentaire qui lui est associée. Il est nécessaire d'intégrer toutes les dimensions de cette crise systémique majeure dans une analyse holistique intégrée.

J'amorcerai le débat sur cette question par une série de propositions concernant les caractéristiques majeures nouvelles du capitalisme contemporain. Deux transformations essentielles se sont produites progressivement au cours des dernières décennies. Bien qu'il s'agisse d'évolutions amorcées depuis longtemps, je dirai que le changement en quantité s'est transformé en saut qualitatif. La première de ces transformations concerne le degré de centralisation du capital dans ses segments dominants. Celui-ci est sans commune mesure avec ce qu'il était il y a seulement une quarantaine d'années. Certes les monopoles et les oligopoles ne sont pas une réalité nouvelle dans l'histoire du capitalisme, depuis l'époque mercantiliste jusqu'à l'émergence des cartels et trusts de la fin du XIXe siècle (voir Hilferding, Hobson, Lénine). Mais, aujourd'hui, on doit parler pour la première fois d'un capitalisme d'oligopoles généralisé qui domine dans tous les domaines de la vie économique.

Je déduirai de cette observation deux conséquences majeures. La première de ces conséquences est que cette transformation a donné un visage nouveau à l'impérialisme. Celui-ci se conjuguait toujours au pluriel, et se manifestait par le conflit permanent des puissances impérialistes concernées. Désormais on doit parler de l'impérialisme collectif de la triade (États-Unis, Europe, Japon), au singulier. La seconde de ces conséquences est que la forme oligopolistique du capitalisme est à l'origine de sa « financiarisation ».

La seconde des transformations qualitatives majeures concerne les ressources naturelles de la Planète. Celles-ci ne sont plus abondantes au point de pouvoir considérer possible l'accès illimité à leur exploitation. Ces ressources sont devenues relativement plus rares (sinon en voie d'épuisement) et de ce fait leur accès ne peut plus être ouvert à tous.

La liste de « ce qui est nouveau » dans l'organisation des sociétés modernes dépasse certainement les domaines retenus ici. La littérature met souvent l'accent par exemple sur la révolution scientifique et technologique de notre temps (informatique, espace, nucléaire, exploitation du fond des mers, fabrication de matériaux nouveaux, etc.). Celle-ci est indiscutable et importante. Je refuse néanmoins d'appréhender cette dimension de la réalité à travers les « technologistes » du discours dominant sur le sujet, faisant de ces innovations le moteur premier de l'histoire, appelant donc la société à « s'ajuster » aux contraintes qu'elles commanderaient. En contrepoint, dans les analyses que je propose, les technologies sont elles-mêmes façonnées par les rapports sociaux dominants. Dans d'autres dimensions de la réalité, la constatation de changements factuels importants ne s'impose pas moins. Au plan des rapports internationaux, l'émergence de « puissances nouvelles » ne peut être écartée du champ du possible. Au plan des rapports sociaux, la liste des « faits nouveaux » indiscutables pourrait paraître illimitée. Par exemple, la fragmentation des marchés du travail et de l'organisation des systèmes productifs. Ou encore l'érosion des formes anciennes de l'expression politique au bénéfice d'affirmations nouvelles – ou renouvelées – du genre, des identités (ethniques, religieuses, culturelles). Je crois néanmoins nécessaire d'articuler l'analyse de ces réalités à celle de la logique de la reproduction du système caractérisée par celles des transformations majeures que j'ai retenues.

La crise est systémique au sens où la poursuite du modèle de déploiement du capitalisme des dernières décennies devient impossible. La page en sera tournée nécessairement, à travers un temps de « transition » (de crise) bref ou long, ordonné ou chaotique. « Un autre monde est possible », proclamaient les « altermondistes » de Porto Allègre. Je disais « Un autre monde est en voie d'émerger », qui pourrait être encore plus barbare, mais qui peut être tout également meilleur, à des degrés divers.

Les forces sociales dominantes tenteront, dans les conflits appelés à s'aiguiser, de maintenir leurs positions privilégiées. Mais elles ne pourront y parvenir qu'en rompant avec beaucoup des principes et des pratiques associés jusqu'ici à leur domination. En particulier en renonçant à la démocratie, au droit international et au respect des droits des peuples du Sud. Si elles y parvenaient, le monde de demain serait fondé sur ce que j'ai appelé « l'apartheid à l'échelle mondiale ». Phase nouvelle du « capitalisme » ou système qualitativement différent et nouveau ? La question mérite discussion.

Les travailleurs et les peuples qui seraient les victimes de cette évolution barbare peuvent mettre en déroute les forces sociales et politiques réactionnaires (et non « libérales » comme elles essaient de le faire croire par leur autoqualification) à l'œuvre. Ils sont capables de prendre la mesure entière des enjeux de cette crise systémique, de se libérer des réponses illusoires qui ont encore souvent le vent en poupe, d'inventer les formes d'organisation et d'action adéquates, de transcender la fragmentation de leurs luttes et de surmonter les contradictions qui en découlent. Auront-ils alors « inventé » – ou « réinventé » – le socialisme du XXIe siècle ? Ou seulement avancé dans cette direction, sur la longue route de la transition séculaire du capitalisme au socialisme? Je penche pour cette seconde probabilité.

La mondialisation – phénomène inhérent au capitalisme, s'approfondissant au cours des étapes successives de son déploiement – implique que le monde de demain ne sera meilleur que si les peuples du Sud (80 % de l'humanité) l'imposent par leurs luttes. À défaut, le monde ne peut être meilleur. Car l'idée que, dans un mouvement de générosité humaniste, les travailleurs du Nord – eux également victimes du système en place – pourraient façonner un système mondial meilleur pour les peuples du Sud reste sans fondement.

2. La domination des oligopoles, fondement de la financiarisation en déroute

Le phénomène qualifié de financiarisation du capitalisme contemporain trouve son expression dans l'expansion des placements sur les marchés monétaires et financiers. Cette expansion exponentielle, sans précédent dans l'histoire, décolle il y a un quart de siècle, et a porté le volume des opérations conduites annuellement sur les marchés monétaires et financiers à plus de 2 000 téradollars, contre à peine environ 50 téradollars pour le PIB mondial et 15 pour le commerce international.

La financiarisation en question a été rendue nécessaire par, d'une part, la généralisation du système des changes flexibles (dont les taux sont déterminés par ce qu'on appelle le marché au jour le jour) et par, d'autre part, la dérégulation parallèle des taux d'intérêts (également abandonnés à l'offre et à la demande). Dans ces conditions, les opérations sur les marchés monétaires et financiers ne constituent plus, principalement, la contrepartie des échanges de biens et services, mais sont désormais motivés presqu'exclusivement par le souci des agents économiques de se protéger des fluctuations des taux de change et d'intérêt.

Il allait de soi que l'expansion vertigineuse de ces opérations de couverture du risque ne pouvait en aucune manière répondre aux attentes de ceux qui en mobilisent les moyens. Le bon sens élémentaire devrait faire comprendre que, plus les moyens de réduction du risque pour une opération donnée sont démultipliés, plus le risque collectif prend de l'importance. Mais les économistes conventionnels ne sont pas équipés pour le comprendre; car ils ont besoin de croire au dogme absurde de l'autorégulation des marchés, sans lequel toute leur construction de la prétendue « économie de marché » s'effondre. « L'économie de marché », que j'ai qualifiée ailleurs de théorie d'un système imaginaire qui n'a aucun rapport avec le capitalisme réellement existant, est la pierre angulaire de l'idéologie (au sens vulgaire et négatif du terme) du capitalisme, son moyen de lui donner sa légitimité apparente.

On ne sera donc pas surpris que les économistes conventionnels, en dépit de leur arrogance, aient été incapables de prévoir ce qui pour d'autres était évident. Et lorsque l'effondrement a bien eu lieu, ils n'ont trouvé aucune explication autre que purement « accidentelle » – les erreurs des calculs concernant les « *subprimes* » et autres. Il ne pouvait s'agir pour eux que d'accidents mineurs, sans conséquences dramatiques, qui pouvaient être corrigés rapidement !

L'expansion du marché monétaire et financier qui conduisait nécessairement à la catastrophe a été analysée, avant même l'effondrement de septembre 2008, à la perfection, par les économistes politiques critiques. Il n'y a rien à ajouter ici à ces analyses du déroulement des événements.

Mais il faut aller plus loin. Car en s'arrêtant à l'analyse financière de la crise financière, on laisse entendre que celle-ci n'a pas d'autres causes que les causes directes qui sont à son origine. À savoir que c'est le dogme de la libéralisation des marchés monétaires et financiers, de leur « dérégulation », qui est à l'origine du désastre. Mais cela n'est vrai que dans une première lecture immédiate de la réalité. Au-delà, la question concerne l'identifiant des intérêts sociaux qui se profilent derrière l'adhésion aux dogmes concernant la dérégulation des marchés en question.

Ici encore, les banques et les autres institutions financières (assurances, Fonds de pension, *Hedge Funds*) paraissent bien avoir été les bénéficiaires privilégiés de cette expansion, ce qui permet au discours des pouvoirs de leur faire porter la responsabilité exclusive du désastre. Mais en fait la financiarisation profitait à l'ensemble des oligopoles, et 40 % de leurs profits provenait de leurs seules opérations financières. Et ces oligopoles contrôlent à la fois les segments dominants de l'économie productive réelle et les institutions financières.

Pourquoi donc les oligopoles ont-ils délibérément choisi la voie de la financiarisation du système dans son ensemble? La raison en est que cela leur permet tout simplement de concentrer à leur bénéfice une proportion croissante de la masse des profits réalisés dans l'économie réelle. Des taux de rapport apparemment insignifiants sur chaque opération financière produisent, compte tenu de la masse gigantesque que totalisent ces opérations, des volumes de profits considérables. Ces profits sont les produits d'une redistribution de la masse de la plus-value générée dans l'économie réelle et sont des rentes de monopoles. On comprend alors que le taux de rendement élevé des placements financiers (de l'ordre de 15 %) ait pour contrepartie des taux de rendement médiocres pour les investissements dans l'économie productive (de l'ordre de 5 %). Cette ponction sur la masse globale des profits opérée par la rente financière des oligopoles interdit de dissocier la cause (le caractère oligopolistique du capitalisme contemporain) de sa conséquence (la financiarisation, c'est-à-dire la préférence pour le placement financier par comparaison à l'investissement dans l'économie réelle).

Le marché monétaire et financier occupe de ce fait une position dominante dans le système des marchés. Car il est le marché par le moyen duquel les oligopoles (et pas seulement les banques) prélèvent leur rente de monopole d'une part, et se livrent à la concurrence entre eux pour le partage de cette rente d'autre part. Les économistes conventionnels ignorent cette hiérarchisation des marchés, à laquelle ils substituent le discours abstrait de « l'économie des marchés généralisés ».

L'expansion du marché monétaire et financier conditionne celui des investissements dans l'économie réelle, dont elle limite la croissance. À son tour, cet affaiblissement de la croissance générale de l'économie entraîne celui de la croissance de l'emploi, avec des effets associés bien connus (chômage, expansion de la précarité, stagnation – voire réduction – des salaires réels décrochés des progrès de la productivité). Le marché monétaire et financier domine à son tour de cette manière celui du travail. L'ensemble de ces mécanismes qui traduisent la soumission de l'économie entière (des « marchés ») au marché monétaire et financier dominant produisent l'inégalité croissante dans la répartition du revenu (que nul ne conteste dans les faits). Le marché des investissements productifs (et derrière lui celui du travail) souffre à la fois de la réduction de sa rentabilité directe apparente (contrepartie de la ponction opérée au profit de la rente des oligopoles) et de celle de l'expansion de la demande finale (affaiblie par l'inégalité dans la répartition du revenu).

La domination des oligopoles financiarisés enferme l'économie dans une crise de l'accumulation du capital, qui est à la fois une crise de la demande (« sous-consommation ») et une crise de rentabilité.

3. Les réponses des pouvoirs : restaurer la financiarisation

Nous sommes maintenant équipés pour comprendre pourquoi les pouvoirs en place (les gouvernements de la triade), eux-mêmes au service des oligopoles, n'ont pas de projet autre que celui de remettre en selle ce même système financiarisé. Car les oligopoles ont besoin de l'expansion financière en question pour affirmer leur domination sur l'économie et la société. Remettre en cause la domination du marché monétaire et financier sur l'ensemble des marchés, c'est remettre en cause la rente de monopole des oligopoles.

Les politiques mises en œuvre à cette fin peuvent-elles être efficaces ? Je crois que cette restauration du système tel qu'il était avant la crise de l'automne 2008 n'est pas impossible. Mais cela exige que deux conditions soient remplies.

La première est que l'État et les banques centrales injectent dans le système un volume de moyens financiers suffisant pour gommer la masse des créances pourries et restaurer la crédibilité et la rentabilité de la reprise de l'expansion financière. Il s'agit de sommes astronomiques, comme quelques-uns (dont moi-même) l'avaient prévu plusieurs années avant la débâcle de l'automne 2008, contre l'avis des économistes conventionnels et des « experts du FMI ». Mais désormais on peut penser que les pouvoirs finiront par porter cette injection au niveau requis.

La seconde est que les conséquences de cette injection soient acceptées par la société. Car les travailleurs en général, et les peuples du Sud en particulier, seront nécessairement les victimes de ces politiques. Celles-ci ne se donnent pas l'objectif de relancer l'économie réelle par la relance de la demande des salaires (comme le keynésianisme le proposait en son temps), mais, au contraire, de maintenir la ponction que constitue la rente des oligopoles, et nécessairement au détriment des rémunérations réelles des travailleurs. Les plans des pouvoirs envisagent froidement l'aggravation de la crise de l'économie réelle, le chômage, la précarisation, la détérioration des retraites assurées par les Fonds de Pensions. Les travailleurs réagissent déjà, et réagiront probablement davantage, dans les mois et années à venir. Mais si leurs luttes demeurent fragmentées et dénuées de perspectives comme elles le sont encore largement, ces protestations demeureront « contrôlables » par le pouvoir des oligopoles et des États à leur service.

Voilà toute la différence qui sépare la conjoncture politique et sociale de notre époque de celle qui caractérisait les années 1930. À l'époque, deux camps de forces sociales s'affrontaient : le camp d'une gauche qui se réclamait du socialisme, composé de communistes (l'Union Soviétique offrait l'image d'un succès évident à l'époque) et de sociaux-démocrates authentiques, tandis que le camp de la droite pouvait s'appuyer sur des mouvements fascistes puissants. C'est pourquoi en réponse à la crise de 1930, on a eu ici le New Deal ou des Fronts populaires, là le nazisme. La conjoncture politique actuelle est radicalement différente. La faillite du soviétisme et le ralliement des socialistes au social-libéralisme ont terriblement affaibli les visions politiques des travailleurs, privés de perspectives et de capacité d'expression d'une alternative socialiste authentique.

La crise actuelle du capitalisme des oligopoles n'a pas été le produit d'une montée des luttes sociales imposant le recul des ambitions des oligopoles. Elle est le produit exclusif des contradictions internes propres à son système d'accumulation. Or, à mon avis, la distinction entre la crise d'un système produite par l'explosion de ses contradictions internes, et celle d'une société qui subit l'assaut de forces sociales progressistes qui nourrissent l'ambition de transformer le système, est une distinction centrale. Elle commande largement les issues différentes possibles. Dans la situation du premier type, le chaos devient une probabilité majeure, et c'est seulement dans une situation du second type qu'une sortie progressiste devient possible. La question politique centrale aujourd'hui est donc de savoir si les victimes sociales du système en place deviendront capables de se constituer en alternative positive indépendante, radicale et cohérente.

À défaut, la restauration du pouvoir des oligopoles rentiers financiarisés n'est pas impossible. Mais dans ce cas, le système ne recule que pour mieux sauter et une nouvelle débâcle financière, encore plus profonde, sera inévitable, car les « aménagements » prévus pour la gestion des marchés financiers sont largement insuffisants, puisqu'ils ne remettent pas en cause le pouvoir des oligopoles.

Reste la question de savoir comment les États et les peuples du Sud répondront au défi. L'analyse du défi auquel ils sont confrontés, aggravé par la crise de la financiarisation mondialisée, s'impose ici.

4. La question des ressources naturelles et le conflit Nord/Sud

Les questions relatives à l'usage qu'un système économique et social fait des ressources naturelles de la planète, de sa conception philosophique des rapports entre l'être humain (et la société) d'une part, et la nature d'autre part, sont des questions majeures. Les réponses historiques que les sociétés leur ont données définissent le mode de rationalité qui gouverne sa gestion économique et sociale.

Le capitalisme historique a largement évacué ces considérations. Il a mis en place une rationalité strictement économique, inscrite dans une vision courte du temps (« la dépréciation du futur »), et fondée sur le principe que les ressources naturelles sont le plus généralement mises à la disposition gratuite de la société et de surcroît disponibles en quantités illimitées. Il n'a fait d'exception que dans la mesure où certaines de ces ressources font l'objet d'une appropriation privée, comme le sol ou les ressources minières, mais en soumettant leur usage aux exigences exclusives de la rentabilité du capital qui en exploite le potentiel. La rationalité de ce système est donc étroite, et s'avère irrationalité sociale dès lors que les ressources en question deviennent rares, en voie d'épuisement possible, ou que leur usage, dans les formes qu'impose la rentabilité économique propre au capitalisme, produit des conséquences dangereuses à long terme (destruction de la biodiversité, voire changement climatique).

Notre propos ici n'est pas de discuter de ces aspects fondamentaux de la question du rapport société/nature, encore moins d'intervenir dans les débats philosophiques concernant la formation des modes de pensée du problème. Notre propos ici est beaucoup plus modeste et ne concerne que l'accès à l'usage des ressources de la planète et la répartition, en droit et en fait, égale et ouverte à tous les peuples ou au contraire réservée au bénéfice exclusif de certains d'entre eux.

De ce point de vue, notre système mondial moderne enregistre désormais une transformation qualitative de portée décisive. Certaines des ressources naturelles majeures sont désormais devenues considérablement plus rares – en termes relatifs – qu'elles ne l'étaient il y a encore une cinquantaine d'années, que leur épuisement constitue une menace réelle ou non (ce qui peut certes être discuté). Une conscience existe désormais que l'accès à celles-ci ne peut plus être ouvert à tous, et ce, indépendamment du fait que les formes de leur usage telles qu'elles sont, selon certains, mettent en danger (et selon d'autres ne le mettent pas) l'avenir de la planète. Les « pays du Nord » (j'emploie à dessein ce terme vague pour ne dire ni les États, ni les peuples) entendent se réserver l'exclusivité de l'accès à ces ressources pour leur seul usage, que celui-ci soit conçu tel qu'il est, c'est-à-dire fondé sur beaucoup de gaspillage et mettant en danger un avenir qui n'est plus lointain, ou qu'on le soumette à des régulations correctives importantes comme le proposent certains Verts.

L'égoïsme des pays du Nord trouve son expression brutale dans la phrase prononcée par le Président Bush (une phrase que ses successeurs ne discuteront pas) : « Le mode de vie américain n'est pas négociable. » Beaucoup en Europe et au Japon le pensent également, même s'ils s'abstiennent de le proclamer. Cet égoïsme signifie tout simplement que l'accès à ces ressources sera désormais largement interdit aux pays du Sud (80 % de l'humanité), que ceux-ci entendent faire un usage de ces ressources analogue à celui du Nord, gaspilleur et dangereux, ou qu'ils envisagent à leur tour des formes plus économes.

Il va sans dire que cette perspective est inacceptable pour les pays du Sud, en droit et en fait. Par ailleurs, les moyens du marché ne sont plus nécessairement à la hauteur des exigences de la garantie de l'accès exclusif des pays opulents à ces ressources. Certains pays du Sud peuvent mobiliser des moyens importants pour se faire reconnaître sur ces marchés de l'accès aux ressources. En dernier ressort la seule garantie pour les pays du Nord réside dans leur supériorité militaire.

La militarisation de la mondialisation est l'expression de cette conscience égoïste. Elle n'est pas le produit d'une dérive passagère de l'administration de Washington. Le plan de contrôle militaire de la planète par les forces armées des États-Unis a été mis en place par le Président Clinton, poursuivi par Bush et le sera par Obama. Certes dans la poursuite de ses objectifs, Washington entend toujours utiliser cet « avantage » pour son propre bénéfice, en particulier pour compenser ses déficiences financières et maintenir sa position de leadership, sinon d'hégémonie, au sein du camp du Nord. Il n'en reste pas moins que les alliés subalternes de la triade sont bel et bien alignés sur le plan de Washington de contrôle militaire de la planète. Ni l'Atlantisme des Européens, ni la soumission de Tokyo aux concepts de Washington concernant le Pacifique et l'Asie, ne sont menacés de désintégration, pour le moment tout au moins. Bien entendu, les « missions » – guerres préventives, lutte contre le « terrorisme » – engagées par les forces armées des États-Unis et leurs alliés subalternes de l'OTAN, sont et resteront enveloppées dans des discours de « défense de la démocratie », voire de son exportation, de « défense des droits à l'autodétermination des peuples » (tout au moins de certains, et pas d'autres). Mais ces emballages ne trompent que ceux qui veulent bien l'être. Pour les peuples du Sud, ils rappellent simplement la permanence de la tradition coloniale ancienne de la « mission civilisatrice ». L'objectif réel exclusif du programme militaire du Nord est le contrôle des ressources de la planète. L'aveu en a été fait lorsque Washington a décidé récemment de compléter son système de « Regional (military) Command » et de bases par la création d'un « Africa Command ». Les États-Unis, et derrière eux l'Europe, visent ici le contrôle du pétrole (Golfe de Guinée, Soudan), de l'uranium (Niger, Soudan), des métaux rares (Congo, Afrique Australe), et rien d'autre.

Le conflit Nord/Sud est devenu l'axe central des contradictions majeures de la mondialisation capitaliste/impérialiste contemporaine. Et dans ce sens, ce conflit est indissociable de celui qui oppose la poursuite de la domination du capitalisme oligopolistique aux ambitions progressistes et socialistes qui pourraient faire avancer des alternatives positives ici ou là, au Sud et au Nord. Penser l'alternative, en particulier dans l'immédiat en réponse à la crise, exige que soient pris en compte le droit et la volonté des pays du Sud à accéder aux ressources de la planète. Il n'y aura pas un « autre monde possible » meilleur si les intérêts des peuples qui constituent 80 % de l'humanité sont l'objet d'un mépris à peu près total dans l'opinion dominante des pays opulents. L'humanitaire n'est pas un substitut acceptable à la solidarité internationale dans les luttes.

Les pays du centre du système capitaliste mondial ont toujours bénéficié de ce que j'ai qualifié de « rente impérialiste », et l'accumulation du capital dans ces centres a toujours comporté un volet important ayant la nature d'une « accumulation par dépossession » des peuples des périphéries. La prétention aujourd'hui à réserver l'accès aux ressources majeures de la planète aux seuls nantis en constitue la forme nouvelle contemporaine.

5. Les conditions d'une réponse positive au défi

Il ne suffit pas de dire que les interventions des États peuvent modifier les règles du jeu, atténuer les dérives. Encore faut-il en définir les logiques et la portée sociales. Certes, on pourrait imaginer le retour à des formules d'association des secteurs publics et privés, d'économie mixte comme pendant les Trente glorieuses en Europe et de l'ère de Bandung, en Asie et en Afrique, lorsque le capitalisme d'État était largement dominant, accompagné de politiques sociales fortes. Mais ce type d'interventions de l'État n'est pas à l'ordre du jour. Et les forces sociales progressistes sont-elles en mesure d'imposer une transformation de cette ampleur ? Pas encore, à mon humble avis.

L'alternative véritable passe par le renversement du pouvoir exclusif des oligopoles, lequel est inconcevable sans finalement leur nationalisation pour une gestion s'inscrivant dans leur socialisation démocratique progressive. Est-ce la fin du capitalisme ? Je ne le pense pas. Je crois en revanche que de nouvelles configurations des rapports de force sociaux imposant au capital à s'ajuster, lui, aux revendications des classes populaires et des peuples, est possible. À condition que les luttes sociales, encore fragmentées et sur la défensive dans l'ensemble, parviennent à se cristalliser dans une alternative politique cohérente. Dans cette perspective, l'amorce de la longue transition du capitalisme au socialisme devient possible. Les avancées dans cette direction seront évidemment toujours inégales d'un pays à l'autre et d'une phase de leur déploiement à l'autre.

Les dimensions de l'alternative souhaitable et possible sont multiples et concernent tous les aspects de la vie économique, sociale, politique.

Dans les pays du Nord, le défi implique que l'opinion générale ne se laisse pas enfermer dans un consensus de défense de leurs privilèges vis-à-vis des peuples du Sud. L'internationalisme nécessaire passe par l'anti-impérialisme, non l'humanitaire.

Dans les pays du Sud, la crise offre l'occasion du renouveau d'un développement national, populaire et démocratique autocentré, soumettant les rapports avec le Nord à ses exigences, autrement dit la déconnexion. Cela implique :

(i)   la maîtrise nationale des marchés monétaires et financiers ;
(ii)   la maîtrise des technologies modernes désormais possible ;
(iii)   la récupération de l'usage des ressources naturelles ;
(iv)   la mise en déroute de la gestion mondialisée dominée par les oligopoles (l'OMC) et du contrôle militaire de la planète par les États-Unis et leurs associés ;
(v)   se libérer des illusions d'un capitalisme national autonome dans le système et des mythes passéistes.

La question agraire est plus que jamais au cœur des options à venir dans les pays du tiers monde. Un développement digne de ce nom ne peut être fondé sur une croissance – même forte – au bénéfice exclusif d'une minorité – fût-elle de 20 % – abandonnant les majorités populaires à la stagnation, voire à la paupérisation. Or ce modèle de développement associé à l'exclusion est le seul que le capitalisme connaisse pour les périphéries de son système mondial. La pratique de la démocratie politique, quand elle existe (c'est évidemment l'exception), associée à la régression sociale, demeure fragile à l'extrême. En contrepoint, l'alternative nationale et populaire qui associe la démocratisation de la société et le progrès social, c'est-à-dire qui s'inscrit dans une perspective de développement intégrant – et non excluant – les classes populaires, implique une stratégie politique de développement rural fondée sur la garantie de l'accès au sol à tous les paysans. De surcroît, les formules préconisées par les pouvoirs dominants – accélérer la privatisation du sol agraire traité en marchandise – entraînent l'exode massif que l'on connaît. Le développement industriel moderne ne pouvant pas absorber cette main d'œuvre surabondante, celle-ci s'entasse dans les bidonvilles. Il y a une relation directe entre la suppression de la garantie de l'accès au sol des paysans et l'accentuation des pressions migratoires.

L'intégration régionale, en favorisant le surgissement de nouveaux pôles de développement, peut-elle constituer une forme de résistance et d'alternative ? La réponse à cette question n'est pas simple. Les oligopoles dominants ne sont pas hostiles à des intégrations régionales qui s'inscrivent dans la logique de la mondialisation capitaliste/impérialiste. L'Union européenne (UE), les marchés communs régionaux d'Amérique latine, d'Asie et d'Afrique, sont des exemples de formes de régionalisation qui deviennent des obstacles à l'émergence d'alternatives progressistes et socialistes. Une autre forme de régionalisation peut-elle être conçue, capable de soutenir l'option du développement national et populaire et d'ouvrir la porte sur la longue transition séculaire au socialisme aux peuples et nations de la planète ? Si cette question ne se pose pas pour les géants comme la Chine ou l'Inde, elle ne peut être évacuée des débats concernant l'Amérique latine, le monde arabe, l'Afrique, l'Asie du Sud-Est, et même l'Europe. Pour cette dernière ne faut-il pas envisager que la déconstruction des institutions de l'UE, conçues dès l'origine pour enfermer les peuples de ce continent dans le capitalisme dit libéral (c'est-à-dire réactionnaire) et l'alignement atlantiste, est le préalable à sa reconstruction éventuelle dans une perspective socialiste ? Pour l'ensemble des pays du Sud, un nouveau « Bandung » politique, renforçant la capacité des pays des trois continents à contraindre l'impérialisme collectif de la triade à reculer est-il possible ? Quelles en sont les conditions ?

Des avancées dans ces directions au Nord et au Sud, bases de l'internationalisme des travailleurs et des peuples, constituent les seuls gages de la reconstruction d'un monde meilleur, multipolaire et démocratique. C'est la seule alternative à la barbarie du capitalisme vieillissant. Si le capitalisme est parvenu au point que pour lui la moitié de l'humanité soit devenue une population « superflue », ne doit-on pas considérer que c'est le capitalisme qui, lui, est désormais un mode d'organisation sociale superflu ?

Il n'y a pas d'alternative autre que s'inscrivant dans la perspective socialiste.

Au-delà des accords nécessaires sur les stratégies d'étapes, fondées sur la construction de la convergence des luttes dans le respect de la diversité, et des avancées que ceux-ci doivent permettre sur la longue route au socialisme mondial, la réflexion et le débat sur l'objectif socialiste/communiste restent incontournables : imaginer l'émancipation des aliénations marchandes et autres, imaginer la démocratisation de la vie sociale dans toutes ses dimensions, imaginer des modes de gestion de la production, du local au mondial, répondant aux exigences de la démocratie sociale authentique.

Bien évidemment, si le système mondial capitaliste/impérialiste réellement existant est fondé sur l'exclusion grandissante des peuples qui constituent la majorité de l'humanité, si le modèle d'usage des ressources naturelles produit par la logique de la rentabilité capitaliste est à la fois gaspilleur et dangereux, l'alternative socialiste/communiste ne peut pas ignorer les défis que ces réalités représentent. Un « autre style de consommation et de vie » que celui qui fait le bonheur apparent des peuples des pays opulents et celui de l'imaginaire de ses victimes s'impose. L'expression d'un « *solar socialism* » (qu'on peut traduire par socialisme + énergie solaire), proposée par Elmar Altvater, doit être prise au sérieux. Le socialisme ne peut pas être le capitalisme, corrigé par l'égalité dans l'accès à ses bénéfices, aux échelles nationales et mondiale. Il sera qualitativement supérieur, ou ne sera pas.

Dangers et opportunités de la crise globale

Gustave Massiah

Face à la crise actuelle qui combine tellement de dimensions (économique, écologique, climatique, alimentaire, géopolitique), les institutions responsables de la régulation du système économique international (FMI, Banque mondiale, OMC) n'ont plus de légitimité. Le G-8 camouflé en G-20 se présente comme porteur de solutions à la crise. Certes, ce G-20 est plus présentable que le G-8 puisqu'il représente les deux-tiers de la population mondiale. Pour autant, il reste illégitime en tant que directoire autoproclamé. Et il reste aussi inquiétant. En 1977, le précurseur du G-8 avait créé la crise de la dette en appelant les pays pétroliers à recycler les pétro-dollars et les banques à prêter aux pays du Sud sans trop regarder. Il avait ainsi cassé le front des pays du Sud en ralliant les pétroliers contre les plus pauvres. Il tente aujourd'hui la même stratégie avec les pays émergents. Et la docilité de ceux-ci dans les propositions mises au point par les occidentaux laisse craindre le pire.

Les opportunités

Les dangers de la crise sont connus, les opportunités le sont moins. D'abord, la défaite idéologique du néolibéralisme favorise la montée en puissance de la régulation publique. Ensuite, la redistribution des richesses et le retour du marché intérieur redonnent une possibilité de stabilisation et de garantie des revenus et de la protection sociale, de redéploiement des services publics. De même, l'urgence écologique nécessite une mutation du mode de développement social. Dans le même sens, la crise du modèle politique de représentation renforce la nécessité de la démocratie sociale et de la démocratie participative et d'une nouvelle réflexion sur les pouvoirs. De plus, le rééquilibrage entre le Nord et le Sud ouvre une nouvelle phase de la décolonisation et une nouvelle géopolitique du monde. Il s'accompagne d'une nouvelle urbanisation et des migrations qui sont les nouvelles formes du peuplement de la planète. Enfin un système de régulation mondiale permettant de penser et de réguler la transformation sociale à l'échelle de la planète et ouvrant la perspective d'une citoyenneté mondiale semble une nécessité urgente.

Aucune de ces opportunités ne s'imposera d'elle-même. Elles ne pourront déboucher vers des situations meilleures que si les résistances s'amplifient et si les luttes sociales, écologiques, pour les libertés, contre les guerres, s'intensifient. D'autant plus que la crise ouvre aussi des opportunités pour les élites dirigeantes qui penchent vers des formes d'oppression renouvelées. Bref, cette refondation n'est pas inéluctable, mais elle n'est pas impossible. Elle ne sera crédible que quand toutes les voies permettant aux élites de conserver les formes actuelles du pouvoir se révéleront insuffisantes. Le capitalisme a démontré, notamment après la crise de 1929, avec le New Deal de Roosevelt, sa capacité à « révolutionner » ses rapports sociaux.

Altermondialismes

Le mouvement altermondialiste ne néglige pas les améliorations possibles et n'hésite pas à s'engager pour éviter les situations insupportables. Il est aussi, pour sa plus grande part, concerné par une transformation radicale et prend très au sérieux les possibilités, ouvertes par la crise, d'un dépassement du capitalisme. Ce dépassement s'inscrit dans le temps long et n'est pas prédéterminé. Il existe déjà, dans la société actuelle, des rapports sociaux qui le préfigurent, comme dans le passé, lorsque des rapports sociaux capitalistes ont émergé dans les sociétés féodales. Il ne s'agit pas de rapports nouveaux achevés ; il s'agit de tentatives de dépassement qui émergent dans les pratiques sociales, mais qui ne se dégagent pas complètement des rapports dominants. La rupture ne se produit pas avec l'éradication des anciens rapports sociaux, mais au moment où de nouveaux rapports deviennent dominants, subordonnent les anciens rapports sociaux et les transforment profondément.

Le nouveau monde né dans l'ancien se construit progressivement. Il part des contradictions vécues et en construit des nouvelles. Le mouvement altermondialiste est porteur de ces nouveaux rapports à travers les résistances et les pratiques sociales innovantes. Les Forums sociaux en sont les espaces d'expérimentation et de visibilité. Ils facilitent aussi le travail intellectuel critique qui permet de différencier ce qui peut consolider la reproduction des rapports capitalistes de ce qui annonce de nouvelles perspectives.

Le mouvement altermondialiste doit intervenir aujourd'hui par rapport aux divers horizons de la crise. À court terme, il doit renforcer les résistances contre les dangers. À moyen terme, il doit peser sur les stratégies des réformateurs. À long terme, il doit transformer pour dépasser le capitalisme. Pour chaque opportunité, il faudrait d'abord indiquer ce que la crise met en évidence et ce contre quoi il faut se battre pour éviter un maintien du système et des dangers qu'il porte. Il faudrait ensuite identifier les propositions qui émergent, qui sont envisagées par les réformateurs et qu'il faut radicaliser. Il faudrait enfin esquisser ce qui affleure et qui indique les amorces et les pistes possibles d'une transformation radicale.

La régulation publique et citoyenne

Trois grandes questions, celle de l'État, celle du marché mondial et celle des formes de propriété, s'inscrivent dans la perspective d'un dépassement possible du capitalisme et sont portées dès aujourd'hui par les mouvements. La question de l'État est présente par plusieurs aspects. Il y a d'abord la prise de conscience de la nature contradictoire de l'État, à la fois protecteur et oppresseur, à la fois porteur de l'intérêt général et défenseur des privilèges. La démocratisation et le contrôle citoyen de l'État, le rapport de ce qu'on appelle pour simplifier les sociétés civiles, sont au centre de la réalité du caractère démocratique des sociétés. La nature des politiques publiques est en cause. La discussion sur les nationalisations en est une étape importante. La question du marché mondial pose la nécessité d'une alternative au libre-échange.

L'émergence des grandes régions comme espace politique, économique et financier, culturel, ouvre de réelles perspectives. Elle implique aussi une nouvelle conception de la monnaie. La question des rapports de propriété et de leur transformation est fondamentale. De même que celle de la propriété foncière, au centre de l'agriculture et de la maîtrise de l'urbanisation. Cette propriété foncière est encore au centre des logiques de colonisation toujours présentes dans bien des situations. Les rapports juridiques et sociaux de propriété déterminent la pluralité des formes de production. On retrouve cette question dans la discussion sur l'économie sociale, associative, solidaire et locale.

La redistribution des richesses et des revenus

La redistribution des richesses, nécessaire par rapport à la logique du néolibéralisme et à ses excès, ouvre une tentation néokeynésienne. Elle conforte la tendance à réhabiliter le marché intérieur, plutôt à l'échelle des grandes régions qu'à l'échelle nationale. Elle pourrait se traduire par la réhabilitation des systèmes de protection sociale et d'une relative stabilité salariale. Les planchers des revenus et leur progression permettraient à la consommation populaire de retrouver un rôle en tant que moteur de croissance par rapport au surendettement qui a déclenché la crise des « subprimes ». L'accès aux droits pour tous, dont les Objectifs du millénaire pour le développement (OMD) sont un pâle succédané, retrouverait droit de cité. Il permettrait d'envisager le redéploiement des services publics, avec une implication importante des institutions locales et avec une forte composante associative.

Il y a deux conditions à cette hypothèse qui ne se confond pas avec l'idée d'un simple retour au modèle keynésien d'avant le néolibéralisme. La première condition est la nécessité de répondre aux limites écologiques qui rendent dangereux un prolongement du productivisme. La contradiction entre l'écologique et le social est devenue déterminante, son dépassement est primordial. La deuxième condition est la nécessité d'une régulation ouverte à l'échelle mondiale par rapport à la régulation nationale complétée par le système de Bretton Woods des années soixante.

Un revenu minimum garanti à l'échelle mondiale?

Au cœur de la crise, il y a les inégalités, la pauvreté et les discriminations. La ponction sur les couches populaires et moyennes a atteint un tel niveau qu'elle a fini par mettre en danger le système dans son ensemble. La redistribution des revenus est celle d'une évolution vers plus de justice sociale. Il s'agit davantage de valoriser les revenus issus du travail plutôt que de distribuer des compensations. Et comme la crise est mondiale, la réponse est celle d'un revenu minimum à l'échelle mondiale. Des propositions existent. Le revenu minimum paysan en est une des composantes, comme on a pu le voir en Inde, où, il y a deux ans, après le Forum social de Mumbai, une loi (non encore appliquée) a été votée : la garantie pour chaque paysan indien de cent jours de travail payés par an ! Dans toutes les économies, le salaire minimum dans l'industrie et les services doit être structurellement valorisé et garanti. La proposition, plusieurs fois évoquée aux Nations Unies, est que personne dans le monde ne doit disposer d'un revenu inférieur au seuil de pauvreté. Celui-ci est calculé, pays par pays : c'est la moitié du revenu médian, c'est-à-dire celui qui sépare la population en deux moitiés, l'une gagnant plus que le revenu médian, l'autre moins. Cette mesure est vertueuse, elle fixe un plancher à l'effondrement des économies réelles. Pour cela, il faut une taxation, elle aussi internationale, pour permettre son financement. Il faut aussi aborder la question d'un plafond des ressources. La discussion ne porte pas aujourd'hui sur l'amplitude des inégalités, elle porte sur le principe des limites. Le revenu minimum mondial et le plafond des revenus sont une réponse à la crise mondiale.

L'accès aux droits pour tous est proposé comme un axe stratégique. Ce qui différencie l'approche keynésienne d'une approche plus radicale, c'est la mise en avant de l'égal accès aux droits par rapport à une approche de la définition des droits minimums considérés comme constitutif d'un filet social.

L'urgence écologique et sociale

L'étape de la prise de conscience de l'urgence écologique est aujourd'hui dépassée. Il ne s'agit plus simplement de se rendre compte des limites et de l'importance de redéfinir le mode de développement. Le débat porte sur la nature du modèle à promouvoir. La prolifération des industries d'environnement et des processus productifs sans gaspillages sera très probablement insuffisante. Les deux discussions portent sur la répartition des richesses entre les classes sociales et les sociétés d'une part, et la compatibilité entre urgence écologique, urgence sociale et les libertés d'autre part.

L'urgence écologique peut faciliter une approche plus radicale. Elle confirme la nécessité d'une démarche de redéfinition des revenus et de l'indispensable taxation internationale. Elle encourage l'approche par les « Biens communs et les Biens publics ». Plus encore, elle débouche sur une redéfinition des richesses, de leur production et de leur répartition. Pour réduire la croissance productiviste, sans altérer la satisfaction des besoins fondamentaux, il faut en changer la nature. L'évolution des comportements individuels et collectifs est nécessaire, mais il ne suffit pas de moraliser pour tendre à la simplicité et à la sobriété volontaires. Plusieurs pistes sont envisageables. La plus importante est celle du recul des catégories marchandes, de la « démarchandisation ».

Cette tendance, notamment dans les services publics de l'éducation et de la santé, avait marqué des points dans la période de 1945 à 1980. Le néolibéralisme n'a cessé de la combattre, notamment par les privatisations et la sacralisation du marché capitaliste. D'autres pistes sont possibles. La satisfaction des besoins fondamentaux, renforcée par l'égal accès aux droits pour tous, ne pâtirait pas d'une réduction des dépenses militaires et d'armement. Elle bénéficierait d'une réduction du temps de travail résultant d'une réorientation de la productivité et de la redéfinition des productions. Elle serait facilitée par une politique d'économie des transports correspondant à la recherche des localisations, et des relocalisations, en fonction des accès économes aux ressources et des consommations, sans prendre la basse rémunération du travail pour seule valeur d'ajustement.

Les modèles de la représentation et les libertés

La crise des modèles de représentation et de pouvoir est une des dimensions de la crise globale. La remise en cause des libertés est un des dangers principaux des conséquences de cette crise. Un « New Deal vert » n'est pas en soi une garantie pour les libertés et la démocratie. On peut avoir une régulation étatique et des interventions publiques faisant peu de cas des libertés. De plus, l'urgence écologique peut servir de support à des dérives autoritaires. C'est la mobilisation des mouvements sociaux et citoyens qui déterminera l'évolution à moyen terme dans les différents pays et à l'échelle mondiale.

Parmi les opportunités, plusieurs concernent les modèles de représentation. La reconstruction du lien social pourrait trouver de nouvelles opportunités par rapport aux formes juridiques et formelles de la démocratie imposées par le haut. Les formes d'articulation entre la démocratie participative, qui prendrait sa force en référence à la démocratie directe, et la démocratie représentative, très souvent délégataire et « notabilaire », devraient progresser et se diversifier. L'accès aux droits individuels et collectifs pour tous devrait fonder une démocratie sociale sans laquelle la démocratie politique perdrait beaucoup de son attractivité. Les systèmes institutionnels et électoraux pourraient plus difficilement être considérés comme indépendants des situations sociales.

L'alliance stratégique entre les collectivités locales et les mouvements associatifs sera au fondement du rapport entre les populations et les territoires et donnera une légitimité plus grande à la citoyenneté de résidence. Elle modifiera la représentation du changement social qui repose aujourd'hui exclusivement sur deux acteurs sociaux, les entreprises et l'État, réduit aux administrations. Le rapport entre pouvoir économique et pouvoir politique qui donne son sens aux formes de la démocratie devra tenir compte de la présence active des citoyens et des pouvoirs locaux.

Une approche plus radicale pourrait donner toute sa place à la dimension culturelle. Elle donnerait droit de cité aux identités multiples pour renouveler le rapport entre l'individuel et le collectif. Elle donnerait sa place aux formes d'activités autogérées et d'auto-organisation démocratiques. Elle permettrait aux formes de la société civile, au sens que définissait Gramsci, de dépasser la seule référence aux contre-pouvoirs pour élargir le contrôle citoyen et construire des espaces d'autonomie populaire. Cette démarche permettrait de fonder les libertés en reliant les droits et les responsabilités, sur la base du principe, « les droits commencent avec le respect des droits des autres ».

Une nouvelle phase de la décolonisation

Le rééquilibrage entre le Nord et le Sud ouvre une nouvelle phase de la décolonisation et une nouvelle géopolitique du monde.

Elle pourrait clore la phase qui va de 1979 à 2008, de reprise en main par la gestion de la crise de la dette, le contrôle des matières premières et les interventions militaires. Entre trente et cinquante pays émergents, dont les trois plus représentatifs, le Brésil, l'Inde et la Chine, peuvent défendre leurs points de vue et leurs intérêts. Il ne s'agit pas d'un monde multipolaire, mais d'un nouveau système géopolitique international. Les conséquences pourraient être considérables, notamment en ce qui concerne les termes de l'échange international et la nature des migrations.

Il y a deux conditions à cette évolution qui ne se fera pas sans bouleversements. La première condition est que les pays émergents soient capables de changer leur modèle de croissance en privilégiant le marché intérieur et la consommation des couches populaires et moyennes par rapport aux exportations. Cette déconnexion est possible. La deuxième condition est que les pays émergents construisent des formes d'unité entre les pays du Sud ; et ils peuvent y avoir intérêt. La première phase de la décolonisation avait échoué en grande partie quand les pays pétroliers, après le choc de 1977, avaient laissé la division s'installer entre les pays du Sud, permettant au G-7, appuyé par le FMI et la Banque mondiale, d'imposer l'ajustement structurel.

Le mouvement social et citoyen mondial peut, dans cette étape, mettre en avant plusieurs propositions, notamment l'annulation de la dette, la stabilisation des cours des matières premières, la souveraineté alimentaire, le respect des droits des migrants. Cette évolution correspondra, du point de vue géopolitique, à une double mutation. Le renforcement d'une des contre-tendances de la mondialisation, dans sa forme actuelle, est celle des grandes régions autocentrées. Le dépassement de la contradiction entre le Nord et le Sud apparaît dans la construction d'un système international équilibré et d'une régulation publique mondiale.

Pour conclure provisoirement

Ces quelques réflexions sur les opportunités ouvertes par la crise montrent l'imbrication entre les réaménagements et les ruptures correspondant à des perspectives plus radicales. En mettant en évidence le potentiel porté par les résistances, les pratiques actuelles et les exigences intellectuelles, l'altermondialisme donne une perspective à la sortie de la crise globale dans ses différentes configurations. Il permet de renforcer, en poussant les résistances contre les conservatismes autoritaires et répressifs et les revendications pour la modernisation sociale, les coalitions pour assurer les libertés et la démocratie. Il permet de lutter contre la constitution d'un nouveau bloc hégémonique formé par une alliance entre les néolibéraux et les néokeynésiens, et de pousser le « New Deal vert » mondial à dépasser ses limites. Il permet d'esquisser les alternatives qui caractériseront un autre monde possible. Le capitalisme n'est pas éternel, la question de son dépassement est d'actualité. Et nous devons commencer dès maintenant à revendiquer et à construire un autre monde possible. Un nouveau projet d'émancipation collective est à l'ordre du jour.

De la crise écosociale à l'alternative écosocialiste

Daniel Tanuro

L A RÉCESSION ACTUELLE est fréquemment comparée à celle de 1929. Or, tout instructif soit-il, ce parallèle tend à masquer deux traits majeurs, qui conditionnent les sorties de crise possibles : les spécificités de la crise économique et, d'autre part, le contexte écologique dans lequel elle se développe. Sans équivalent dans l'histoire du capitalisme, la récession actuelle coïncide en effet avec un état d'urgence environnemental sans précédent dans l'histoire de l'humanité. La combinaison de ces deux dimensions marque l'entrée dans une ère nouvelle. Désormais, il n'est plus de projet émancipateur qui vaille sans prendre dûment en compte les contraintes et limites naturelles, notamment climatiques.

Un défi écologique sans précédent

Le dernier rapport du Groupe d'experts intergouvernemental sur l'évolution du climat (GIEC) est catégorique : la combustion des combustibles fossiles envoie dans l'air des quantités de dioxyde de carbone (CO_2) supérieures à la capacité d'absorption par les écosystèmes (plantes vertes et océans). Le cycle du carbone tend à se saturer. La hausse de la concentration atmosphérique en CO_2 qui en résulte est la cause déterminante du réchauffement[1].

Les conséquences de ce dérèglement commencent à être bien connues. Pour rappel : la montée du niveau des océans menace les plaines côtières, les sécheresses s'aggravent dans les régions arides, les

---

1. GIEC, *4ᵉ Rapport de synthèse*, 2007. Le résumé du Rapport de synthèse est téléchargeable : http://www.effet-de-serre.gouv.fr/la_synthese_des_rapports_du__giec.

inondations se multiplient dans les régions tempérées, la productivité agricole diminue aux basses latitudes et risque de diminuer globalement au-delà d'un certain niveau de réchauffement, certaines maladies à vecteurs s'étendent, la perte de biodiversité fragilise les écosystèmes, la violence des phénomènes météorologiques extrêmes s'accroît.

Le GIEC écrit noir sur blanc que les pauvres seront les principales victimes de ces phénomènes. Des centaines de millions de gens sont concernés, en particulier par le risque de pénurie d'eau qui pourrait frapper jusqu'à 3,5 milliards d'êtres humains supplémentaires. Une partie des plaines côtières, où vit plus de 50 % de l'humanité, pourrait être rendue inhabitable avant la fin du siècle. Bref, en l'espace de quelques décennies, le monde risque de devenir subitement encore plus chaotique, injuste et violent qu'aujourd'hui.

Pour prendre la mesure de l'urgence, il convient de souligner que le seuil de dangerosité du réchauffement se situe autour de +1,7 °C par rapport à l'ère préindustrielle, et non de +2 °C comme on le pensait jusqu'ici[1]. Cependant, l'accélération du phénomène est telle qu'il ne semble plus guère possible de maintenir la hausse de température au-dessous de +2 °C à +2,4 °C…

Encore là, les conditions d'une stabilisation à ce niveau sont draconiennes : il s'agit de commencer à réduire les émissions globales au plus tard en 2015 et d'atteindre 50 à 85 % de diminution d'ici 2050[2]. Tenant compte du fait que les pays développés sont responsables du changement climatique à plus de 70 %, cet effort devrait être modulé de la façon suivante : (i) les pays industrialisés devraient réduire leurs émissions de 80 à 95 % d'ici 2050, en passant par une réduction intermédiaire de 25 à 40 % en 2020 (par rapport à 1990) ; (ii) les pays en développement devraient « dévier substantiellement » (de 15 à 30 %) du scénario de référence « business as usual » dès 2020 (2050 pour l'Afrique)[3].

Vu l'ampleur des périls et la sous-estimation de certains phénomènes difficilement modélisables (la désintégration des calottes gla-

---

1. Cf. La Fig SPM.7 dans le *Résumé pour les décideurs du Rapport de synthèse*, 2007.
2. *Contribution du Groupe de travail III du GIEC au rapport 2007*, Technical Summary, Tableau TS.2, p. 39.
3. *Contribution du Groupe de travail III au rapport d'évaluation 2007 du GIEC*, p. 776.

ciaires, notamment), il convient de considérer ces objectifs comme absolument impératifs. La prudence dicte même de viser systématiquement la partie supérieure des fourchettes.

Enfin, il ne saurait être question d'arrêter l'effort en 2050. Dans la seconde moitié du siècle, selon le GIEC, les émissions de gaz à effet de serre devraient être ramenées pratiquement à zéro. C'est dire que le sauvetage du climat est inséparable d'une mutation socio-économique et technique extrêmement profonde, à réaliser en quelques générations à peine : se passer totalement du charbon, du pétrole et du gaz naturel, alors que ces sources assurent 80 % de nos besoins énergétiques.

Fin du « laissons de côté » et retour au « métabolisme social » de Marx

L'enjeu humain est colossal. Comme l'a fait remarquer le climatologue en chef de la NASA, James Hansen, il s'agit ni plus ni moins de préserver les conditions naturelles qui ont permis l'essor de la civilisation, il y a 6 000 ans[1].

L'époque devrait donc être considérée comme définitivement révolue où un Mandel – pourtant un des marxistes de sa génération les plus sensibles à l'enjeu écologique – pouvait conclure sa brillante démonstration sur l'improbabilité d'une relance durable du capitalisme en ajoutant : « Nous laissons de côté la question de savoir si l'environnement pourrait ou non supporter encore cinquante ans de croissance économique du type de celle que nous avons connue pendant la période 1940(48)-1968, avec son énorme gaspillage de ressources naturelles et les menaces croissantes qui en découlent pour l'équilibre écologique. »

« Laisser de côté » la question climatique, ou la citer pour mémoire, revient à escamoter une dimension majeure de la crise capitaliste. Une dimension qui ne fait certes pas l'objet de luttes de masse, mais que les militants anticapitalistes doivent absolument s'approprier, car il y a urgence. Les conditions d'existence de plusieurs milliards d'êtres humains sont en jeu et les réductions d'émission à opérer surdéterminent non seulement tout projet de société alternatif, mais

---

1. James Hansen *et al.*, *Target atmospheric CO₂. Where should humanity aim?*, Cornel University Library, [en ligne], http://arxiv.org/abs/08 04.1126

aussi, dans une certaine mesure, la stratégie et le programme à mettre en œuvre dès maintenant.

En cette matière, les marxistes gagneraient à s'inspirer de l'exemple de Marx lui-même. En effet, stimulé par les travaux de Liebig sur le risque d'un épuisement des sols dû à la rupture du cycle des nutriments, l'auteur du *Capital* en avait déduit la nécessité de « réguler rationnellement le métabolisme social (échanges de matières) entre l'humanité et la nature », et par conséquent d'abolir à la fois la division du travail et la séparation entre ville et campagne. Il disait même de cette régulation rationnelle des échanges de matières qu'elle constitue « la seule liberté possible ».

Cette idée semble taillée sur mesure pour appréhender conjointement la crise sociale et la crise climatique. Le volume des émissions dépend principalement, en effet, de la consommation d'énergie fossile, donc de l'activité économique. La relation n'est pas linéaire, car l'efficacité énergétique augmente avec le progrès technique. Mais cette augmentation n'est pas possible à l'infini et on constate empiriquement qu'elle est plus que compensée par la hausse du volume de la production. Il n'est donc pas étonnant que les courbes d'émission au XXe siècle fassent apparaître : (i) une corrélation forte entre les quantités de carbone fossile envoyées dans l'atmosphère et les deux ondes longues expansives du capitalisme de 1893-1913 et 1947-1967; (ii) des paliers correspondant l'un à la dépression des années trente et l'autre au retournement des années 1970-80[1].

« Laissons de côté » – mais un instant seulement – les conditions (a)sociales d'une nouvelle onde longue d'expansion capitaliste. Imaginons que les masses de capitaux spéculatifs qui gonflent la « bulle financière » affluent durablement dans « l'économie réelle » et alimentent une nouvelle période de 20 ou 30 années de croissance forte. Dans ce cas, la consommation d'énergie fossile augmenterait, donc aussi les émissions de gaz à effet de serre, et le dérèglement climatique s'emballerait sans aucun doute.

---

1. Voir « Figure 3. Comparison of estimates of net flux of carbon to the atmosphere from land-use changes, 1850 to 1990 », dans Richard A. Houghton et Joseph L. Hacker, *Carbon Flux to the Atmosphere from Land-Use Changes: 1850 to 1990*, CDIAC, Oak Ridge, February 2001, p. 8, [en ligne], http://cdiac.ornl.gov/epubs/ndp/ndp050/ndp050.pdf

Pour qu'il en aille autrement (pour que la gestion des échanges de matières demeure rationnelle), il faudrait que le capitalisme soit capable de concilier hausse du taux de profit, expansion économique et élimination radicale des combustibles fossiles… alors que ceux-ci sont meilleur marché que les renouvelables et le resteront, en gros, pendant une vingtaine d'années. Ce scénario, selon nous, est impossible.

Double imposture sociale et écologique du capitalisme vert

En théorie, on peut sans doute imaginer un capitalisme vert car, (i) le potentiel technique des renouvelables équivaut 8 à 10 fois la consommation mondiale d'énergie et peut augmenter rapidement avec le progrès scientifique; (ii) d'énormes économies d'énergie peuvent être réalisées dans tous les domaines d'activité. Mais, en pratique, on ne peut évidemment pas remplacer les fossiles par les renouvelables d'un coup de baguette magique. Il faut une transition, et c'est ici que les difficultés commencent.

Admettons qu'un dispositif mondial du type « taxe carbone » rende les renouvelables moins chers que les fossiles[1], que les lobbies de l'énergie fossile s'en accommodent et qu'ils cessent de freiner la transition. Admettons en outre que les gouvernements deviennent intelligents et rationnels, fassent sagement passer les économies d'énergie avant le développement du nouveau marché des renouvelables, et décident de financements publics massifs – par exemple pour transformer toutes les constructions en « maisons passives », indépendamment de la demande solvable.

Ces hypothèses improbables sont néanmoins utiles, parce qu'elles montrent que la transition énergétique postule des investissements extrêmement importants : produire des isolants, rénover des millions de maisons, construire des centrales à cogénération et des réseaux de chaleur, investir massivement dans le rail, fabriquer des panneaux solaires, etc. Or, tout cela requiert une énergie qui, au moins pendant les premières années, ne peut que provenir majoritairement des sources fossiles. Par conséquent, au moins pendant ces années, les émissions augmenteront en proportion.

---

1. Michel Husson, « Climat : les limites du calcul marchand », *Viento Sur,* n° 100, déc. 2008. En ligne : http://hussonet.free.fr/

On comprend intuitivement que ce scénario ne permet pas de commencer à réduire les émissions mondiales au plus tard en 2015 – dans six ans, autant dire demain. Il le permet d'autant moins qu'il ne suffit pas de remplacer les fossiles par les renouvelables : il faut en plus changer de système énergétique. C'est ce qui ressort en particulier de l'exemple des transports.

Les transports consomment annuellement environ 1 500 millions de litres de carburant. La production d'éthanol et de biodiesel ne couvre qu'une fraction très limitée des besoins (20 millions de litres). Mais cette fraction limitée contribue déjà à gonfler les prix des produits agricoles, ainsi que le nombre de victimes de la famine (de 800 millions à un milliard en quelques années), à dégrader sérieusement l'environnement (monocultures avec usage massif d'engrais et de pesticides) et à entraîner une vague d'appropriation de terres dans les pays du Sud – avec déplacements forcés de communautés et surexploitation des petits paysans transformés en ouvriers agricoles.

Que serait-ce si ces agrocarburants devaient couvrir ne fut-ce que la moitié des besoins énergétiques du secteur des transports ? Que serait-ce si la production de voitures « propres » devait connaître une nouvelle poussée massive, comme lors des « Trente glorieuses » ? Outre les carburants pour faire rouler les véhicules, d'où viendrait l'énergie « propre » nécessaire pour produire l'acier, le caoutchouc, les plastiques nécessaires à leur fabrication ?

Cela ne tient pas debout. Les propositions concrètes avancées par les partisans d'un « verdissement du capitalisme » le confirment d'ailleurs : elles ne débouchent pas sur une onde longue de capitalisme prospère et propre, mais sur des réductions insuffisantes des émissions de gaz à effet de serre, acquises au prix d'un régime néolibéral maintenu de chômage massif et de bas salaires.

Dans une étude récente, le WWF-France affirme que réduire les émissions de 30 % d'ici 2020 permettrait la création nette de 684 000 emplois[1]. Mais les auteurs reconnaissent que « la méthode employée ne vaut que si un chômage massif subsiste en 2020. Dans

---

1. WWF France, - *30 % de CO$_2$ = 684 000 emplois. L'équation gagnante pour la France*, [en ligne], www.wwf.fr/content/download/4064/20989/version/1/file/EMPLOI+CLIMAT+BD_1.pdf

le cas contraire, expliquent-ils, la demande de travail poussera les salaires à la hausse, réduisant l'effet positif sur l'emploi ». On ne sort donc pas de la crise sociale. On reste au contraire dans la logique libérale qui veut que les bas salaires, donc le chômage, conditionnent la création d'emplois.

Inacceptable sur le plan social, l'étude du WWF est contestable aussi sur le plan climatique, car elle omet de prendre en compte les rétroactions de la croissance sur le niveau des émissions. Or, même si le « bouquet énergétique » se différencie progressivement, l'augmentation de la production et de la consommation implique forcément une combustion accrue de combustibles fossiles, surtout au début comme on l'a vu. Les émissions correspondantes doivent donc être déduites des 30 % de réduction annoncés qui sont dans la partie basse de la fourchette découlant des projections du GIEC. Le calcul reste à faire, mais rappelons que la fourchette en question ne suffit déjà plus à rester sous le seuil de dangerosité.

À une échelle plus globale, l'impasse écologique des projets visant à verdir le capitalisme ressort du quatrième rapport du GIEC. Les économistes du Groupe de travail III[1] ont compilé les études visant à estimer les potentiels de réduction des émissions par secteur. Procédant selon le dogme libéral, qui veut qu'il y ait du chômage parce que la force de travail est trop chère et trop de CO_2 dans l'atmosphère parce que le carbone fossile ne l'est pas assez, ils ont calculé le tonnage de CO_2 dont le rejet pourrait être évité pour un coût inférieur à 100 dollars la tonne[2].

Le résultat est maigrelet : à ce prix-là, on parviendrait à peine, en 2030, à stabiliser la quantité globale de carbone envoyée dans l'atmosphère au niveau de 2000. C'est totalement insuffisant. En fait, pour avoir un impact significatif, il faudrait tripler le prix du CO_2 et faire porter la charge uniquement par les revenus du travail, afin de ne pas ruiner la compétitivité[3].

1. Le GIEC est subdivisé en trois groupes de travail. Le GT3 se consacre spécifiquement aux stratégies de lutte contre le réchauffement.
2. GIEC, *Rapport de synthèse*, 2007. Fig. RiD.10, [en ligne], http://www.ipcc. ch/pdf/assessment-r
3. On peut apprécier l'impact sur le revenu disponible en sachant qu'une tonne de mazout = 2,7 tonnes de CO_2.

Produire moins ou l'atome ?

On peut prendre le problème par n'importe quel bout, on arrive immanquablement à la même conclusion : toute relance durable du système, fût-elle « verte » ou « sélective », est incompatible à la fois avec le progrès social et avec le respect des conditions draconiennes à satisfaire pour stabiliser le climat au niveau le moins dangereux possible.

Ces conditions peuvent-elles encore être satisfaites ? La situation est devenue à ce point préoccupante qu'on hésite à répondre catégoriquement « Oui »… Ce qui est sûr, en tout cas, c'est qu'un choix très clair est posé : soit, on accepte de réduire la consommation d'énergie ; soit, on se résigne au nucléaire, à la production massive d'agrocarburants et à une nouvelle ère charbonnière avec déploiement à grande échelle des technologies de stockage géologique du CO_2 (système dit du « charbon propre »). Dans les délais impartis par la science du changement climatique et dans l'état actuel des connaissances scientifiques et techniques, il n'y a pas d'autre solution. Réduire radicalement la consommation d'énergie conditionne très strictement le passage aux renouvelables.

On arrive ainsi à ce qui constitue véritablement le nœud de l'affaire : la réduction absolue de la consommation d'énergie implique inévitablement une certaine réduction des flux de matières. La relation n'est pas linéaire, mais, pour sauver le climat au meilleur niveau possible – sans nucléaire, sans « charbon propre » et sans production massive d'agrocarburants – une décroissance planifiée de la production et de la consommation matérielles est incontournable.

C'est le nœud de l'affaire parce que se pose immédiatement une question stratégique majeure. Comment, d'une part, faire face à la nécessité de diminuer radicalement la production et la consommation de matières pour sauver le climat ? Et comment faire, d'autre part et simultanément, pour que cette réduction réponde à la nécessité criante d'augmenter radicalement, pour toutes et tous, le niveau de satisfaction des besoins humains réels (emploi, revenu décent, logement, protection sociale, soins de santé, enseignement de haut niveau, alimentation de qualité, retraite dans la dignité) ?

Dans le cadre de la logique capitaliste, répétons-le, cette question s'apparente à la quadrature du cercle pour la simple raison que le système n'est capable de répondre aux besoins sociaux qu'en laissant tomber les miettes de la croissance de la table de l'accumulation. À l'inverse, il ne peut réduire la production que par le truchement de ses crises périodiques, qui relâchent à peine la pression sur l'environnement, mais entraînent chômage de masse, misère sociale, inégalités accrues et gaspillage de richesses.

Le capitalisme peut à la rigueur s'accommoder d'un plan – il le fait en temps de guerre. Par contre, la réduction de la production est pour lui inconcevable. La raison est simple : la concurrence amène chaque propriétaire de capitaux à remplacer des travailleurs par des machines plus productives, afin de toucher un surprofit en plus du profit moyen. Cette course à la rente technologique alimente forcément une tendance permanente à la surproduction et à la surconsommation.

Une question radicalement nouvelle

Comment diminuer la production et la consommation de matières tout en améliorant les conditions d'existence du plus grand nombre? Telle est donc la question radicalement nouvelle qui se pose à la gauche. Il s'agit d'y apporter une réponse, non seulement théorique, mais pratique, en termes de luttes sociales, d'acteurs sociaux et de construction de rapports de forces politiques. Or, de ce point de vue, l'affaire est extrêmement compliquée parce que le lien avec la lutte de classe élémentaire est loin d'être évident. Du fait de leur position subordonnée, les salariés, entreprise par entreprise, sont amenés spontanément à vouloir que leur patron leur donne un job et augmente leur pouvoir d'achat. Donc, qu'il développe de nouvelles productions, de nouvelles marchandises et de nouveaux marchés. Il y a là un obstacle considérable, dû à l'enchaînement des salariés au mode de production capitaliste dont ils dépendent pour leur existence quotidienne. Pour peu qu'elle cible les productions nuisibles (armement) ou inutiles (publicité) et les gaspillages structurels déterminés par la course au profit (production séparée de chaleur et d'électricité, ou production « *just in time* »), c'est peu dire que la réduction de la production matérielle est compatible avec l'amélioration du bien-être, de la richesse et de la qualité de vie de l'immense majorité de l'humanité : elle devient de plus en plus une condition de cette amélioration. Mais cette condition ne peut être appréhendée et réalisée qu'au niveau de la classe exploitée dans son ensemble. Dès lors, surmonter l'obstacle n'est possible qu'en traçant une perspective anticapitaliste globale, c'est-à-dire une perspective politique.

Dans ce cadre, quatre axes stratégiques semblent à privilégier : (i) la suppression des productions inutiles ou nuisibles ; (ii) la réduction radicale du temps de travail sans perte de salaire, avec baisse des cadences et embauche compensatoire ; (iii) l'expansion du secteur public, la gratuité des services et la reconquête publique de la recherche ; (iv) la reconversion collective des travailleurs des secteurs condamnés[1]. Il faut travailler (beaucoup) moins, non seulement pour travailler tous et vivre mieux, mais aussi pour produire moins. Il faut sortir de la sphère marchande les activités décisives du double point de vue du sauvetage du climat et de la satisfaction des besoins humains fondamentaux, afin de les mettre entre les mains de la collectivité : c'est une condition nécessaire pour empêcher qu'elles s'inscrivent dans une spirale d'accumulation et de profit. La nationalisation de l'énergie constitue un enjeu stratégique. Elle doit être complétée par l'exigence d'un service public de l'isolation et de la rénovation thermique des bâtiments, qui a l'avantage d'offrir une réponse immédiate et efficace, tant en termes de réduction des émissions que de création d'emploi. Réduction du temps de travail et développement du secteur public, enfin, devraient permettre la reconversion collective des travailleurs employés dans les secteurs « fossiles » ou dans les activités nuisibles (armement, publicité).

Ces quatre axes impliquent une ample ponction sur les revenus du capital, à concrétiser notamment par des mesures fiscales anti-libérales ainsi que par la mise sous statut public de l'ensemble des activités de banque et d'assurance. Leur élaboration et leur concrétisation sur le terrain des luttes impliquent cependant de sortir d'une vision étriquée, focalisée sur la redistribution des richesses, donc sur

---

1. On trouvera une première tentative d'introduire ces questions dans le mouvement syndical dans une contribution écrite pour la campagne « Le capitalisme nuit gravement à la santé » lancée par le syndicat belge FGTB, *Alternative sociale et contrainte écologique*, [en ligne], http://www.contre-attaque.be/index.php?p=contrib

des critères essentiellement quantitatifs. Il s'agit en effet de contester la conception même de la richesse – sa qualité, et la manière dont les richesses sont produites, donc le mode de production dans ses fondements. « *Rien n'est à eux, tout est à nous !* » Certes, mais ce « tout » doit être transformé de fond en comble, et cette transformation ne peut être renvoyée aux lendemains qui chantent : l'urgence climatique impose de donner dès maintenant des éléments concrets de réponse.

À crise écosociale, réponse écosocialiste

Le modèle actuel est arrivé au bout de ses limites tant pour l'amélioration des conditions de vie qu'il est capable d'offrir aux plus pauvres que pour l'empreinte écologique que nous pouvons imposer à la planète, mais mes clients n'investissent qu'avec des promesses de profit, et cela ne va pas changer[1].

L'auteur de ces paroles, Pavan Sukhdev, est économiste et banquier à la *Deutsche Bank*. Choisi par le Programme des Nations Unies pour l'environnement comme pilote d'une étude sur la réorientation de l'économie mondiale vers un modèle « vert », sa citation résume parfaitement la situation : le système capitaliste est au bout de ses limites sociales et environnementales. Mais il va passer outre, parce que les capitalistes n'investissent qu'avec des promesses de profit, et que le profit nécessite la croissance. Les travailleurs, les pauvres et l'environnement paieront la facture. Face à ce défi, l'alternative à mettre en œuvre demande une réorientation stratégique extrêmement ample et profonde, une rupture nette avec le productivisme et toute idée de « *deus ex machina* technologique ». Le rôle du facteur subjectif, donc de la gauche politique anticapitaliste, est ici décisif.

Le système capitaliste est inséparable de la croissance de la production et de la consommation matérielles, mais celle-ci constitue un effet, pas une cause. C'est la production de valeur, forme abstraite des valeurs d'échange, qui entraîne la tendance permanente à l'accumulation sans limites de la richesse à un pôle et de la misère à l'autre. Le point crucial et le levier de l'alternative anticapitaliste

---

1. *Le Monde*, 3 décembre 2008.

restent donc fondamentalement ceux que le projet socialiste a définis : la mobilisation des exploités et des opprimés contre un système
basé sur la course au (sur)profit, la propriété privée des moyens de
production, la marchandise, la concurrence et le salariat. Mais ce
point crucial et ce levier ne suffisent plus à définir l'alternative. La
saturation du cycle du carbone signifie fondamentalement que,
à la différence du passé, l'émancipation des travailleurs n'est plus
concevable sans prise en compte des principales contraintes naturelles : limites des stocks de ressources non renouvelables à l'échelle
historique, vitesse de reconstitution des ressources renouvelables,
lois de conversion de l'énergie, conditions de fonctionnement des
écosystèmes et des cycles biologiques, rythmes de ceux-ci. La courte
définition de Lénine – « le socialisme, c'est les soviets plus l'électricité » – est donc obsolète : une électricité produite comment (à
partir de renouvelables ou de fossiles?), en quelles quantités, avec
quels impacts environnementaux ?

S'il veut constituer une alternative globale à la hauteur du double
défi écologique et social – en réalité un seul et même défi écosocial
– le projet socialiste doit élucider ces questions. Pour ce faire, il ne
suffit pas d'affirmer que le socialisme doit intégrer les questions écologiques. Le véritable défi consiste plutôt à intégrer le projet socialiste à l'écologie globale du super-écosystème terrestre pour en faire
un projet écosocialiste. Cela signifie que le développement doit être
conçu non seulement dans le but de satisfaire les besoins humains,
mais aussi en fonction de sa soutenabilité par l'environnement, et
en acceptant de surcroît que la complexité, les inconnues et le caractère évolutif de la biosphère confèrent à cette entreprise un degré
d'incertitude irréductible.

Chine-USA, les lendemains incertains de la crise

Michel Husson

Il est temps aujourd'hui de se poser la question de l'après-crise. Non pas parce qu'elle serait en passe d'être terminée, comme voudraient nous le faire croire les optimistes de commande qui n'ont qu'une préoccupation en tête : que tout recommence comme avant. Mais parce qu'il est utile d'identifier les obstacles auxquels va se heurter une possible reprise. Cette question vaut pour l'ensemble de l'économie mondiale mais elle est dominée par le destin du couple USA-Chine que d'aucuns appellent *Chinamerica*, voire *Chimerica*.

Sur l'avenir immédiat il existe un large consensus sur ce point au moins : 2009 sera l'une des pires années qu'ait connue l'économie mondiale. 2010 pourrait connaître une sortie de la récession, autrement dit le retour à une faible croissance. Mais, même dans ce scénario relativement optimiste, la question reste ouverte de ce qui peut se passer ensuite. Le retour au cours antérieur semble exclu pour plusieurs raisons.

D'abord on ne sort pas d'une crise dans le même état qu'on y est entré. En premier lieu, l'accumulation invraisemblable de créances douteuses, enchevêtrées dans tous les sens, n'aura pas été nettoyée en deux ans. On peut ici énoncer une sorte de théorème : la durée nécessaire pour assainir la finance sera inversement proportionnelle au degré de nationalisation (le nouveau *n-word*) des banques et des institutions financières concernées. Il est d'ailleurs frappant de constater que même *The Economist* s'est prononcé en faveur de nationalisations[1]. L'OCDE consacre une bonne partie de son récent

---

1. « In knots over nationalisation », *The Economist*, 26 Février 2009, < http://gesd.free.fr/inknots.pdf >

rapport sur les perspectives économiques[1] à comparer les expériences suédoises et japonaises, confrontées au début des années 1990 à une crise semblable à celle qui vient de frapper le monde entier. La Suède a nationalisé (pour reprivatiser après nettoyage) tandis que le Japon a tergiversé. Dans le premier cas, la crise a eu une durée limitée ; dans le second, elle s'est étalée sur au moins une décennie. La logique des mesures prises jusqu'à présent contribue à rendre probable un scénario à la japonaise.

Les plans de relance et de sauvegarde vont ensuite conduire à des déficits budgétaires colossaux. L'OCDE prévoit pour 2010 un déficit de 7 % du PIB pour l'ensemble de la zone euro et de 11,9 % pour les États-Unis. Dans le même temps, les destructions d'emplois auront fait franchir une marche d'escalier au taux de chômage. Toujours selon l'OCDE, il passerait entre 2008 et 2010 de 7,5 à 11,7 % dans la zone euro et de 5,8 à 10,3 % aux États-Unis. La question du retour à la croissance après 2010 se posera donc dans un contexte marqué par des objectifs contradictoires : améliorer la compétitivité tout en créant des emplois, et relancer la demande tout en effectuant de nouvelles coupes dans les budgets sociaux afin de réduire les déficits. Bien entendu, il s'agit là des projets de bourgeoisies soucieuses de restaurer la logique capitaliste en général et leurs sources de revenus en particulier. Il faut évidemment avancer des propositions très différentes remettant en cause cette logique de croissance concurrentielle qui tourne le dos à la satisfaction des besoins sociaux et au traitement adéquat du changement climatique. Mais on aurait tout-à-fait tort de penser que le capitalisme est capable de s'auto-réformer autrement que sous la pression des mouvements sociaux.

Le rapport de l'OCDE déjà cité fait d'ailleurs froid dans le dos car il exprime sans précaution oratoire la volonté des dominants que tout recommence comme avant. Il recommande ainsi que « les mesures mises en œuvre pour faire face à la crise mais pouvant avoir des conséquences dommageables à long terme soient retirées de manière ordonnée » ; il insiste sur la nécessité de résorber les déficits publics, ce qui implique de nouvelles coupes dans les budgets

---

1. OCDE, *Perspectives économiques. Rapport intermédiaire*, mars 2009, < http://tinyurl.com/ocdeint9 >

sociaux : « Pour aider les personnes en difficulté, certains pays ont étendu la durée et les niveaux de la protection sociale. Si une telle action est compréhensible dans les circonstances actuelles, ces mesures devront être réduites lorsque l'activité se sera redressée. »

Le modèle US peut-il fonctionner comme avant ?

Avec un peu de recul, on mesure mieux à quel point le modèle US reposait sur une véritable course en avant et combien étaient prémonitoires les analyses d'économistes simplement lucides comme Wynne Godley, qui énonçait il y dix ans déjà la liste des sept processus non-soutenables[1].

Le modèle US[2] pouvait être résumé de la manière suivante : la demande intérieure tendait à être structurellement supérieure à la production nationale et ce déséquilibre provenait pour l'essentiel de la consommation des ménages qui augmentait plus vite que leur revenu. Au moment de la crise, le taux d'épargne des ménages était à peu près nul, ce qui revient à dire qu'ils consommaient 100 % de leurs revenus. Trois facteurs avaient rendu cette fuite en avant possible :

- l'illusion financière : le gonflement du patrimoine des ménages en actions ou en immobilier leur donnait l'illusion d'une richesse durable. Ils consommaient non plus en fonction de leur revenu courant mais de l'accroissement de la valeur (virtuelle) de leur patrimoine : c'est l'effet richesse ;
- le surendettement généralisé : la consommation était tirée par un recours à l'endettement qui a concerné toutes les catégories de ménages. Ce sont les 20 % de ménages les plus pauvres qui ont le plus augmenté leur endettement (de 90 % entre 2000 et 2007) : c'était le maillon faible du dispositif, le public naturel des *subprimes*. Mais, en masse de crédit, les 20 % des ménages les plus riches ont contribué à eux seuls à la moitié de la progression enregistrée entre 2000 et 2007[3] ;

---

1. Wynne Godley, *Seven Unsustainable Processes*, The Levy Economics Institute, 1999, < http://gesd.free.fr/godley99.pdf >
2. Michel Husson, « États-Unis : la fin d'un modèle », *La Brèche*. n° 3, 2008, < http://hussonet.free.fr/usbrech3.pdf >
3. McKinsey Global Institute, « Will US consumer debt reduction cripple the recovery ? », March 2009, < http://gesd.free.fr/cripplec.pdf >

- la croissance à crédit : cette surconsommation a conduit à un déficit commercial croissant qui a été couvert par une entrée de capitaux en provenance du reste du monde.

Les États-Unis peuvent-ils retrouver le même rythme de croissance qu'avant la crise ? Cela semble hors d'atteinte, notamment en raison du comportement des ménages. Leur taux d'épargne va augmenter et a déjà commencé à le faire dès lors que leur richesse nette commence à se dégonfler (Graphique 1[1]) et rend nécessaire une baisse de l'endettement. L'étude déjà citée de l'Institut McKinsey évalue à 27 points l'écart entre le taux d'endettement des ménages (en % de leur revenu disponible) et sa tendance historique (Graphique 2). Pour baisser de 5 points ce ratio, il faudrait augmenter de 2,3 à 5 % le taux d'épargne des ménages. Mais cet assainissement « pourrait se traduire par une perte de centaines de milliards de dollars de consommation dans les années à venir ».

Graphique 1
Consommation et richesse des ménages

Sources : Federal Reserve Flow of Funds, Bureau of Economic Analysis

---

1. Les données de l'ensemble des graphiques sont en ligne à cette adresse : < http://hussonet.free.fr/chimeri.xls >

Graphique 2
Taux d'endettement des ménages

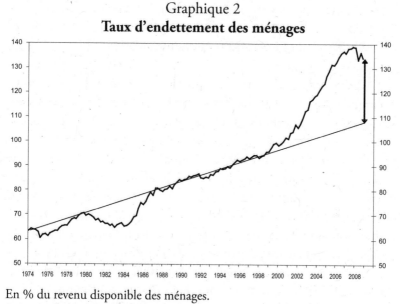

En % du revenu disponible des ménages.
Sources : Federal Reserve Flow of Funds, BEA

Graphique 3
Indice S&P 500 et prévisions de consommation

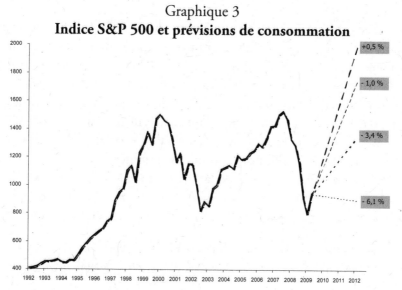

Sources : Standard & Poor's, Passet (2008)

Une autre approche[1] rapporte l'évolution de la consommation des ménages à la valorisation de leurs actifs, mesurée par l'indice boursier S&P500. Le message est le suivant : pour que la consommation se maintienne, il faut que les cours de Bourse retrouvent, voire dépassent, leur niveau d'avant la crise. Bref, il faut une nouvelle bulle. Si, en revanche, les cours boursiers se stabilisent à un niveau équivalent à la moyenne des 10 dernières années, la consommation recule de 3 % et elle chute de 6 % si les cours retrouvent leur niveau d'avant le boom Internet (Graphique 3).

Le déficit commercial tend à se dégonfler, mais on entre dans une croissance durablement réduite. Un tel ralentissement serait difficilement soutenable compte tenu du degré d'inégalités sociales. C'est l'occasion de revenir sur l'un des traits les plus étonnants du modèle US, qui est une distribution extraordinairement inégale des « fruits de la croissance ». Entre 1992 et 2006, le revenu moyen par ménage après impôts a augmenté de 2,1 % hors inflation. Mais la progression n'a été que de 1,1 % pour les 20 % de ménages les plus pauvres contre 2,9 % pour les 20 % de ménages les plus riches[2]. Autrement dit, les deux tiers du supplément de revenu procuré par la croissance ont été captés par les 20 % les plus riches, dont un tiers par le 1 % des plus riches !

Si l'on ajoute à ce constat la formation d'un énorme déficit public, la conclusion est que la principale condition pour un retour à une croissance plus équilibrée aux États-Unis est une remise à plat des inégalités à travers une réforme fiscale radicale et une meilleure répartition des revenus. Face à une telle perspective se dresse un bloc d'opposition extrêmement puissant qui regroupe les bénéficiaires du modèle et la majeure partie de l'appareil industriel qui trouvait dans cette mondialisation déséquilibrée une source essentielle de profits, sans parler de la finance sous toutes ses formes. À court terme, l'enjeu est, de leur point de vue, de reporter le coût de la crise sur les contribuables, à structure fiscale constante. À moyen

---

1. Olivier Passet, « Quel impact de la crise sur la croissance à moyen terme ? », *Note de veille* du CAS n°113, octobre 2008, < http://gesd.free.fr/eveil113.pdf >

2. Source : Congressional Budget Office, *Data on the Distribution of Federal Taxes and Household Income*, April 2009, < http://tinyurl.com/cboquinti >

terme, l'obstacle réside dans l'écart énorme entre les conditions économiques d'un autre modèle et le rapport de forces actuel.

La Chine peut-elle continuer à financer les États-Unis?

Avant la crise, on pouvait soutenir que le couple USA-Chine, considéré comme un tout, avait acquis une relative cohérence. Pour simplifier : la Chine vendait aux États-Unis, accumulait des dollars puis les plaçait en bons du Trésor de manière à financer le déficit commercial US. Ce schéma a permis une croissance soutenue dans les deux pays, et chacun pouvait y trouver son compte, d'autant plus qu'une bonne partie des exportations chinoises sont le fait d'investissements US en Chine et que les importations à bas prix permettent de peser sur la valeur de la force de travail aux États-Unis.

La crise représente un choc considérable pour ce modèle et pose la question de sa possible reconduction. Il s'agit principalement de savoir si la Chine et en général les pays émergents et/ou producteurs de pétrole accepteront indéfiniment de financer le déficit US. La Chine a déjà accumulé 1 700 milliards d'actifs libellés en dollars, ce qui en fait le principal créancier des États-Unis (*Financial Times*, 22 février 2009).

Les « optimistes » soulignent que la Chine a intérêt à continuer de financer les États-Unis, sous peine de voir le dollar chuter, ce qui aurait pour conséquence de dévaloriser les actifs libellés en dollars qu'elle détient. Selon le directeur général de la commission de régulation bancaire chinoise, ce serait même « la seule option » (*Financial Times*, 12 février 2009). Toute la question est de savoir si ce processus admet des limites. Les énormes déficits budgétaires des États-Unis nécessiteront en effet un recours croissant aux financements extérieurs. Selon certaines estimations, la dette extérieure nette des États-Unis pourrait être multipliée par 3 et atteindre 10 000 milliards de dollars en 2015, la dette extérieure brute passant à 23 000 milliards[1]. Il faudrait donc que « les Banques centrales collaborent à la reconstruction des États-Unis ». D'un autre côté, la résorption du déficit extérieur des États-Unis aurait l'avantage de réduire les

---

1. Patrick Artus et Marie-Pierre Ripert, « Dette extérieure des États-Unis : 23 000 milliards de dollars en 2015 ? », *Flash Natixis*, n° 219, mai 2009, < http://gesd.free.fr/flas9219.pdf >

déséquilibres globaux et par suite l'excès de liquidité mondiale qui est l'une des sources de la crise actuelle. Mais on a vu qu'elle impliquait un changement radical dans la répartition des revenus et/ou un ralentissement durable de la croissance aux États-Unis, et donc une réduction des exportations chinoises. La question du dollar apparaît alors centrale. Pour rétablir leur balance commerciale, les États-Unis ont besoin de faire baisser leur dollar, mais cette baisse rend d'autant plus difficile l'arrivée des capitaux. On pourrait les attirer en augmentant les taux d'intérêt mais au risque de peser sur la croissance et d'alourdir le poids de la dette.

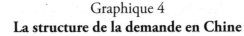

Graphique 4
La structure de la demande en Chine

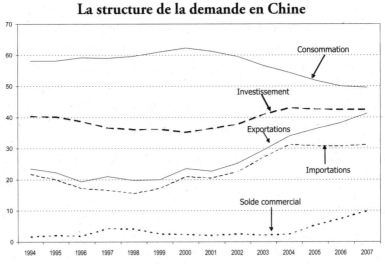

Source : Nations Unies, < http://tinyurl.com/uncnat >

L'autre grand argument des tenants du « comme avant » est que la croissance ne peut être tirée que par les exportations et qu'elle continuera à financer les déficits US pour s'assurer des débouchés en expansion. Mais cela ne peut avoir qu'un temps et les excédents chinois seront amenés à se résorber, parce que le mode de croissance chinois n'est pas soutenable. Sur le plan économique, la structure de la demande est aberrante (Graphique 4), avec un poids excessif des exportations (41,3 % du PIB en 2007) et des investissements (42,7 %) et une part décroissante de la consommation privée et publique dans les débouchés (49,6 % du PIB en 2007). Il est donc exposé à des risques de suraccumulation et, symétriquement, de sous-consommation.

L'excédent extérieur a joué un rôle moteur au cours des dernières années, mais il est menacé par la moindre croissance des débouchés et, à terme, par la dépendance énergétique croissante (Graphique 5). On peut même pronostiquer une crise énergétique en Chine à partir de 2020 qui viendrait contraindre sa croissance[1]. Dans l'immédiat, la Chine a besoin de se recentrer sur le marché intérieur sous la pression des tensions sociales qui portent sur l'emploi, la santé et les retraites. Ces préoccupations sociales et énergétiques sont d'ailleurs très présentes dans les mesures de relance prises par le gouvernement chinois.

Graphique 5
Production et consommation de pétrole, Chine 1965-2007

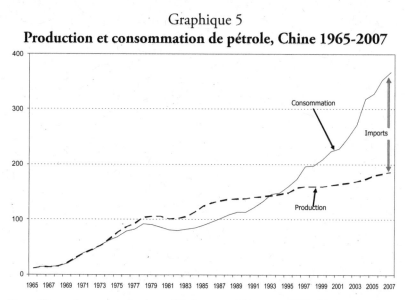

En millions de tonnes. Source : BP Statistical Review of World Energy 2008, http://tinyurl.com/bpstat8

Cependant cette reconversion du modèle de croissance se heurte, un peu de la même manière qu'aux États-Unis, à la remise en cause des inégalités sociales qu'elle implique. Dans les deux pays, il faut

1. Li Minqi, *Peak Energy and the Limits to China's Economic Growth*, University of Massachusetts Amherst, 2008, < http://tinyurl.com/minqili8 >

y ajouter un autre facteur, souvent négligé, qui est l'irréversibilité relative de la division internationale du travail. Les États-Unis ne produisent simplement plus une partie des biens qu'ils importent et l'appareil productif chinois ne pourra non plus être reconverti facilement vers la satisfaction de la demande intérieure en raison de la rigidité des structures productives et aussi de la répartition très inégalitaire des revenus.

Le principal point d'achoppement est dans l'immédiat le taux de change du yuan. La monnaie chinoise (yuan ou renminbi) est sous-évaluée et les États-Unis font depuis plusieurs années pression sur la Chine en faveur d'une réévaluation de sa monnaie, par ailleurs indexée sur le dollar. C'est ce qui a été fait entre juillet 2005 et juillet 2008 : le yuan s'est alors régulièrement apprécié par rapport au dollar, de 21 % sur ces trois années. Depuis lors, les autorités chinoises maintiennent à nouveau un taux de change fixe par rapport au dollar (Graphique 6).

Graphique 6
Taux de change du yuan en dollar

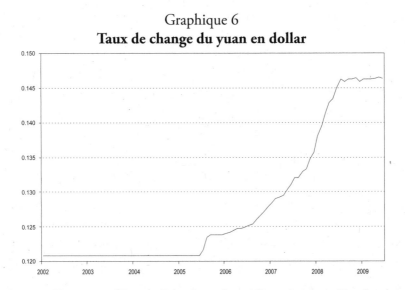

Source : University of British Columbia, < http://fx.sauder.ubc.ca/data.html >

Cette configuration n'est pas pour autant définitive et le gouvernement chinois vient de prendre deux initiatives allant dans le sens d'un réaménagement du système monétaire international. La première est la proposition, lancée au moment du dernier G-20, de remplacer le dollar par une monnaie internationale fondée sur une extension des droits de tirages spéciaux du FMI. Cette proposition a été soutenue par la Russie, le Brésil et l'Argentine. La seconde est la signature, à partir de décembre 2008, d'accords d'échange de devises avec plusieurs pays (Malaisie, Corée du Sud, Hong Kong, Biélorussie, Indonésie et récemment l'Argentine) pour une valeur totale de 95 milliards de dollars[1]. Ces mesures montrent que la Chine cherche à sortir de son face à face avec les États-Unis, en établissant des relations hors dollar avec d'autres partenaires commerciaux.

Conclusion : un capitalisme sans alternative

Les déséquilibres de l'économie mondiale sont, avec le recul salarial universel, l'une des causes essentielles de la crise. Pour en sortir, il faudrait une refonte complète de l'économie mondiale assurant un recentrage des économies vers la satisfaction des besoins domestiques majoritaires. Elle permettrait de dégonfler et de rationaliser les échanges commerciaux. Une telle réorientation est donc la condition nécessaire – mais probablement pas suffisante – d'une gestion correcte des défis environnementaux.

Cependant, la transition de la configuration chaotique actuelle à cette nouvelle configuration équilibrée se heurte à deux types d'obstacles. Le premier est social et résulte de la résistance des intérêts sociaux dominants dont le projet est de revenir au *business as usual* qui leur convient parfaitement. Le second est d'ordre économique : la relative rigidité de la division internationale du travail installée par la mondialisation rend incertaine la transition qui ne pourrait être immédiate. Dans ces conditions, les tensions entre la volonté de maintenir l'ordre existant, d'une part, et la nécessité, d'autre part, d'une profonde réorganisation aussi bien économique que sociale et environnementale, ouvrent une longue période d'instabilité et d'incertitude. Au fond, le capitalisme ne dispose pas d'alternative, acceptable à ses yeux, aux arrangements qui ont conduit à la crise, de telle sorte que la véritable sortie de crise passe par une alternative au capitalisme.

---

1. « China strikes currency swap deal with Argentina », *China Economic Review*, 31 March 2009, < http://tinyurl.com/yuanswap >

La crise
au Canada et au Québec

La crise et le piratage
de la Caisse de dépôt et placement

ALAIN TREMBLAY

LA CAISSE DE DÉPÔT ET PLACEMENT DU QUÉBEC est-elle réellement en danger dans le sillon de la crise financière actuelle? Selon plusieurs analystes, la vénérable institution est à risque, à moins que ne soit imposée une hausse des cotisations ou d'autres mesures drastiques. Certains voudraient une enquête. D'autres remettent en question la manière de gérer ses fonds. On entend même certains milieux financiers questionner l'existence même de la Caisse. Au-delà des interrogations parfois dramatiques, on se pose des questions : quel est le véritable problème? La Caisse est-elle l'outil financier dont a besoin la société québécoise? Qui a intérêt à son déclin? Avant d'examiner plus en détails cette situation, nous allons faire un bref mais nécessaire retour en arrière.

Un État québécois sous-développé à dessein

Pendant plusieurs décennies, jusqu'à la fin des années 1950, le Québec a été mené par une élite économique très restreinte qui avait « confié » à Maurice Duplessis le mandat de « gouverner » la province à bon marché. Essentiellement, Duplessis devait laisser le champ libre à un secteur privé prédateur, lié aux institutions financières anglo-canadiennes et aux entreprises multinationales américaines. D'autre part, il devait maintenir l'État et surtout les services publics dans un rôle subalterne : l'État devait ainsi gérer de manière très minimale le secteur social (santé, éducation, assistance), en s'appuyant surtout sur le travail non-payé des religieux. Ce sous-développement de l'appareil d'État était « logique » dans le cadre du système de l'époque qui fonctionnait selon le mode du clientélisme et de la corruption (principalement dans l'attribution des contrats de travaux publics), ainsi que sur le favoritisme dans le recrutement de la fonction publique. L'État québécois restait désespérément « pauvre », pas parce que le Québec était sans ressource, mais parce que la fiscalité était favorable aux besoins des grandes entreprises et que l'interdiction de l'auto-endettement public empêchait l'érection des infrastructures modernes nécessaires pour développer le Québec.

La Caisse au cœur de la révolution tranquille

Puis surgit dans les années 60 ce qu'on a appelé la Révolution tranquille avec toute une série de bouleversements. Les mesures prises alors par le gouvernement du Parti Libéral, en phase avec les revendications de la société, changent le paysage social, politique, économique. C'est dans ce contexte que se définit la Caisse de dépôts et placement. Rappelons le discours prononcé sur ce sujet le 9 juin 1965 à l'Assemblée nationale par le nouveau Premier Ministre Jean Lesage :

> La Caisse de dépôt et placement est appelée à devenir l'instrument financier le plus important et le plus puissant que l'on ait eu jusqu'ici au Québec. Dans ces conditions, celle-ci doit être orientée de façon à servir le plus efficacement possible les intérêts de ceux qui seront appelés à y déposer une fraction de leurs revenus. Les intérêts des Québécois ne s'arrêtent pas, après tout, à la sécurité des sommes qu'ils mettront de côté pour assurer leur retraite. Des fonds aussi considérables doivent être canalisés dans le sens du développement accéléré des secteurs public et privé, de façon à ce que les objectifs économiques et sociaux du Québec puissent être atteints rapidement et avec la plus grande efficacité possible. En somme, la Caisse ne doit pas seulement être envisagée comme un fonds de placement au même titre que tous les autres, mais comme un instrument de croissance, un levier plus puissant que tous ceux qu'on a eus dans cette province jusqu'à maintenant […] Dans ce sens, la Caisse n'est appelée à se substituer à l'État dans aucune de ses fonctions. Elle doit plutôt orienter les ressources investissables dont le Québec a besoin pour que puissent se réaliser à la fois la politique gouvernementale et celle du secteur privé.

Dès le début, le gouvernement a donc doté la Caisse de moyens spécifiques pour préserver sa mission d'être au service du développement du Québec. D'une part, on l'a coiffée d'un conseil d'administration relativement autonome, reflétant ce qu'on appelait alors les « tendances essentielles » de l'économie du Québec. D'autre part, la gestion de la Caisse a été confiée à un directeur fort, capable d'intervenir dans le débat public.

Croissance d'une institution

Par la suite, la Caisse a substantiellement augmenté ses moyens, notamment par l'arrivée de nouveaux déposants, le cumul des dépôts, et de plus hauts taux de rendement. À l'origine dépendant du seul Régime de rentes du Québec, la Caisse est devenue le récipiendaire des dépôts de vingt-quatre institutions[1]. Aujourd'hui, avec le RRQ, ces fonds totalisent plus de 96 % de l'actif net.

Dates importantes

1966　La Caisse démarre avec 179 millions de dollars.

1970　Le seuil du premier milliard est franchi.

1973　Arrivée de trois déposants majeurs. L'actif est de près de trois milliards.

1980　Grâce au portefeuille d'actions et d'investissement immobilier, les actifs dépassent dix milliards.

1982　Rendement record de 32 %. Croissance en un an de 40 % des actifs (16,1 milliards).

1983　La Caisse s'engage sur les marchés boursiers étrangers. L'actif est de 19 milliards.

1984　La Caisse est autorisée à faire des placements à l'étranger.

1985　Avec un taux d'endettement de 24%, l'actif est de 25 milliards.

1989　La Caisse fait ses premiers placements dans l'immobilier.

1990　Première baisse des actifs nets.

1995　La Caisse commence à emprunter pour faire des placements (actif de 52,9 milliards).

　　　　La Caisse prend sous gestion des actifs appartenant à des tiers.

1　Dont les six plus importants sont le Régime supplémentaire pour les employés de la construction (1970), le RREGOP, le RRPE, la CSST (1973), la SAAQ (1978), le FARR (1994).

1997   Naissance de l'idéologie du « rendement d'abord ». (Actif de 70,9 milliards).

1998   Croissance de l'actif de 22 % à 86 milliards.

1999   L'actif passe la barre du 100 milliards.

2001   Crise boursière, rendement négatif record : -9,57 %. Les actifs sont de 129,6 milliards.

2002   Les années de l'« euphorie » Rousseau : en 5 ans, l'actif sous gestion double à 257,7 milliards. 222,8 milliards d'actifs propres et 155,3 milliards d'avoirs nets.

2008   220,5 milliards d'actifs sous gestion, 182,5 milliards d'actifs propres et 120 milliards d'avoirs nets.

En 2008, les actifs de la Caisse totalisaient 182,49 milliards de dollars, dont 25 % (45,8 milliards) en actions et valeurs convertibles, ce qui représente un déclin considérable par rapport à 2007 (lorsque les actifs dépassaient 228 milliards). Ce déclin s'explique en partie par les changements dans les investissements de la Caisse. À l'origine, les obligations dominaient le portefeuille de la Caisse : il s'agissait de titres pratiquement sans risque, mais avec des taux de rendement fixes et généralement faibles. Plus tard, afin d'atteindre de meilleurs rendements, les règles initiales d'investissements ont été changées, permettant à la Caisse de sortir du monde confortable des obligations pour aller vers le secteur des actions, qui offre de meilleurs rendements en échange de plus grands risques.

La fixation sur le rendement à court terme

C'est donc en réalité l'effet cumulatif des changements dans les règles imposées à la Caisse qui a rendu possible la récente débâcle. L'obtention de taux de rendement élevés est devenue compulsive, obnubilant le mandat fondamental de la Caisse. Cette évolution a créé deux sérieux problèmes. Le premier problème est le risque. Les fonds gérés par la Caisse ont été de plus en plus « joués » sur les marchés boursiers, comme le font les institutions financières. Lorsque ces marchés étaient à la hausse, tout paraissait bien. Lorsque la bulle a éclaté et que les marchés ont décliné, les actifs de la Bouse ont fortement chuté. Deuxième problème, la Caisse, encore là comme les autres institutions financières du Québec, considère qu'il n'y a pas assez de « bonnes affaires » au Québec, c'est-à-dire que les rendements offerts par les opportunités d'investissements au Québec ne sont pas satisfaisants et qu'il faut aller chercher ces opportunités à l'étranger. C'est là un message envoyé aux investisseurs qui est néfaste pour les Québécois.

Dans cette évolution, la question du développement économique réel du Québec devient de plus en plus secondaire. Dans son « Plan stratégique 2006-08 », la Caisse se livre à un subtil glissement de sens : le « développement économique » est devenu la « richesse collective » qui devient le « rendement financier » et ainsi le développement économique devient le rendement financier. C'est comme si on disait : « Ce n'est pas grave si votre fonds de pension exporte votre emploi à l'étranger, car plus nous serons pauvres, plus notre richesse collective augmentera. »

Toujours dans son « Plan stratégique 2006-08 », la Caisse estime que son premier mandat est d'assurer « le rendement financier qu'elle produit pour le bénéfice de ses déposants et, par extension, de l'ensemble des Québécois ». En décortiquant les *États financiers cumulés 2008* et le *Rapport annuel 2008*, on découvre que la Caisse a seulement 33,4 milliards d'investissements au Québec, ce qui ne représente que 30,7 % de son actif canadien (de 111 milliards), qui lui-même ne représente que 61 % de ses actifs totaux. Plus précisément, les investissements de la Caisse dans le secteur privé au Québec totalisent 17,3 milliards, soit moins de 9,3 % du total de ses investissements. Toute proportion gardée, la Caisse envoie un message contradictoire sur l'économie du Québec qu'elle prétend promouvoir.

La Caisse et l'économie-casino

Les *États financiers cumulés 2008* de la Caisse nous disent que les sommes à recevoir relativement aux placements se rapportant aux produits dérivés sont évaluées à 15,92 milliards (dont 13,46 milliards à l'étranger). Le coût total est déclaré à 1,7 milliard, ce qui permet d'afficher une plus-value de 14,22 milliards, soit un prodigieux 836 % de rendement sur ce 1,7 milliard. Mais, quelles sont ces sommes à recevoir? Le seraient-elles d'entreprises qui feront faillite en 2009? On dira alors, comme monsieur Rousseau l'a fait, que c'est la faute au marché.

Pirates en vue

On constate donc l'évolution de la Caisse et les dangers que cela représente. En réalité, la Caisse, qui devait être au service du développement économique du Québec, devient une institution financière « comme les autres », au profit d'une élite financière restreinte. Ces choix expliquent en bonne partie les pressions actuellement exercées sur la Caisse par les milieux financiers pour privatiser en tout ou en partie le grand « bas de laine » des Québécois-es. À court terme, cette volonté de changer la structure de la Caisse est exprimée surtout par ceux qui proposent de changer la composition du conseil d'administration, notamment en y éliminant les représentants des centrales syndicales pour les remplacer par des « experts financiers reconnus[1] ».

Au sein des institutions financières canadiennes, il y a un grand rêve de « capter » les actifs de la Caisse. D'abord pour les frais de gestion, puis pour le bénéfice de courtage, et finalement pour la masse financière manipulable. Les frais de gestion (actuellement de 0,21 % de l'avoir net) permettraient de réaliser des profits substantiels. Dans le rapport de 2008, la Caisse déclare ses charges d'exploitation à 263 millions et ses frais de gestion privés à 51 millions, pour un pactole total en frais de gestion de 314 millions.

Comment les gestionnaires privés font-ils leur fortune?

Les gestionnaires de fonds privés reçoivent un certain pourcentage de l'actif sous gestion. Ainsi, si vous avez donné 1 milliard à gérer, celui-ci vous demandera 0,20 %, soit 2 millions en frais de gestion. De plus, il est généralement convenu que le gestionnaire reçoive un bonus si l'actif est effectivement augmenté par ses activités sur le marché et que la firme de courtage à laquelle le gestionnaire est lié reçoive également une commission.

En pratique donc, voici ce qui se passe :

---

1. C'est l'opinion de Philippe Gervais dans *La Presse* du 14 mars 2009.

1° Le gestionnaire achète des actions XYZ à 10 $ l'unité, transaction pour laquelle la firme de courtage à laquelle il est lié reçoit une commission.

2° Le lendemain, les actions augmentent à 10,50 $. Le gestionnaire les vend le matin même et le courtier lié empoche sa commission de vente.

3° Il achète des bons du trésor pour stocker l'argent en attendant la prochaine opportunité, ce qui lui donne une autre commission.

4° L'après-midi, il achète d'autres actions XYZ (à la hausse) et revend les bons du trésor : deux autres commissions.

En tout pour sa journée et sur le fonds en question, la maison de courtage associée au gestionnaire a empoché cinq commissions.

Les « profits » pourront aussi augmenter si la Caisse augmente ses emprunts, en risquant ainsi de perdre davantage si les prix des actions diminuent. Les manipulateurs de l'argent comme les courtiers sont payés en fonction des transactions qu'ils réalisent : plus on vend et plus on achète, plus c'est payant, nonobstant à quoi sert cet argent, où il est investi (à l'intérieur ou à l'extérieur du Québec) et surtout comment cet argent peut gagner ou perdre sa valeur sur le long terme. Dans cette « logique », l'intérêt du gestionnaire de la Caisse qui cherche du rendement d'abord et avant tout n'est pas de financer des entreprises saines sur le marché primaire québécois (celui créateur d'emplois), mais de faire ce qu'il croit être les meilleures transactions spéculatives possibles sur le marché secondaire (non directement créateur d'emplois), comme cela a été le cas avec les fameux PCCA (papiers commerciaux).

Faire de l'argent en manipulant les titres à vos risques

Imaginons la scène suivante. Une petite panique affecte l'action XYZ, dont la valeur tombe à 9,50. Le gestionnaire utilise ses fonds propres pour acheter à ce prix, puis à 9,55 et 9,60, avant d'utiliser votre argent pour acheter à 9,65 et 9,70, et pousser le titre à la hausse. Devant cela, de nouveaux acheteurs sont intéressés par le mouvement et poussent le titre à 9,75 puis à 9,80. À ce prix, le gestionnaire commence à vendre ses XYZ, en commençant par ses titres, réalisant un prix moyen de 9,75 (coût d'achat moyen de 9,55). Le gestionnaire sait que le prix de l'action est gonflé par la manipulation et craint que l'action ne redescende à 9,50. Il vend donc aussi vos titres à 9,72 afin de vous faire faire un gain malgré tout. À la fin de la journée, le gestionnaire a utilisé vos fonds dans une manœuvre qui vous laisse en moyenne 5 sous par action, mais lui laisse en moyenne 20 sous pour les actions qu'il a achetées avec ses fonds propres. Il empoche en plus les commissions que vous avez payées à son courtier lié. On pourrait donner de nombreux autres exemples de manipulations financières ou immobilières où vos fonds sont utilisés d'abord et avant tout au profit du gestionnaire.

Pour conclure sur la « débâcle » de la Caisse : c'est une « opportunité » pour les financiers désirant s'emparer de 220,5 milliards de dollars d'actifs sous gestion, dont 182,5 milliards d'actifs propres et 120,1 milliards d'avoirs nets, qui constituent notre bas de laine collectif, et qui peuvent servir à développer notre économie tout en assurant nos pensions.

Allons-nous laisser passer cela ?

L'impact de la financiarisation au Québec

PIERRE BEAULNE

L A FINANCIARISATION, avec la globalisation des marchés, fait partie des processus au cœur des transformations économiques et sociales impulsées par le néolibéralisme. Le Québec n'y échappe pas. Dans le texte qui suit, nous tenterons d'en cerner les contours, les manifestations et certains des effets.

De quoi s'agit-il ?

La finance est omniprésente et envahissante dans la vie quotidienne. Complément de l'élargissement de la marchandisation, elle soumet des dimensions de la vie individuelle et sociale de façon toujours plus vastes. On n'a qu'à songer au remplacement des traditionnelles caissières des banques par des « conseillers en placements » sur les REÉR, les CELI, les Fonds mutuels, les RAP, les obligations d'épargne, etc. Au sens commun, la financiarisation désigne l'importance croissante des motivations financières, des marchés financiers, des acteurs financiers et des institutions financières. Le phénomène peut être appréhendé de diverses manières :

- Le poids croissant de l'industrie de la finance dans l'ensemble des activités économiques.
- La dominance des intérêts des actionnaires dans la gouvernance corporative.
- La supplantation des activités traditionnelles des banques par les marchés financiers.
- La domination d'une classe non-productive, celle des rentiers.
- Le processus de multiplications incessantes à la fois des actifs financiers et des transactions qui s'y rapportent.

- L'explosion des activités financières et la prolifération des produits financiers, l'expansion des marchés financiers, l'hypertrophie de la sphère financière.
- Un mode d'accumulation où les profits se génèrent davantage à travers les activités financières qu'à travers la production et le commerce de biens et services.
- Le développement d'une sphère marchande où se transigent des produits financiers qui ne sont pas rattachés aux activités de production, de commercialisation ou de consommation[1].
- Le développement de la pratique des opérations financières tant par les entreprises et autres institutions que par les particuliers.

On peut aussi comprendre la financiarisation comme un double processus qui renvoie à la fois à l'importance croissante du capital financier par rapport au capital non-financier dans la détermination des rythmes et des rendements attendus des investissements, et à la subordination croissante de ces investissements aux exigences des marchés financiers globaux[2]. Cela explique aussi pourquoi la financiarisation va de pair avec la globalisation des marchés.

Dynamique de la financiarisation

Dans cette optique, les entreprises de production de biens et de services deviennent des paquets d'actifs à déployer et redéployer en vue de rendements à court terme. Les gestionnaires et les actionnaires de ces entreprises exigent les mêmes rendements que ceux qui peuvent s'obtenir sur les marchés financiers. Cela conduit à de nouvelles attitudes des dirigeants. Les incitatifs en matière de rémunération ne sont plus liés au succès à long terme de l'entreprise, mais plutôt aux fluctuations du prix des actions. Les mécanismes privilégiés à cette fin sont les rémunérations sous forme de bonis ou de stock-options. Les dirigeants ont tout intérêt à ce que la valeur des actions s'apprécie. Dès lors, leurs décisions sont prises en fonction d'une maximi-

---

1. Selon la Banque des règlements internationaux, 591 963 milliards de dollars US, seulement pour décembre 2008, ont été dépensés sur des contrats pour les produits dérivés.
2. Peter Rossman et Gérard Greenfield, « Financialization : New routes to profit, new challenges for trade unions », *Labour Education Review*, n° 142, ILO, 2006-01.

sation des profits à court terme, afin de pouvoir verser de plus gros dividendes aux actionnaires, tout en se servant eux-mêmes au passage. Pour atteindre rapidement de tels résultats, les activités moins profitables de l'entreprise sont larguées, sans égard aux travailleurs et aux travailleuses évincé-es. Au plan de la gestion de la main-d'œuvre, la sous-traitance et la précarisation de l'emploi sont privilégiées. Les considérations de court terme éclipsent celles du long terme.

Sous un autre rapport, le monde de la finance ramène tout à deux dimensions : le rendement et le risque. Les produits ne sont plus considérés du point de vue de l'usage ou pour leur valeur intrinsèque, mais comme moyens pour obtenir un rendement. Sur les marchés, les deux notions peuvent cohabiter. Des actifs deviennent non seulement des biens utiles pour leurs caractéristiques propres, mais aussi pour leurs spécificités financières. C'est le cas du pétrole et des produits de base, par exemple, qui sont traités sur les mêmes marchés. Les fluctuations des prix découlent à la fois de l'intensité des besoins industriels et des aléas de la spéculation. C'est ce qui explique en bonne partie la crise alimentaire mondiale provoquée par la fièvre spéculative sur les céréales. C'est ce qui entraîne aussi une grande volatilité des devises des pays dont une part importante de l'activité économique dépend des produits de base, comme le Canada. L'irruption des finalités financières perturbe autant les producteurs que les utilisateurs.

Le secteur financier au Québec

Au Québec, le secteur financier progresse, mais celui-ci est encore loin d'avoir la même importance qu'en Ontario. En fait, en valeur absolue, l'industrie de la finance au Québec représente un peu moins de la moitié de celle de l'Ontario. Mais l'industrie de la finance, des assurances et des services immobiliers est en voie de supplanter la fabrication comme première industrie : en 2007, cette industrie représente 17 % du PIB québécois contre 17,6 % pour la fabrication. En Ontario, la finance est déjà la première industrie, soit 22 % du PIB, ou 110 milliards, comparativement aux 90,5 milliards du secteur de la fabrication.

De 2001 à 2007, le PIB aux prix de base du Québec a progressé de 62,2 milliards, passant de 215,7 à 277,9 milliards. Un cinquième de cet accroissement, soit 19,5 %, est attribuable à l'industrie de la Finance et des assurances[1]. Cette dernière est passée de 35 à 47,1 milliards. La fabrication a d'ailleurs perdu 5 points de pourcentage du PIB depuis 2001, tombant de 22,6 % à 17,6 % du PIB, soit l'équivalent de 15 milliards. Outre la finance, les industries qui ont le plus progressé sont celles de la construction ainsi que celles des soins de santé et de services sociaux. Cependant, fait à noter, même si l'industrie de la finance se classe en termes de valeur ajoutée parmi les plus importantes au Québec, elle n'occupe que 5,7 % de la main-d'œuvre, soit 218 000 emplois en avril 2009.

Cette industrie est donc très rentable, comme le suggèrent les statistiques pancanadiennes sur les profits. En 2007, le bénéfice d'exploitation des industries financières au Canada représentait 34 % du total des bénéfices, comparativement à 27 % en 1988[2]. La progression est toutefois loin d'être linéaire. Cette proportion a déjà atteint 40 % en 1991, lorsque les taux d'intérêt étaient très élevés.

La financiarisation a exacerbé la polarisation des revenus entre une infime minorité de dirigeants d'entreprises et le reste de la société. Selon le classement des salaires des dirigeants d'entreprises québécoises pour 2008 du journal *Les Affaires*, les 50 PDG les mieux rémunérés au Québec ont reçu 171,4 millions, soit 3,4 millions en moyenne par tête de pipe. Il faut dire que les cinq premiers de cette liste s'accaparent 72,3 millions. Il s'agit, en l'occurrence, de Michael Sabia, ex-patron de BCE et ci-devant nouveau PDG de la Caisse de dépôt et placement (20,9 millions), George A. Cope, également de BCE (19,5 millions), Hunter Harrison du Canadien National (13,3 millions), Jeffrey Orr de la Financière Power Corporation (11,2 millions) et Pierre Beaudoin de Bombardier (7,2 millions).

Les institutions et les vedettes du secteur financier québécois

Le secteur financier au Québec est composé au premier chef des grandes banques canadiennes dont une partie des opérations s'effectue au Québec : Banque Royale, Banque Scotia, Banque Toronto Dominion, CIBC, Banque de Montréal (BMO). Certaines grandes banques étrangères sont aussi présentes, comme la Deutsche

1. ISQ, PIB aux prix de base, par activité économique, 2001 à 2007.
2. Statistique Canada, *Supplément statistique historique*, 11-210-XIB.

Bank, la Banque ING du Canada. Figurent aussi en bonne position les institutions plus spécifiquement québécoises, comme la Banque Nationale et la Banque Laurentienne, de même que le Mouvement Desjardins. Avec le décloisonnement, ces banques ont étendu leurs activités au courtage, aux assurances, aux fiducies, en faisant l'acquisition de plusieurs sociétés existantes. Il reste quand même plusieurs grandes sociétés d'assurances plus ou moins indépendantes, comme la Financière Manuvie ou Standard Life (filiale écossaise).

Tableau 1

Top 25 de l'industrie financière au Québec, 2008

1	Yvon Charest	Président	Industrielle Alliance
2	Réjean Robitaille	Président	Banque Laurentienne
3	Joseph Iannicelle	Président	Compagnie d'assurance Standard Life du Canada
4	Monique F. Leroux	Présidente	Mouvement Desjardins
5	Bernard Dorval	Chef de groupe	Groupe financier Banque TD
6	Louis Vachon	Président	Banque Nationale Groupe Financier
7	Jeffrey Orr	Président	Corporation Financière Power
8	Micheline Martin	Présidente	RBC Banque Royale
9	Daniel Brosseau Peter Letko	Président et Chef d'investissement	Letko Brosseau & Associés
10	Richard Fortier	Président	Desjardins Sécurité financière
11	L. Jacques Ménard	Président	BMO Groupe Financier, BMO Nesbitt Burns
12	Robert Frances	Président	Groupe financier Peak
13	Normand Pépin	Vice-président exécutif	Industrielle Alliance
14	Luc Paiement	Vice-président exécutif	Banque Nationale Financière
15	Stephen A. Jarislowsky	Président	Jarislowski Fraser
16	Luc Bertrand	Président	Bourse de Montréal
17	Sylvain Boulé	Président	Placements Montrusco Bolton
18	Gregory Chrispin	Président	State Street Global Advisors
19	Yvon Bolduc	Président	Fonds de solidarité FTQ
20	Jean-Yves Dupéré	Président	La Capitale Groupe financier
21	René Hamel	Président	SSQ Groupe financier
22	Diane Giard	Vice-présidente Québec Est- Ontario	Banque Scotia
23	Claude Paquin	Vice-président principal	Groupe Investors
24	Jean-Guy Desjardins	Président	Fiera Capital
25	Gilles Cloutier	Président	Groupe Cloutier

Source : *Finance et Investissement*, février 2009.

Signalons également la constellation de sociétés de gestion de placements, comme Power Corporation du Canada, ou de fonds de retraite, comme Jarislowski Fraser. Le tableau ne saurait être complet sans la mention des sociétés d'État à vocation financière. Le gouvernement fédéral possède plusieurs sociétés, dont une partie des activités se déroule au Québec : la Société canadienne d'hypothèques et de logement, Exportation et développement Canada, la Banque de développement du Canada. Du côté du gouvernement du Québec, on retrouve Investissement Québec, Épargne Placements Québec, la Société générale de financement (SGF), la Caisse de dépôt et placement (CDPQ). Mentionnons enfin les institutions syndicales, telles les caisses d'économie, ou les fonds de travailleurs, comme Fondaction de la CSN et le Fonds de solidarité de la FTQ.

La crise financière et ses conséquences

Comme on le sait, l'hypertrophie du secteur financier à l'échelle planétaire a fini par déboucher sur une crise financière majeure à l'automne 2008, lorsque le crédit s'est figé. Comme certains l'ont relevé, le « stade du désastre » a été atteint quand tout le secteur bancaire non-réglementé aux États-Unis s'est écroulé, victime de ses pratiques financières délirantes. L'onde de choc s'est propagée au monde entier, étant donné la globalisation des marchés financiers. Au Canada, le système bancaire n'a pas trop pâti, grâce à une réglementation plus stricte des activités des banques. La crise financière s'est plutôt manifestée dans le domaine mal réglementé du papier commercial. Quand le marché a cessé d'être liquide, en août 2008, les banques étrangères comme la Deutsche Bank ou UBS ont refusé de dédommager les détenteurs de papier commercial non-bancaire, soutenant que les garanties offertes ne s'appliquaient qu'en cas de catastrophe majeure. La crise a surtout frappé le Québec parce que les principaux détenteurs de ce type de placements étaient la Caisse de dépôt (12,8 milliards), la Banque Nationale (2 milliards) et Desjardins (1,8 milliard).

Cette crise financière s'est répercutée sur l'économie réelle en provoquant une récession à l'échelle mondiale. En conséquence, les gouvernements se trouvent confrontés à un double défi : rétablir le fonctionnement des mécanismes de crédit, d'une part, relancer l'économie, d'autre part. Les initiatives prises pour redresser la situation aux États-Unis comme au Canada, tant au plan de la politique monétaire que de la politique budgétaire, taxent lourdement les ressources publiques.

En outre, la récession elle-même détériore la situation financière des gouvernements. Les États-Unis s'acheminent vers un déficit colossal de 1 800 milliards cette année, soit 13 % du PIB. En ce qui concerne le gouvernement fédéral au Canada, le budget prévoyait un déficit de 34 milliards, soit 2 % du PIB, mais le ministre des Finances a indiqué que celui-ci serait plus probablement de l'ordre de 50 milliards. En Ontario, on envisage un déficit de 14,1 milliards, soit 2,4 % du PIB, tandis qu'au Québec le déficit atteindrait 4 milliards, soit 1,3 % du PIB. Même si la situation économique se redresse, le retour à l'équilibre budgétaire prendra des années. Les gouvernements risquent de chercher à comprimer les services publics et les programmes sociaux pour y parvenir. Il y a là un enjeu majeur pour la prochaine période.

Des secteurs particulièrement touchés

La crise financière actuelle a suscité un questionnement renouvelé sur la protection de la retraite. Depuis plusieurs années, on a vu progresser les régimes individuels ou collectifs faisant appel à la capitalisation. Il n'y a pas de mal à faire des provisions aujourd'hui pour couvrir des besoins de demain. Mais faut-il confier aux marchés financiers la gestion de l'épargne ? Certains estiment qu'il faudrait élargir la couverture des régimes publics. Ce serait sans doute une amélioration et les risques seraient davantage partagés, mais il n'y aurait pas de garantie absolue, comme les déboires récents de la Caisse de dépôt l'ont brutalement rappelé. La réflexion à ce sujet doit se poursuivre.

Les services de santé font l'objet d'une convoitise toute particulière par les entrepreneurs de tout acabit. Dans ce cas, la financiarisation rime avec privatisation. Les compagnies d'assurances, notamment, s'intéressent de près aux possibilités d'élargir leur champ d'opérations. Plusieurs brèches ont déjà été faites dans le système public de santé. Les enjeux sociaux dans ce domaine sont majeurs.

Finance et bourse

Un des effets singuliers de la financiarisation a été de ranimer la Bourse de Montréal, dont les activités étaient largement redondantes par rapport à celles de Toronto. C'est en tablant sur les produits dérivés que la Bourse de Montréal s'est relancée. Mais le tableau a évolué. Depuis mai 2008, les Bourses de Toronto et de Montréal ont été regroupées, et la Bourse de Montréal a pris une participation majoritaire dans le Boston Options Exchange. À la longue, cela conduira à une plus grande intégration de la finance au Canada, sous hégémonie ontarienne.

Par ailleurs, le gouvernement fédéral, appuyé par l'Ontario, voudrait instaurer un organisme pancanadien unique pour réglementer les valeurs mobilières, alors qu'il existe autant d'organismes que de provinces. Un litige sérieux oppose le gouvernement du Québec et le gouvernement fédéral à ce sujet. Encore là, le gouvernement du Québec risque de se retrouver perdant.

La financiarisation et l'État québécois

Au Québec, les activités financières occupent une place de plus en plus grande dans les opérations de l'État. On peut évoquer à ce sujet la constitution du Fonds d'amortissement des régimes de retraite (FARR) au début des années 90, une cagnotte destinée à provisionner les obligations du gouvernement à l'égard des régimes de retraite. La valeur comptable du Fonds s'élève à 36 milliards en 2008. Le gouvernement a aussi créé en 2006 le Fonds des générations, qui est alimenté par des redevances sur l'eau et dont l'actif vient réduire la valeur de la dette totale. Ce fonds, qui n'en est qu'à ses débuts, a déjà accumulé près de deux milliards.

En ce qui a trait à la Société générale de financement (SGF), sa trajectoire a été plutôt sinueuse. À la fin des années 90, le gouvernement a regroupé sous son aile les autres sociétés d'État à vocation industrielle et il a cherché à faire de la SGF le véhicule privilégié pour ses investissements dans le capital de risque. Cela s'est soldé par une débâcle retentissante quand la bulle des technos a éclaté en 2000. Peu après son arrivée au pouvoir, en 2003, le gouvernement libéral a rogné les ailes de la SGF en restreignant ses placements.

Assez curieusement cependant, les déboires actuels de l'économie fournissent un nouveau tremplin à la SGF. Pour faciliter le financement des entreprises aux prises avec le resserrement du crédit, le gouvernement a accordé à la SGF, en janvier 2009, une contribution d'un milliard pour qu'elle augmente ses interventions dans les entreprises québécoises.

Quelques mois auparavant, en novembre 2002, le gouvernement avait fait de même avec Investissement Québec, en autorisant un élargissement du financement des entreprises, surtout les PME, pouvant atteindre un milliard. En outre, dans le budget de 2009, le gouvernement a annoncé la mise sur pied d'un fonds d'urgence de 500 millions pour la relance des entreprises. La capitalisation proviendra à parts égales du Fonds de solidarité FTQ et de la SGF, qui pourront mettre en commun leurs ressources et leur expertise. Dans le cas de la SGF, la contribution sera fournie par le gouvernement.

Toutefois, le gros joueur sur le terrain financier au Québec, c'est la Caisse de dépôt et placement (CPDQ). Celle-ci s'est trouvée au cœur d'une polémique ces derniers mois à cause de sa piètre performance en 2008. En fait, la Caisse a enregistré ses pires résultats en 43 ans d'existence avec un rendement négatif de 25 %, représentant des pertes de 39,8 milliards de dollars. Cela ne laisse personne indifférent puisque cette institution est au cœur des finances de la collectivité québécoise. Un grand nombre d'institutions y déposent leurs fonds.

Avant de paniquer et d'exiger que les dirigeants de la Caisse soient rôtis à petit feu sur la place publique, il faut mettre les choses en perspective, sans pour autant verser dans la complaisance. La crise financière mondiale de 2008 a fait fondre les autres fonds canadiens de 18 % en moyenne. C'est donc l'écart de rendement entre celui de la Caisse et cette moyenne (7 %) qui est vraiment à questionner. Une grande partie des déboires de la Caisse s'explique par l'accumulation excessive de papier commercial non-bancaire, les fameux PCAA. La Caisse avait accumulé jusqu'à 12,8 milliards de ces produits financiers dont la valeur est devenue subitement suspecte en août 2007. Depuis, ces titres ont été reconvertis en obligations à moyen terme, si bien qu'éventuellement, on s'attend à récupérer une partie de l'argent. Dans l'immédiat, cependant, la Caisse a dû prendre des provisions pour pertes sur ces placements à hauteur d'environ 6 milliards.

Il y a d'autres éléments qui ont contribué au rendement négatif. La couverture intégrale contre les risques de change, afin de protéger la valeur des investissements à l'étranger, a coûté quelque 8,9 milliards quand le dollar canadien a brusquement dégringolé. Également, la contre-performance d'un fonds dit de répartition des actifs a entraîné des pertes de deux milliards. Et puis, les gestionnaires ont fait moins bien que les indices reconnus dans 14 des 17 portefeuilles spécialisés. C'est donc un cumul de déboires dans une variété d'activités qui a conduit au sombre bilan de 2008. Là encore, il faut faire la part des choses. Au total, il y aurait 22,4 milliards des pertes rapportées qui seraient essentiellement des pertes sur papier. Par exemple, il a fallu réduire l'estimé de la valeur des placements immobiliers quand les prix ont chuté, parce qu'il faut inscrire la valeur au marché des immeubles. Mais la Caisse détient toujours ces actifs, et la valeur de ceux-ci finira bien par remonter. Dans une perspective à long terme, de telles fluctuations ne sont pas dramatiques.

La performance d'un gestionnaire s'évalue aussi sur une certaine période. Avant 2008, les performances de la Caisse étaient fort honorables. Au cours des cinq années précédentes, le rendement annuel moyen a été de 12,4 %, la Caisse se situant dans le quintile supérieur des institutions du même genre. Depuis sa fondation, le rendement annuel moyen est de 9,3 %.

Évidemment, on se demande quelles seront les conséquences de ces revers financiers sur les déposants et, au-delà, sur toute la société. Pour ce qui est du gouvernement lui-même, les dégâts semblent limités. Comme le signalait le dernier budget, le gouvernement va amortir sur plusieurs années l'écart entre le rendement prévu et le rendement réel du Fonds d'amortissement des régimes de retraite (FARR). Cela entraînera un gonflement du service de la dette de 285 millions cette année et de 595 millions l'an prochain. Le gouvernement dépose aussi à la Caisse les avoirs du Fonds des générations (FG). Le gouvernement va renflouer ce Fonds en y injectant 715 millions cette année, provenant de redevances sur l'eau versées par Hydro-Québec et les centrales privées. Les fluctuations du FG n'auront guère de conséquences sur la dette de 150 milliards. Les incidences des pertes de la Caisse sur le Régime des rentes du Québec (RRQ), sur la Commission sur la santé et sécurité au travail (CSST) et sur la Commission de la construction (CCQ), font l'objet d'évaluations présentement. Les dirigeants de ces organismes devront vraisemblablement jongler avec des hausses de cotisations ou des réductions de bénéfices. Quant à la Société d'assurance automobile (SAAQ), celle-ci va renoncer à réduire ses tarifs en raison d'une amélioration du bilan routier, comme elle l'avait envisagé. En ce qui a trait au régime de retraite des employé-es du secteur public, le RREGOP, il est prématuré d'avancer quoi que ce soit. Le taux de cotisation futur va être fixé suite à l'évaluation actuarielle du régime qui doit être déposée à l'automne 2010.

La question est posée de savoir si cette contre-performance de la Caisse constitue un accident de parcours ou l'aboutissement inévitable d'un mode de gestion particulier, d'où les débats animés et tout à fait légitimes à propos des responsabilités, de la gouvernance et de la mission de la Caisse. À notre avis, la Caisse a été emportée par cette « exubérance irrationnelle » qui a caractérisé le monde financier au cours de la dernière décennie. Les conditions s'étaient réunies petit à petit (voir le texte d'Alain Tremblay dans le présent numéro des *NCS*). Peu à peu depuis les années 80, la Caisse a accordé plus d'importance aux investissements en actions et dans l'immobilier. Avec l'arrivée à la direction d'Henri-Paul Rousseau en 2002, fervent partisan des produits financiers exotiques, la quête de rendement à travers les marchés financiers s'est intensifiée. Quand la crise financière éclate, la débâcle est à l'avenant. Maintenant que Henri-Paul Rousseau s'est recyclé chez Power Corporation, fleuron du capital canadien et que Michael Sabia, l'ex-patron du conglomérat canadien BCE, lui a succédé, on peut se demander comment la Caisse va s'acquitter de sa mission de contribuer au développement du Québec autrement qu'en privilégiant les placements sur les marchés financiers mondiaux.

Conclusion

La financiarisation croissante déstructure l'environnement économique et introduit plus d'instabilité et de volatilité dans l'évolution des prix, l'organisation de la production, les flux commerciaux et toutes les catégories de l'économie réelle. Selon les aléas de la spéculation, un jour c'est le boum, le lendemain c'est la récession. Le qualificatif d'« économie casino » qui a été avancé pour désigner le phénomène ne saurait être plus d'actualité.

La financiarisation entraîne aussi des changements dans les rapports de force au sein des couches dominantes, en assujettissant davantage le capital industriel au capital financier. Au Québec, cette dynamique semble pousser le capital québécois à une intégration sur le mode de la subordination au grand capital canadien. Les velléités d'autonomisation qui s'étaient manifestées au cours des décennies précédentes s'estompent, malgré des soubresauts d'indignation occasionnels.

Outre l'accentuation des inégalités de revenus, la financiarisation entraîne un « *disempowerment* » des citoyens, une perte de contrôle sur leur environnement économique, du fait de la complexité, de l'éloignement et du peu d'emprise qu'ils ont sur l'univers financier. C'est sur ces dimensions éminemment sociales qu'il faudra mieux s'équiper et s'organiser pour intervenir.

La faillite d'un modèle de croissance inégalitaire

JOSÉE LAMOUREUX

Puisque toutes choses ont été faites, elles peuvent être défaites,
à condition qu'on sache comment elles ont été faites.
Michel Foucault[1]

AU-DELÀ DES DYSFONCTIONNEMENTS dans la sphère financière et de leurs impacts sur l'économie réelle, la crise actuelle révèle les limites d'une stratégie de croissance inégalitaire construite au cours des trente dernières années. Certes, le capitalisme comporte par essence des rapports sociaux inégalitaires. Cependant, alors que les écarts de revenus avaient été largement contenus dans la majorité des pays industrialisés durant ce que l'on a appelé les Trente glorieuses, ces écarts n'ont cessé de s'accroître depuis bientôt trois décennies.

L'élargissement du fossé entre les riches et les pauvres a été particulièrement frappant dans les pays anglo-saxons, les États-Unis en tête. Les écarts de richesse ont atteint des niveaux rappelant ceux des années antérieures à la crise de 1929. Seule une minorité d'individus a profité de l'augmentation des gains de productivité, alors que la majorité des salarié-es ont vu stagner leurs salaires réels. Faute d'une augmentation du pouvoir d'achat, c'est par un recours excessif au crédit que les ménages américains ont accru leur consommation et soutenu la croissance. La crise immobilière est venue mettre un terme brutal à cette logique de la croissance par l'endettement.

---

1. Je dois à Frédéric Lordon cette citation de Michel Foucault. F. Lordon, *Jusqu'à quand? Pour en finir avec les crises financières*, Paris, Éditions Raison d'agir, 2008.

Ce que l'économiste Paul Krugman a qualifié de « Grand transfert de richesse » alimente de nombreuses études et d'intenses débats chez nos voisins du Sud[1]. Cet enjeu semble toutefois susciter beaucoup moins d'intérêt de ce côté-ci de la frontière. La question de la rémunération et des avantages accordés aux hauts dirigeants des entreprises canadiennes est évidemment soulevée de temps en temps. Cependant, les discussions de fond sur l'origine et les conséquences des inégalités et de la stagnation des salaires sont pratiquement absentes du débat public[2]. Pourtant, nos réalités ne sont pas très différentes.

En premier lieu, nous établirons les similitudes entre les trajectoires canadienne et québécoise et celle des États-Unis, pour ensuite discuter des facteurs structurels à l'origine de l'élargissement des inégalités au cours des dernières décennies. Nous terminerons par un questionnement sur les possibilités ouvertes par la crise d'un retour vers un partage plus équitable.

Des salaires qui stagnent depuis 25 ans… sauf pour une minorité

L'analyse des données du dernier recensement (2006) indique que les gains médians des travailleurs canadiens à temps plein ont fait du surplace au cours des 25 dernières années[3]. Un rapport du Centre d'étude des niveaux de vie (CSLS) montre que durant cette période (1980 à 2005) la productivité du travail au Canada a crû de 37 %. Ainsi, contrairement aux prédictions des modèles économiques standards, l'augmentation de la productivité n'a pas entraîné une hausse proportionnelle et automatique des salaires réels. Le partage de la richesse s'est déplacé en faveur du capital, au détriment du travail.

---

1. P. Krugman, « The great wealth transfer », *Rolligston*, 22 juin 2006, < www. contreinfo.info >
2. Il y a évidemment plusieurs acteurs qui soulèvent cette question, notamment les groupes de défense des personnes en situation de pauvreté, les organisations syndicales et des centres de recherche comme le Centre canadien pour des politiques alternatives, mais cette question est peu reprise dans les médias, par les politiciens et les gouvernements.
3. Voir Statistique Canada, *Gains et revenus des Canadiens durant le dernier quart de siècle. Recensement de 2006*, n° 97-563-X au catalogue, Ottawa, mai 2008.

Par ailleurs, les gains de productivité ont été très inégalement distribués entre les salariés. Toujours selon le CSLS : « De 1980 à 2005, les gains des travailleurs les mieux payés ont augmenté de 16 % (ajusté pour l'inflation) tandis que le groupe de travailleurs en bas de l'échelle a vu ses gains diminuer par plus de 20 %[1]. »

En 1981, la part du revenu après impôt détenue par les 20 % les plus riches était de 39,8 %. En 2005, cette part avait grimpé à 46,9 %. Pour le quintile le plus pauvre, la situation est inverse. Leur part a diminué passant de 5,3 % en 1981 à 4,7 % en 2005. Ainsi, alors que la part du revenu après impôt du quintile supérieur représentait 7,5 fois celui du quintile inférieur au début des années 80, l'écart s'établissait à 9,4 fois en 2005.

Des études de Statistique Canada signalent que l'évolution des inégalités s'est inversée : en régression du milieu des années 80 au milieu des années 90, les écarts ont progressé depuis une décennie. Le Canada figure maintenant parmi les pays les plus inégalitaires[2]. En dix ans, nous avons dépassé la moyenne des trente pays membres de l'Organisation de coopération et de développement économique (OCDE)[3].

Les Canadiens qui composent les 10 % les plus riches occupent une position enviable. Calculé en parité de pouvoir d'achat, leur revenu moyen atteint 71 000 $ US, soit plus de 30 % du revenu moyen des pays de l'OCDE qui s'établit à 54 000 $ US. Les plus riches d'entre les riches ne sont pas en reste. En effet, une publication récente de Saez et Veall révèle que, tout comme aux États-Unis, la principale cause de l'accroissement des écarts de richesse au Canada provient de la croissance spectaculaire des très hauts revenus (les 1 % les plus riches)[4].

1. A. Sharpe, J. F. Arsenault, P. Harrison, « The relationship between labour productivity and real growth in Canada and OECD countries », *CSLS Research Report, n° 2008-8*, Centre for the Study of Living Standards, 2008.
2. Mesuré par le Coefficient de Gini, l'un des indicateurs d'inégalité de revenu les plus utilisés. Il a une valeur comprise entre 0 (parfaite égalité) et 1 (parfaite inégalité).
3. Voir OCDE, *Croissance et inégalités. Distribution des revenus et pauvreté dans les pays de l'OCDE*, Paris, octobre 2008.
4. Voir, entre autres, E. Saez, et M. R. Veall, « The evolution of high incomes in Northern America: Lessons from canadian evidence », *The American Economic Review*, vol. 95, n° 3, June 2005, p. 831-849.

Au Québec, l'inégalité de revenu est légèrement moins élevée qu'en Ontario et qu'au Canada[1]. Les Québécois n'ont toutefois pas échappé à la stagnation des salaires et à l'approfondissement des écarts[2]. Les gains médians des travailleurs à temps plein ont reculé de 5,5 % de 1980 à 2005. Variant selon les catégories professionnelles, cette évolution a modifié la répartition des revenus en faveur des hauts salaires. Ainsi, les 20 % les plus riches qui détenaient 39,5 % du revenu après impôt en 1981 ont élevé leur part à 42,9 % en 2006. Le ratio du quintile inférieur est demeuré relativement stable à 5,3 % en 1981 et à 5,4 % en 2006. Il a, par contre, atteint un sommet de 6 % en 1989. Quant aux 60 % restants, constitués des quintiles intermédiaires, ils ont vu leur part reculer de 55,2 % à 51,7 % pour la même période. La concentration de la richesse vers les plus fortunés s'observe aussi au niveau du patrimoine des ménages[3].

Même si l'ampleur est moindre que chez nos voisins du Sud, force est de constater que la polarisation des revenus et l'approfondissement des inégalités sont aussi des réalités canadienne et québécoise.

Une combinaison de facteurs structurels à l'origine des inégalités

Pour saisir la nature des disparités, il faut d'abord regarder où est générée la plus grande part du revenu, soit sur le marché du travail. Économistes et politiciens associent principalement les écarts de rémunération à des différences de compétences et de qualifications. Dans l'approche officielle, la réorganisation des activités économiques, sous l'impulsion du progrès technologique et de la concur-

---

1. S. Crespo, *Annuaire de statistiques sur l'inégalité de revenu et le faible revenu, Édition 2008,* Institut de la statistique du Québec, décembre 2008.

2. S. Crespo, *L'inégalité de revenu au Québec, 1979-2004. Les contributions de composantes de revenu selon le cycle économique,* Institut de la statistique du Québec, septembre 2007 ; S. Crespo, *Annuaire de statistiques sur l'inégalité de revenu et le faible revenu. Édition 2008, op. cit.*

3. Le patrimoine représente la valeur totale des actifs une fois les dettes soustraites. Pour le Québec, voir S. Jean, « Qui a profité de l'augmentation de la richesse entre 1999 et 2005 au Québec ? » *Données sociodémographiques en bref,* vol. 13, n° 1, Institut de la statistique du Québec, octobre 2008 ; pour le Canada, Statistique Canada, *Le patrimoine des Canadiens. Un aperçu des résultats de l'Enquête sur la sécurité financière, 2005,* Ottawa, 2006.

rence, favorise les travailleurs diplômés au détriment des travailleurs moins qualifiés. Il suffit alors de relever la formation et l'éducation de ces travailleurs pour que ceux-ci améliorent leur sort et que la croissance des inégalités soit contrôlée. L'acquisition de compétences et de qualifications devient donc LA solution au problème d'inégalités.

De fait, les travailleurs sans diplôme postsecondaire connaissent une situation dégradée en matière de chômage et de rémunération. Par contre, les emplois moins qualifiés sont loin d'avoir disparu et la progression annuelle des salaires pour ce type d'emploi est similaire à celle de plusieurs emplois plus qualifiés. Cet argument ne peut donc à lui seul expliquer l'accroissement des écarts salariaux. Il ne donne aucune réponse à la captation des gains de productivité par une minorité de salariés située dans les plus hauts échelons.

L'explication qui rend compte de la polarisation des revenus et du creusement des écarts de richesse se trouve davantage du côté de dynamiques structurelles et institutionnelles, initiées, favorisées et soutenues par nos gouvernements depuis plus de vingt ans[1]. En plus d'inciter à la modération salariale, elles ont considérablement amplifié le rapport de force des employeurs.

Un marché du travail plus flexible, mais aussi plus inégalitaire...

Amorcées dans les années 1980 avec la lutte à l'inflation et la hausse des taux d'intérêt, les pressions pour contenir les coûts salariaux se sont accentuées dans les années 1990. Sous l'influence d'organismes comme l'OCDE et fidèles à la pensée néolibérale, plusieurs pays industrialisés ont entrepris de flexibiliser leur marché du travail. Les mesures de protection de l'emploi et du revenu ont été particulièrement ciblées. Dans un contexte de chômage élevé, celles-ci étaient présentées comme autant de rigidités à réduire, voire à éliminer, pour retrouver le chemin du plein-emploi. Au Canada et au Québec, cette vision s'est traduite par des déréglementations, des réductions à l'assurance-emploi, des atteintes au droit du travail et

---

1. Voir entre autres, Frank Levy et P. Temlin, « Inequality and institutions in 20ᵗʰ century America », *Working Paper Series,* Industrial Performance Center, Massachusetts Institute of Technology, 2007, pour les États-Unis. Au Canada, on peut se référer aux travaux du Centre canadien de politiques alternatives.

à la syndicalisation. Elle est aussi associée à des périodes de gel ou d'indexation partielle du salaire minimum. À cet égard, il faut rappeler que la valeur réelle du salaire minimum québécois a fortement chuté au cours des années 1980. Depuis ce temps, sa progression a été plutôt lente. Entre 1999 et 2008, celui-ci n'a augmenté que de 1,3 %, ce qui représente un maigre 0,09 $ en dollars constants.

La course à la flexibilité a aussi été stimulée par les entreprises qui ont multiplié les emplois atypiques mal protégés, accentuant d'autant la précarité sur le marché du travail. Si les travailleurs les moins qualifiés ont été particulièrement affectés par ces stratégies de gestion de la main-d'œuvre, l'ensemble des salarié-es a vu son pouvoir de négociation s'affaiblir.

Les salarié-es du secteur public n'ont pas été épargné-es. Menaces de privatisation, partenariats public-privé, décrets de conventions collectives ont miné leur capacité de négociation. Malgré la croissance économique, ceux-ci ont été incapables d'améliorer leur pouvoir d'achat. Entre 1997 et 2006, ils ont même subi une réduction de 1 %. Il faut aussi rappeler qu'à titre d'employeurs, les gouvernements fédéral et provincial ont largement contribué à la croissance des emplois atypiques.

Ces changements n'ont pas été les seuls à contribuer à la modération salariale et à la montée des inégalités. D'autres phénomènes liés à la mondialisation ont joué un rôle. Sans entrer dans le détail, citons-en trois qui ont été particulièrement influents. D'abord, la globalisation financière et la présence de plus en plus active de grands investisseurs institutionnels ont modifié la gouvernance des grandes entreprises. Dédiés à la création de valeur pour les actionnaires, les gestionnaires ont cherché par tous les moyens à augmenter la rentabilité de leurs entreprises et, conséquemment, à réduire les coûts de production, dont les coûts salariaux. Fusion-acquisition, rationalisation, suppression de postes, concession salariale, sous-traitance, externalisation, délocalisation... tous les moyens sont bons pour satisfaire les nouvelles exigences de rendement.

Ensuite, la globalisation financière a accéléré le développement de grandes firmes multinationales de plus en plus détachées de leur pays d'origine. Ces entreprises recherchent les endroits les plus rentables pour localiser leurs activités fortement fragmentées. Elles mettent ainsi en concurrence les pays, les territoires, et les travailleuses et travailleurs. Cette concurrence porte évidemment sur la fiscalité, mais aussi sur les normes sociales, environnementales, et évidemment, les conditions de travail. Au cours des dernières années, on a vu ce mouvement s'étendre aux entreprises de plus petite taille. Celles-ci ont commencé à délocaliser certaines activités, ou à en développer de nouvelles dans des pays où les coûts de production sont plus faibles. Réelle ou fictive, la menace de délocalisation fait maintenant partie de l'arsenal patronal pour obtenir toujours plus de concessions salariales et de flexibilité[1].

Enfin, la pression sur les salarié-es des pays industrialisés est d'autant plus grande que la montée en puissance des pays émergents comme la Chine et l'Inde a provoqué une hausse importante de la main-d'œuvre disponible. En plus d'être à bas salaire, cette main-d'œuvre est de plus en plus qualifiée. Si les travailleurs des secteurs fortement ouverts à la concurrence internationale ont été les premiers touchés, la tendance à la modération salariale s'est répandue à l'ensemble des travailleuses et travailleurs des pays industrialisés. Aucun secteur d'activités ni niveau de qualification n'est à l'abri. La menace affecte aussi bien les travailleuses du textile, les ouvriers spécialisés de l'aérospatiale que les ingénieurs ou informaticiens du secteur des services.

Bref, la combinaison de ces différents facteurs a considérablement renforcé le rapport de force des employeurs et déséquilibré le partage de la richesse. Les grands gagnants de cette nouvelle dynamique ont été les hauts salariés des grandes entreprises qui ont vu leur rémunération s'envoler, notamment avec le développement des systèmes de rémunération basée sur la performance (bonus et *stock options*). Selon l'*Economic Policy Institute*, la rémunération moyenne

---

1. À cet égard, il faut se souvenir de la déclaration de Lucien Bouchard alors qu'il était procureur de la compagnie Olymel et qu'il réclamait d'importantes concessions salariales des employés syndiqués de l'usine de Vallée-Jonction sous menace de fermeture. Devant une centaine d'étudiants en droit de l'Université de Montréal, il déclara : « Avec la concurrence asiatique, les syndicats devront s'attendre à une nouvelle donne : les employeurs seront de plus en plus souvent en demande pour obtenir des concessions salariales ou plus de flexibilité. » Presse canadienne, *Les employeurs vont être plus souvent en demande, prévient Lucien Bouchard*, mercredi 17 janvier 2007.

des PDG américains était 35 fois supérieure à celle du salarié moyen en 1970. Cet écart a bondi à 275 fois en 2007. Au Canada, on estime que la rémunération moyenne des patrons des grandes sociétés canadiennes équivaut à 218 fois la rémunération moyenne des travailleurs canadiens[1]!

Une redistribution de moins en moins efficace

Plutôt que d'amortir ces disparités salariales en faisant jouer à fond les mesures de redistribution, les gouvernements ont amputé leur capacité d'action en accordant des baisses d'impôt favorables aux classes plus aisées et en sabrant dans les programmes de transfert. Rappelons ici les coupes au programme d'assurance-chômage, maintenant appelé « assurance-emploi ». En plus de s'être dégagé de son financement et d'avoir détourné les surplus, le gouvernement fédéral a fortement abaissé son niveau de protection en limitant l'admissibilité et en diminuant le niveau de prestations. Alors qu'au début des années 1990, plus de 80 % des chômeurs étaient couverts, aujourd'hui le taux de couverture n'atteint pas 50 %. Les femmes, qui occupent majoritairement les emplois à temps partiel, ont été les principales victimes de ces restrictions. Du côté provincial, l'indexation partielle des prestations d'assistance-emploi a aussi affecté, à la baisse, la redistribution vers les plus pauvres. Il est d'ailleurs assez ironique de voir l'OCDE reconnaître que la piètre performance du Canada en matière d'inégalités au cours des dix dernières années est due au fait que nos gouvernements dépensent moins que d'autres pays en matière de transferts aux chômeurs et aux familles et que l'effet de redistribution des impôts et transferts a décliné au cours des années.

Il ne faut toutefois pas faire l'erreur de voir ces transformations comme étant indépendantes. La montée des inégalités étant commune à une majorité de pays, il y a des convergences à établir même si des divergences demeurent. Tous les pays ne réagissent pas de la même façon et les choix politiques restent soumis aux rapports de force en place. Toutefois, il y a un point commun à ces transformations : l'influence de la pensée néolibérale et sa foi dans l'autorégulation et l'efficience des marchés concurrentiels. Cette influence a

1. Voir les travaux du Centre canadien pour les politiques alternatives.

favorisé l'adoption de politiques publiques axées sur la déréglementation et l'élargissement de la concurrence. Elles ont touché autant le marché du travail que les marchés des biens et services et ceux de la finance. Elles ont et continuent d'exercer d'énormes pressions sur les travailleurs.

Crise et sortie de crise : continuité ou rupture ?

Comme toute crise, la crise actuelle risque d'exacerber les inégalités sur le marché du travail. Les nombreuses pertes d'emplois conjuguées aux compressions salariales vont jouer sur l'évolution des revenus.

Il est trop tôt pour dire si la prochaine période de croissance sera favorable à des changements structurels permettant un recul appréciable des inégalités. Toutefois, il est clair que les obstacles à un renversement de tendances demeurent nombreux.

Par exemple, sur la scène internationale, les efforts pour réglementer la finance demeurent timides tout comme les initiatives visant à réduire le pouvoir des grandes entreprises. Nos gouvernements continuent à négocier des accords de libre-échange qui donnent d'énormes pouvoirs aux investisseurs et protègent peu les salarié-es.

Sur le plan plus spécifique du marché du travail, la bataille pour mieux soutenir les travailleurs précaires et encourager la syndicalisation est loin d'être gagnée. Le relèvement du salaire minimum à 9,50 $ l'heure en 2010 demeure insuffisant pour sortir ces salariés de la pauvreté et réduire les inégalités. Par ailleurs, la volonté politique de modifier les lois du travail afin d'améliorer la protection des travailleurs atypiques demeure absente. La déréglementation du marché du travail a toujours des adeptes alors que les rapports Bernier (2003) et Arthurs (2006) demeurent sur des tablettes[1].

Les conditions politiques propices à une amélioration de la redistribution des revenus par la fiscalité et les programmes de transferts semblent tout aussi incertaines. Le gouvernement refuse toujours

---

1. On fait ici référence au rapport Bernier sur les besoins de protection des travailleurs en situation de travail non traditionnel pour le Québec (2003) et au rapport Arthurs sur la modernisation de la partie III du *Code canadien du travail* pour les salarié-es de juridiction fédérale (2006). Ces deux rapports contiennent d'importantes recommandations qui, appliquées, permettraient de rehausser la protection des travailleurs et de réduire la précarité et les inégalités sur le marché du travail.

des bonifications substantielles au programme d'assurance-emploi. Pourtant, même l'OCDE concède qu'une bonne protection du revenu en cas de chômage est compatible avec de solides performances sur le marché du travail[1]. Pour ce qui est de la fiscalité, déjà les esprits s'échauffent sur la voie qu'il faudra suivre pour retrouver l'équilibre budgétaire et réduire la dette. Alors que l'augmentation de l'impôt des particuliers et des entreprises semble devenue un véritable tabou, des mesures beaucoup plus régressives sont envisagées, telles que des hausses de taxes à la consommation, de nouvelles tarifications et des augmentations des tarifs d'électricité.

Sans sombrer dans le pessimisme, un scénario de continuité apparaît tout à fait plausible. Par contre, il n'est pas une fatalité. L'expérience montre qu'il existe des alternatives au capitalisme anglo-saxon et au néolibéralisme. Le modèle américain n'est pas la seule option. La crise peut et doit aussi être une occasion à saisir.

Conclusion

Les problèmes dans la répartition des revenus sont devenus à ce point évidents que la Banque mondiale, le Fonds monétaire international (FMI) et l'OCDE[2] ont jugé nécessaire d'y consacrer des travaux. Après des années de croissance, la progression des inégalités ne peut plus être présentée comme un phénomène temporaire appelé à se résorber avec le temps. La métaphore de la marée montante qui soulève tous les bateaux a du plomb dans l'aile[3]. Évidemment, ces organismes qui ont largement contribué à ces transferts de richesse en favorisant la déréglementation, la flexibilité, l'austérité au Nord et des plans d'ajustement structurels au Sud, ne vont pas jusqu'à reconnaître leurs responsabilités dans le marasme actuel. En revanche, dans un rapport récent sur le travail dans le monde, le Bureau international du travail (BIT) n'a pas hésité à lier la crise aux inégalités[4].

1. Voir OCDE, *Perspectives de l'emploi de l'OCDE. Stimuler l'emploi et les revenus*, Paris, 2006.
2. OCDE, *Croissance et inégalités, op. cit.*
3. Si l'on doit cette métaphore à John F. Kennedy (*A rising tide lifts all boats*), elle est abondamment reprise par les tenants du laisser-faire et du libre marché qui maintiennent que la croissance finit toujours par profiter à tous...
4. BIT, *Rapport sur le travail dans le monde 2008. Les inégalités de revenu à l'épreuve de la mondialisation financière*, Genève, 2008. Le rapport complet

Même si les signes d'une réforme radicale du capitalisme, à défaut de son dépassement, sont encore rares, la gauche doit forcer le jeu. Tôt ou tard il faudra s'attaquer à la montée des disparités de revenus et à la stagnation du pouvoir d'achat engendrés par la dégradation du rapport de force des travailleurs à la faveur des détenteurs du capital. Il faudra le faire non seulement pour sortir de la crise, maintenant que nous savons que le surendettement des salarié-es n'est pas une stratégie viable, mais aussi, et surtout, pour construire un nouveau modèle de croissance et de développement viable et plus juste.

---

est en anglais seulement.

« Oser réfléchir ! » Québec solidaire devant la crise

Entrevue avec Françoise David

Réalisée par René Charrest

NCS : Québec solidaire (QS) a sorti, le printemps dernier, un *Manifeste* sur la crise[1]. Que contient-il et quelle utilisation comptez-vous en faire ? Ça me semble important dans votre positionnement politique actuel face à la crise financière.

Au mois de mai dernier, nous avons effectivement publié un manifeste dont nous avons imprimé 10 000 exemplaires. Nous avons 70 associations locales, dans toutes les régions, qui ont été conviées à l'utiliser avec leurs membres, mais aussi dans les ventes-trottoir, kiosques et autres activités d'été. À la rentrée scolaire, elles sont invitées à tenir des points d'information dans les universités et les cegeps. Les gens sont appelés à en discuter et à l'enrichir. En lançant le *Manifeste*, nous avons tenu à dire que ce n'était pas un ouvrage achevé. Ce n'est pas un livre de recette global, final et total. Depuis plusieurs mois, nous sommes en pleine crise, c'est donc le moment d'oser réfléchir et de poser toutes les questions possibles. La crise permet, à gauche, de soulever des interrogations et des critiques qui auraient été ignorées, il y a un an ou deux. Quand je regarde autour de moi, je vois des tas de gens qui sont dans l'insécurité mais qui, en même temps, se donnent la peine d'oser poser les bonnes questions.

NCS : Le président de la Banque mondiale parle d'une crise financière devenue crise économique, qui se transforme en crise de l'emploi et pourrait se prolonger en crise humanitaire. Les travailleuses

---

1. *Pour sortir de la crise : dépasser le capitalisme ? Manifeste de Québec solidaire,* < http://www.quebecsolidaire.net/actualite-nationale/manifeste-sortir-de-la-crise >

et les travailleurs sont inquiets, les syndicats également. Comment, du côté d'une organisation politique de gauche comme Québec solidaire, qualifie-t-on cette crise ?

Ce que le président de la Banque mondiale ne dit pas, c'est que cette crise a été précédée de nombreuses autres. Le capitalisme a encore les apparences de son côté, mais ça va mal. Omar Aktouf a déjà dit que les capitalistes se tiraient dans le pied. Quand tu passes ton temps à faire des rationalisations, des délocalisations, à mettre du monde à pied, à augmenter les emplois à statut précaire, tu dois te demander comment les gens vont payer les produits de consommation qui sont proposés par les publicités.

Le capitalisme néolibéral des trente dernières années est une sorte de géant aux pieds d'argile. Il crée tellement de problèmes! Quand nous prenons conscience des désastres écologiques qu'il a créés et que nous voyons beaucoup de populations, dans le monde, se lever contre des mines, des dépotoirs, la déforestation, l'agriculture industrielle, des échangeurs autoroutiers fabriqués comme autrefois, les barrages, on peut dire que même si, pour le moment, les multinationales ont le gros bout du bâton, nous ne sommes plus trois ou quatre à soulever des problèmes écologiques. Des millions de personnes à travers le monde se mobilisent.

La crise actuelle est certainement aussi grave que celle de 1981. Mais elle est peut-être pire parce qu'en plus des pertes d'emploi, il y a des gens qui perdent leurs fonds de retraite. Par exemple, des Québécois et des Québécoises ont placé leurs épargnes dans des REER qui ont investi au sein d'entreprises maintenant déficitaires ou en faillite. Les gens au Québec qui prendront leur retraite demain perdront 30 % de ce qu'ils ont investi. Deux éléments majeurs sont donc touchés : l'emploi et les retraites. Sans parler des 40 milliards perdus à la Caisse de dépôt!

Au-delà de tout ça – et les présidents de la Banque mondiale et du Fonds monétaire international (FMI) ne le diront pas – c'est que nous assistons à une crise du capitalisme. Québec solidaire l'explique dans son *Manifeste*. Si on regarde ce qui se passe dans le monde depuis trente ans, on voit pas mal de drames, qu'ils soient écologiques ou sociaux, au niveau des droits humains, des guerres, au niveau des inégalités sociales, des dictatures. On ne peut donc pas circonscrire cette crise par des mesures limitées : mettre en prison les fraudeurs, mettre au pas ceux qui spéculent un peu trop, imposer certains plafonds salariaux. C'est un début, mais se contenter de ça et après continuer comme avant.... consommer, consommer... produire n'importe quoi au prix de l'écologie et au prix des droits humains, dire aux consommateurs : achetez, achetez et, surtout, endettez-vous ! Le capitalisme ne fonctionnerait plus s'il ne nous appelait à recourir fortement au crédit en ce moment. Nous le savons, les Québécois-es sont extrêmement endetté-es. Nous ne pouvons pas continuer de cette manière. C'est ce que nous disons à Québec solidaire.

NCS : Plusieurs économistes débattent des origines de cette crise. Certains parlent d'une crise immobilière récente, d'autres d'une crise de l'accumulation du profit qui se dessine depuis le milieu des années 70. D'autres soulignent également l'arrivée de nouveaux acteurs comme les pays asiatiques sur la scène du marché mondial. Est-ce que QS a développé une analyse des causes de la crise actuelle ?

Dans le *Manifeste*, on commence par situer la crise dans l'immédiat. On part de ce que les gens connaissent : la crise des « *subprimes* », une crise immobilière, financière, économique. On essaie d'expliquer comment nous sommes passés de l'un à l'autre. Après, on pose la question : mais n'y a-t-il que ça ? Dans le *Manifeste*, nous faisons remarquer que le capitalisme est fondé sur l'appât du gain, sur la recherche de profits rapides et à n'importe quel prix. Cela est plus évident encore lorsque nous parlons des multinationales qui s'estiment souvent au-dessus des lois nationales.

Dans le monde d'aujourd'hui, ce n'est pas le petit dépanneur, ou le resto du coin ou la ferme familiale qui influencent les règles capitalistes et le fonctionnement social et politique. La grande entreprise transnationale prend toute la place. Les grands capitaux spéculent sur les produits et sur les monnaies, et les gouvernements se comportent avec eux de façon extrêmement complaisante. Ce dont nous parlons aussi dans notre *Manifeste*, c'est de la pensée capitaliste, profondément individualiste et très aliénante pour tout le monde, du plus bas au plus haut de l'échelle. Parce que toute la vie est conçue autour de la marchandise. Tout peut s'acheter et se vendre, y compris le corps des femmes. Et puis, il faut acheter et vendre vite avec le plus de profits possibles, de n'importe quelle manière. Ils mettent vraiment en haut des valeurs l'individualisme, la performance, l'adaptabilité, la compétition. Il n'y a plus de place pour l'être humain dans tout ça. Je suis très contente que dans un manifeste politico-économique, on parle un peu de philosophie. L'être humain doit être au centre de n'importe quel système économique et politique.

La pensée néolibérale a renforcé ce qui était déjà présent dans les fondements du capitalisme, avec des moyens exceptionnels. Une minorité s'est vue octroyer une sorte de « permission » de transgresser toutes les règles. À un moment donné, ça craque de partout. Il est inévitable que ça conduise à des crises parce qu'on va tellement trop loin. On prend des risques épouvantables avec la santé et la vie des gens et avec la planète elle-même. On dit quelque part dans notre texte que nous ne sommes pas sortis du bois!

NCS : La crise économique, nous l'avons dit, est une crise mondialisée. Plusieurs chercheurs et militants ont décrié dans un passé récent le phénomène de dévalorisation de l'État-nation. Peut-on apporter des solutions à cette crise dans l'« espace Québec » avec, par exemple, Amir Khadir à l'Assemblée nationale ? Que peut-on faire dans l'espace national pour contrer la crise économique actuelle?

On retrouve aussi dans notre *Manifeste* des éléments de sortie de crise qui sont réalisables à court terme dans un cadre québécois : la protection des retraites, la création d'emplois dans une économie diversifiée, la construction de logements sociaux, des chantiers de transport en commun, le développement de services aux personnes par le biais de l'économie sociale. L'amélioration de l'assurance-emploi doit aussi être à l'ordre du jour. On peut donc agir à court terme au Québec sans même chambarder le système économique actuel. Mais ce que nous pensons, et c'est le débat que nous voulons initier avec le *Manifeste*, c'est que nous devons aller beaucoup plus loin. Parce qu'à la limite, dans un an ou deux, avec des réaménagements, des réajustements, on pourrait sortir de la crise actuelle pour en avoir une autre qui nous tomberait sur la tête dans sept ou huit ans! Pourquoi? Parce qu'encore une fois, on aurait exagéré sur la spéculation, on aurait continué de dévaster la planète, on aurait approfondi les inégalités. Donc, il faut avoir des avenues de sortie de crise qui nous permettent d'éviter les prochaines crises. Ça veut dire qu'il faut remettre en question assez profondément le système capitaliste.

Il y a un débat que nous devons faire à Québec solidaire et au Québec. Ce débat n'est pas très avancé. Les « lucides » et leurs amis diront que ce qu'il faut, c'est d'éviter les bandits de grand chemin dans le système bancaire et générer une meilleure règlementation. Évidemment, tout le monde est d'accord. Toutefois, des questions bien plus fondamentales se posent quant au modèle économique que nous voulons privilégier. Des exemples : allons-nous choisir de développer davantage les sources d'énergie au Québec, peu importe la manière, pour créer des emplois et vendre de l'électricité aux États-Unis? Quel prix sommes-nous prêts à payer pour cela? Le saccage des plus beaux paysages du Québec? Le massacre de rivières somptueuses et du fleuve St-Laurent où certains veulent faire de l'exploration gazière? Ne pourrions-nous pas plutôt ouvrir un chantier favorisant l'économie d'énergie? Par exemple, élaborer un programme de rénovation de bâtiments publics pour les mettre aux normes environnementales et, de plus, inciter l'industrie à fonctionner avec des énergies vertes et la population à dépenser moins d'énergie?

Nous devrons aussi décider si nous voulons conserver des services publics… vraiment publics! Cela veut dire que nous allons y mettre les ressources humaines et financières nécessaires, mais aussi que nous voulons ramener les services publics tout près des gens. Cet aspect me tient particulièrement à cœur. Il faut en finir avec les monstres bureaucratiques que nous connaissons. Évidemment, le maintien de services publics gratuits et universels exige des changements radicaux sur le plan de la fiscalité. On veut vivre dans un Québec du bien commun, du partage de la richesse, d'une lutte réelle aux inégalités sociales. Il faut discuter sérieusement de fiscalité. On pourrait commencer par arrêter ces folies de réduction d'impôt accordées aux gens les plus riches et aux entreprises. C'est une aberration. Je ne serais pas gênée du tout de proposer des plafonds salariaux et de dire aux PDG : à partir d'un certain montant, vous êtes imposables à 100 %. Nous devrons élaborer un système fiscal juste et écologiste. Par exemple, taxer fortement les produits polluants, mais éliminer les taxes sur les biens essentiels.

NCS : Maintenant, une question se pose : pouvons-nous accomplir tout cela sans la souveraineté du Québec ?

Je pense que non. Sur la fiscalité, par exemple, les économistes de gauche nous ont dit « vous ne manquez pas d'idées », mais il y a des mesures que vous ne pourrez pas adopter dans un Québec qui n'est pas souverain. Il est difficile de fonctionner avec une fiscalité à deux vitesses – la vitesse très néolibérale au Fédéral – et une vitesse qui pourrait être plus progressiste et égalitaire au Québec. Par exemple, on dirait au Québec que la priorité serait le transport en commun. On arrête de construire des autoroutes. On cherche à développer le transport ferroviaire, mais celui-ci relève du gouvernement fédéral. Encore d'interminables négociations en vue ! On peut proposer, dans une perspective écologique, « l'achat chez nous », une agriculture verte, familiale, du terroir. Mais c'est le Canada qui négocie les accords commerciaux, qui débat au sein de l'Organisation mondiale du commerce, où il ne défend pas les intérêts des agriculteurs québécois. Cela fait partie des questions que nous posons dans le *Manifeste*.

Nous pouvons agir ici et maintenant dans un cadre canadien où le Québec n'est pas souverain. Les positions que nous avons défendues durant la campagne électorale de 2008 étaient réalisables tout de suite. Nous pensons toutefois que pour arriver vraiment aux changements que nous voulons il serait logique de travailler à l'indépendance du Québec.

NCS : Justement, est-ce que la crise actuelle pourrait être un moyen pour faire valoir des perspectives alternatives au capitalisme ?

Oui, c'est une occasion. Pour les mouvements sociaux, par exemple, qui se démènent depuis de nombreuses années. Pour les groupes communautaires, pour les entreprises d'économie sociale, les organismes culturels, les coopératives. Il y a des milliers de personnes au Québec qui sont en action depuis des années pour tenter d'améliorer la vie de la population et de défendre les droits des personnes pauvres, des travailleuses et des travailleurs, des femmes, des jeunes, des Autochtones, des immigrant-es. Il y a déjà en gestation un autre monde qui est en train de se construire. Il n'existe pas de modèle préfabriqué et parfait. Le socle capitaliste n'est pas encore ébranlé. Toutefois, ce qui est intéressant, c'est que nous sommes tous et toutes ensemble à la recherche d'un autre monde, à partir des expériences du présent, à partir des leçons du passé, des réflexions des écologistes, des féministes, des gens de gauche dans leur ensemble. C'est là que se trouve l'espoir. Pour que ça marche, pour vraiment arriver à d'autres modèles qui deviendraient éventuellement des modèles majoritaires, il faut une convergence. Il faut que les gens du terrain et que les intellectuel-les de gauche se parlent et construisent ensemble d'autres modèles. C'est très important.

Et puis, aujourd'hui, Québec solidaire a un député à l'Assemblée nationale. Cet unique député prend la parole devant ses collègues et les médias. Il exprime haut et fort la colère populaire devant l'égoïsme des grands financiers. Il défend l'autonomie des organismes communautaires. Il pourfend les minières et leurs agissements colonialistes. Il dénonce l'inaction gouvernementale devant l'accroissement des inégalités. La quantité de mouvements sociaux, de groupes qui font appel à Amir pour défendre leurs intérêts, c'est inouï ! Il fait son possible, mais il est seul. Si nous étions plus nombreux, ce serait utile pour faire avancer des idées, des projets, des propositions.

Nous avons besoin de mouvements sociaux très forts et mobilisés pour passer à travers la crise. Cependant, il faut aussi le relais politique, je continue d'en être convaincue. Il me semble que l'exemple de la gauche latino-américaine est intéressant. Bien sûr, rien n'est parfait ! Mais des peuples prennent la parole, agissent ensemble, voient leurs conditions de vie s'améliorer, ce qui n'est pas rien !

Bilan de luttes

Le mouvement syndical québécois
à la croisée des chemins : se battre ou subsister?

RENÉ CHAREST

Des représentations dominantes

LE MOUVEMENT SYNDICAL est régulièrement évoqué par des représentations réductrices nous éloignant de la réalité. Par exemple, le traitement de la controverse mettant en scène la FTQ-construction propose une représentation dans laquelle les acteurs syndicaux ne sont ni plus ni moins que de petits « pègreux », pour lesquels tous les moyens sont bons pour parvenir à leurs fins. Ces représentations, même si elles réfèrent à des pratiques réelles, ne suscitent pas de véritables débats dans l'espace public. Les commentaires ne font que reconduire cette représentation stéréotypée. En effet, que pouvons-nous répondre à une version québécoise et médiocre d'un film sur Jimmy Hoffa? Dire que la réalité est plus complexe? Dire qu'il existe différentes tendances dans les organisations syndicales et que certaines tendances choisissent des perspectives beaucoup plus démocratiques? C'est un début de réponse, certes, mais qui est insuffisant face à ces entreprises de « démonisation » des organisations syndicales.

À côté de cette représentation courante des organisations syndicales, on en retrouve une autre qui a une consistance plus politique. Elle consiste à définir les organisations syndicales comme des agents de concertation sociale avec l'État et le Capital. Le syndicalisme ne serait ni plus ni moins qu'une école du capitalisme. Selon cette interprétation, l'objectif du mouvement syndical est d'être un agent de conservation d'emplois et un organisme de reproduction du capitalisme. Cette représentation est née de débats dans les cercles d'extrême-gauche et les dépasse, de temps à autre, comme ce fut le cas lors de la grève étudiante de 2005 ou encore lors du Forum social québécois de 2007. Dans plusieurs événements, on peut entendre la gauche radicale critiquer le mouvement syndical sur son refus de mener une lutte contre le capital et pour la démocratie. Or, c'est un danger de demeurer attachés à ce type de représentations. Elles peuvent devenir figées dans le temps et détruire, avant même qu'elles ne puissent s'établir, des alliances qui pourraient aider à la construction d'une société progressiste. Faire l'« analyse concrète de la situation concrète » disait Lénine. Que signifie ce mot d'ordre ? Qu'il faut fonder notre analyse sur des faits observés ? Oui, nous devons nous référer à la situation réelle du mouvement. Toutefois, une analyse concrète signifie aussi que la pensée politique s'inscrit dans un contexte en mouvement très souvent déterminé par les événements politiques.

Les luttes syndicales se construisent

Les luttes syndicales sont des constructions sociales et politiques, déterminées par différents rapports de force qu'on ne peut pas toujours identifier au départ. C'est de cette manière que des victoires certaines se traduisent par des défaites cuisantes et vice-versa.

Prenons un exemple précis et récent : la grève du syndicat des professeurs de l'université du Québec à Montréal (voir l'article sur cette grève dans le présent numéro de NCS). Cette mobilisation a débuté lentement, dans la confusion en ce qui concerne les alliances et les objectifs de cette mobilisation. Pouvait-on à la fois améliorer les conditions de travail des professeurs et sauver l'institution qu'est l'UQÀM ? Le défi était de taille. Au bout de quelques mois, les revendications ont pris corps et la mobilisation a suivi d'une manière impressionnante. Pourtant, dès le début de cette grève, on aurait pu proclamer que la lutte du SPUQ allait aboutir inévitablement à une entente corporatiste. Et vers la fin de la grève, tout le monde croyait que le gouvernement libéral allait y mettre fin en adoptant un décret, mais finalement cela n'est pas arrivé. Les gains sont substantiels (150 nouveaux postes et un rattrapage salarial important). Pourquoi cette grève ne peut-elle pas être qualifiée de lutte corporatiste ? Parce qu'on ne pouvait pas s'attendre, au départ de cette lutte, que la démocratie interne pouvait devenir un enjeu important. Conclusion : les idées préconçues sur les organisations syndicales ne peuvent anticiper les mouvements qui font bouger les conjonctures internes et externes. Si l'exécutif du syndicat des professeurs s'en était tenu à la négociation, sans transparence et sans informer ses membres, et si le syndicat avait laissé l'exécutif faire son travail sans critique et sans surveillance, il n'y aurait pas eu le résultat que l'on connaît. Et si la mobilisation n'avait pas été aussi probante, il y a fort à parier que Jean Charest aurait requis et obtenu du parlement un mandat pour mettre fin à cette grève.

De quelques initiatives récentes

Le mouvement syndical québécois traverse aujourd'hui une période stratégique avec la construction du plus important Front commun depuis 1972. Nous pourrions spéculer sur les chances de réussite de ce Front commun, mais il serait hasardeux de le faire maintenant. Le gouvernement libéral a mis les cartes sur table en adoptant un budget déficitaire, lançant une invitation à l'ensemble de la société québécoise à se serrer la ceinture. Cette position est bien sûr dirigée contre le mouvement syndical.

Ce qui importe, ce n'est pas de prévoir le déroulement de la ronde de négociations, mais de comprendre la posture du mouvement syndical dans le contexte actuel. Pour cela, il faut observer comment s'est effectuée la lutte contre le gouvernement libéral depuis son élection. Durant cette période (2003-2008), on assiste au règne du gouvernement néolibéral de Jean Charest, mais aussi à l'affirmation d'une nouvelle alternative politique. On observe de même la montée de l'Action démocratique du Québec (ADQ), mais également sa descente quasi-mortelle. C'est une période dominée par la droite, mais c'est aussi une période durant laquelle se déroulent notamment des manifestations énormes contre la guerre en Irak en 2003, un 1er mai de plus de 100 000 personnes en 2004, une grève étudiante historique en 2005.

Qu'est-ce qui se passe dans le mouvement syndical pendant cette période ? Il est aussi traversé par une contradiction importante. Lors d'une conférence à la rencontre de l'Alliance continentale à Cuba, le sociologue François Houtart avait émis une hypothèse féconde pour notre propos. Lorsque le capitalisme exerce une forte hégémonie, notait-il, les mouvements sociaux réagissent de deux façons : soit ils mènent une lutte frontale contre le capitalisme, au risque de causer leur perte en tant que mouvement, soit ils cherchent à se protéger et maintiennent les conditions de reproduction de leur organisation. Nous croyons que le mouvement syndical a oscillé pendant un certain temps entre ces deux tendances : se battre ouvertement contre le gouvernement québécois ou réunir les conditions pour demeurer en place comme mouvement.

Rappelons-nous les débuts de cette période. Pour le mouvement syndical, la formation du gouvernement libéral en avril 2003 signifie une accentuation de l'opération de réingénierie de l'État. Dans le domaine de la santé et des services sociaux, en particulier, on vit une conjoncture inquiétante. Avec la loi 25, le gouvernement procède de force à une fusion des petites cliniques, des centres hospitaliers et des centres d'hébergement pour en faire de gros centres de santé sur une base locale ou régionale. L'apparition de cette nouvelle créature institutionnelle devient alléchante pour le secteur privé. Par ailleurs, le gouvernement libéral invalide des campagnes de syndicalisation effectuées dans les secteurs des ressources de types familial et intermédiaire par l'adoption des lois 7 et 8. Dans la même foulée, le gouvernement libéral avec la loi 30 oblige les travailleurs et les travailleuses du réseau public en santé à choisir leur allégeance syndicale selon de nouvelles catégories de salarié-es. Enfin, le gouvernement impose un nouveau projet de loi dangereux, le bill 31, qui apporte des modifications importantes à l'article 45 du code du travail, un article fondamental dans la mesure où il protège l'accréditation syndicale lorsqu'il y a un changement d'employeur.

C'est une période inquiétante sur le plan social, mais intéressante sur le plan syndical. Les militants et les militantes du mouvement syndical peuvent témoigner de la volonté et de la capacité de ce mouvement à se mobiliser et ce, dans l'ensemble des centrales et organisations syndicales. Par exemple, plusieurs syndicats du SCFP (FTQ) obtiennent des mandats de grève, avant même que la CSN n'ait lancé le mot d'ordre de grève sociale d'une journée. Dans les autres organisations, on peut observer cette même ferveur.

Une répétition générale est annoncée pour le 11 décembre 2004. Ceux et celles qui participent à cette mobilisation croient qu'elle pourra donner lieu à un mouvement d'envergure et qu'il est possible de passer d'une mobilisation syndicale à une lutte politique centrale contre le gouvernement libéral. Beaucoup sont surpris de cette mobilisation initiée partout en région et dans les centres urbains. Les actions préconisées sont impressionnantes, comme le blocage de ports et de routes essentielles pour la circulation des marchandises.

Les militantes et les militants observent la volonté exprimée des membres à la base d'unifier cette lutte. Le mandat de grève sociale est d'ailleurs un mandat de grève intersyndicale. Jusqu'à l'automne 2004, tous les espoirs sont permis pour augmenter la cadence et se débarrasser du gouvernement libéral. D'autant plus que le 1er mai 2004 constitue le plus grand rassemblement de travailleurs et de travailleuses dans l'histoire québécoise (plus de 100 000 manifestants), une manifestation historique au Québec.

Que se passe-t-il à l'automne 2004? Qu'arrive-t-il pour que les directions syndicales abandonnent même l'idée d'une grève sociale d'une journée? Certes, le président de la FTQ refuse de participer au mouvement. Cependant, dans un mouvement de cette envergure, on ne peut pointer du doigt un seul responsable. On serait tenté de dire qu'Henri Massé abandonne la classe ouvrière en ne voulant pas se joindre au mouvement de grève. Mais cette volte-face n'est pas critiquée aussi sévèrement qu'on aurait pu le penser par les autres directions syndicales. Le mouvement syndical revient vite à son travail courant. Les directions syndicales passent d'une attitude de résistance ouverte contre le néolibéralisme à une logique de reproduction des appareils syndicaux. Fortes de la mobilisation politique de 2003 et 2004, les organisations syndicales sont en mesure de se redéfinir sur le nouvel échiquier. Le mouvement syndical se transforme donc à l'interne et cherche à tirer son épingle du jeu.

L'année 2005 est justement une période importante dans la reconfiguration des organisations syndicales et de leurs alliances. La donne change dans la mesure où il y a la création de nouvelles organisations comme l'Alliance des professionnels et des techniciens de la santé. Certaines organisations étendent leur mandat, comme la Fédération des infirmiers et infirmières du Québec qui devient la Fédération interprofessionnelle de la santé du Québec. Il faut dire cependant, à la décharge des organisations syndicales, que le gouvernement libéral transforme d'une manière radicale le cadre juridique dans lequel se déroule l'affiliation syndicale. L'application de la loi 30 en 2005 oblige les syndiqué-es du secteur de la santé à se choisir une affiliation selon l'une des quatre catégories de salarié-es à laquelle ils appartiennent. D'où la période de maraudage très intense dans le secteur de la santé à laquelle toutes les organisations participent, soit pour maintenir ou soit pour accroître leurs adhérants. La loi 30 sera finalement invalidée en novembre 2007 par la Cour supérieure. Cependant, elle a pour effet de créer une diversion en ce qui concerne la lutte contre les réformes rétrogrades du gouvernement. Au lieu de se battre contre ces réformes, le mouvement syndical subit de profondes divisions qui contribuent à changer le cours de la lutte.

En 2005, on cherche à colmater ces divisions pendant la négociation dans le secteur public, mais les résultats sont peu convaincants. En ayant recours à la grève légale et en choisissant d'offrir une prestation maximale des services essentiels, le Front commun FTQ-CSN opte pour une stratégie dont le but est de permettre la négociation tout en évitant la répression judiciaire. Toutefois, ces deux objectifs ne sont pas atteints puisque le gouvernement libéral impose un décret. Le déficit d'unité dans le mouvement syndical est sûrement un facteur dans cet échec. Peu importe les raisons invoquées pour expliquer cette division, il aurait été préférable que l'unité soit accomplie pour éviter cette répression qui est une véritable attaque contre le droit de négociation. La période qui succède au décret dans le secteur public avec l'adoption de la loi 43 est particulièrement désolante. On enlève des droits syndicaux, on permet la privatisation des services de santé et des services sociaux, on modifie des pans importants du code du travail, et on s'attaque au droit d'association et de négociation. Que peut faire le mouvement syndical? Chercher à s'inscrire dans la logique de reproduction devient hasardeux puisque le gouvernement québécois veut rompre l'ensemble des liens qui unissent le mouvement syndical à l'appareil étatique et juridique.

En 2007, la nouvelle stratégie est d'inscrire cette question au centre de l'actualité politique lors de la période électorale. Il faut donc guérir la maladie à la source et se débarrasser du gouvernement libéral une fois pour toutes. Mais les résultats de cette stratégie sont catastrophiques : le Parti Libéral est élu (minoritaire) et à sa droite, l'ADQ devient l'opposition officielle. On peut dire que le pouvoir néolibéral se renforce dans l'espace étatique québécois. La stratégie politique n'a manifestement pas fonctionné pour le mouvement syndical. C'est alors qu'on entre à nouveau dans une logique de reproduction des appareils, mais en faisant, en même temps, des concessions importantes sur le plan des droits sociaux.

En mars 2008, les directions syndicales concluent un « Pacte pour l'emploi » avec le gouvernement, ce qui aurait exigé un débat plus important que celui qui a eu lieu alors. Ce qui est défini comme un projet de société de la part des promoteurs de ce pacte est, dans les faits, un programme médiocre de formation, sous-payé, destiné aux sans-emploi québécois. Alors qu'on force la réintégration au travail des sans-emploi depuis l'adoption de la loi 37 en 1990, on cherche encore aujourd'hui à faire travailler les immigrants-es, les handicapé-es et les personnes âgées. En fait, l'objectif est d'accroître le taux d'activité pour surmonter la croissance négative de la population québécoise prévue pour 2030. Et, en ce qui concerne les personnes âgées (60-64 ans), on cherche à augmenter leur taux d'activité, qui est « seulement » de 37 % au Québec en 2007 (contre 57 % en Alberta). Le constat est tout de même surprenant : doit-on remettre les baby-boomers au travail ?

Tout en s'engageant en faveur de la formation professionnelle, le Pacte favorise une solution adaptée aux entreprises ayant des postes vacants à pourvoir, ainsi qu'à celles qui souhaitent améliorer leur productivité. Il n'y a qu'un pas à franchir pour qu'on puisse parler de consolidation d'une armée de réserve comme certains observateurs le soulignent. Et cette consolidation de l'armée de réserve se fait sur le dos des sans-emploi qui vont participer à ce programme pour un chèque augmenté de 180 $ dollars par mois. L'appui des trois centrales syndicales à ce Pacte n'est pas qu'un appui de principe, puisque les organisations régionales rattachées à ces centrales contribuent intensément à la réalisation des projets d'insertion. Malgré des critiques nombreuses de la part de groupes de défense des droits sociaux, ces organisations maintiennent le cap sans aucune remise en question.

Par ailleurs, cet appui au Pacte pour l'emploi peut être considéré comme une régression politique dans un contexte de crise financière majeure. Le Pacte favorise une plus grande productivité pour accroître la consommation dans le but affiché d'« améliorer d'une manière générale le niveau de vie des Québécoises et des Québécois ». Or, il existe une autre manière de se mesurer à la crise en s'appuyant sur une stratégie de régulation étatique protégeant les droits sociaux et syndicaux des travailleurs et des travailleuses. Certaines directions syndicales, à la CSN notamment, sont sur la bonne voie en revendiquant une étatisation des régimes de retraites pour protéger la société des contraintes de la crise. Les directions syndicales nationales et régionales devraient poursuivre sur cette voie et, en compagnie de l'ensemble des mouvements sociaux, dégager des perspectives progressistes.

Heureusement... un Front commun se dessine

Parlant d'avenir, le mouvement syndical dans sa quasi-totalité traverse présentement une étape importante de son histoire récente. L'annonce du Front commun en mai 2009 est une nouvelle réjouissante. Cependant, si l'unité est nécessaire, elle ne sera pas suffisante pour obtenir gain de cause dans cette lutte majeure qui se profile dans un horizon proche. Le gouvernement québécois a annoncé très clairement ses couleurs avec son dernier budget. Il prévoit un déficit, donc les syndiqué-es n'auront pas d'argent. Que va-t-il se passer? Une véritable lutte ouverte contre l'État? La question est lancée.

Cependant, la réponse ne dépend pas uniquement des directions syndicales. Elle dépend aussi de la lutte que la gauche mènera contre le gouvernement libéral. La gauche doit cesser d'observer les organisations syndicales comme des entités extérieures aux mouvements sociaux et elle doit cesser d'épier leurs moindres gestes pour vérifier ses hypothèses sur son institutionnalisation, sa bureaucratisation et sur ses liens avec le capital qui ne sont, en bonne partie, que des idées reçues. Bien sûr, le mouvement syndical est un appareil institutionnel bureaucratisé et qui a la capacité de tisser des liens serrés avec le capital. Toutefois, c'est aussi un mouvement composé de centaines de milliers de travailleurs et de travailleuses honnêtes qui ont réussi à améliorer leurs conditions de vie et de travail et qui ne veulent pas régresser sur ce plan à l'avenir.

Tout en souhaitant que le mouvement syndical mène une lutte ouverte contre l'autoritarisme du gouvernement libéral, la gauche québécoise devrait travailler à susciter un renouveau syndical dans la société. La gauche devrait appuyer toutes les démarches qui visent à la reconnaissance des droits syndicaux au Québec. L'analyse critique des stratégies syndicales ne peut faire l'économie d'un travail actif en faveur de la reconnaissance de ces droits syndicaux, dont un des plus importants est le droit de négocier, droit de plus en plus malmené par le gouvernement libéral.

Réflexions sur le mouvement syndical et la crise

Sébastien Bouchard

L A CRISE FINANCIÈRE ET ÉCONOMIQUE ACTUELLE a sans contredit des répercussions sur les travailleuses et travailleurs du Québec et sur les organisations qui les représentent. Les pertes d'emplois et le renouveau des déficits publics posent un défi particulier. Comment le mouvement syndical peut-il répondre aux aléas de cette crise? Le mouvement syndical peut-il contrer par son action les impacts des politiques néolibérales et de la financiarisation de l'économie? Après une description commentée de l'évolution du mouvement syndical durant les dernières années, nous nous pencherons sur sa dynamique actuelle et ses perspectives d'action. Nous terminerons par une analyse de certaines faiblesses structurelles qui le limitent dans sa capacité de réaction à la crise.

Retour sur le syndicalisme de concertation du Québec néolibéral

Comme on le sait, le capitalisme est passé d'une phase keynésienne à une phase néolibérale durant les années 1970. Au Québec, sur le front du travail, un tournant a lieu lors de la négociation de la convention collective des employés-es de l'État par le Parti québécois (PQ) en 1983, à la suite de la dure crise économique de 1982. Le résultat désastreux brise durablement l'élan du mouvement syndical et met en place de façon systématique les politiques néolibérales au Québec. C'est suite à cette négociation qu'est né le Fonds de solidarité de la FTQ dont l'objectif, pour Rodrigue Biron du PQ, est de réviser les stratégies syndicales pour favoriser une participation à la gestion des entreprises. Privatisations, déréglementation et appui au libre-échange se poursuivent jusqu'aux années 1990, autant sous les gouvernements libéraux que péquistes.

Un autre moment-clé se déroule lors des deux sommets socio-économiques organisés par le PQ en 1996 pour discuter du déficit budgétaire[1]. Lors du premier sommet, Henri Massé, qui représente à la fois la FTQ et son Fonds de solidarité, double le PQ par la droite et propose l'atteinte du déficit zéro en deux ans. Les autres centrales appuient l'atteinte du déficit zéro en trois ans et obtiennent la création de trois chantiers sur la fiscalité, l'emploi et l'économie sociale. L'économie sociale, tant chérie par le président de la CSN, Gérald Larose, prendra entre autres la forme d'une privatisation communautaire des services publics de santé. Le chantier sur la fiscalité ne permettra pas la réforme progressiste souhaitée.

Dès l'an 2000, donc avant l'échéance, le budget des dépenses sociales du Québec était amputé de près de quatre milliards de dollars. L'application du déficit zéro a eu des conséquences dramatiques sur l'accessibilité et la qualité des services et sur les conditions de travail au Québec. Dans le secteur de la santé, les coupures ont pris la forme d'une mise à la retraite de 16 500 personnes et d'une crise interminable, manifestée par les listes d'attente dans les hôpitaux. Mis en place dans ce contexte, le virage ambulatoire et la désinstitutionalisation n'ont pas été accompagnés des services publics de maintien à domicile nécessaires à leur réussite. En éducation, où les mises à la retraite ont touché 11 700 personnes, les décisions du gouvernement ont provoqué une augmentation des ratios d'élèves par classe et l'accélération de l'intégration sans ressources des élèves en difficulté dans les classes régulières. Ce sont particulièrement les travailleuses du secteur public et les « aidantes naturelles » qui ont écopé du surplus de tâches occasionné par ces décisions. Les distorsions provoquées par ces coupures massives sont encore aujourd'hui au cœur des préoccupations pour l'amélioration de la qualité et de l'accessibilité des services publics. Les membres de la CSQ et de la CSN rejetteront finalement l'appui de leur direction à cette logique du déficit zéro. Suite à l'atteinte de cet objectif, une consultation a

---

1. À la suite des crises de 1982 et de 1990-91 et aux coupures dans les paiements de transfert de la Réforme Axworthy, les déficits provinciaux prennent de l'importance. Les baisses d'impôts des entreprises et des plus riches, ainsi que la hausse des taux d'intérêt réels expliquent une grande partie de l'augmentation des dettes publiques provinciales et fédérales jusqu'en 1997.

lieu sur les baisses d'impôts et le PQ annonce lors du budget 2000-2001 des baisses d'impôts sur trois ans de l'ordre de 4,5 milliards, dont deux milliards récurrents.

Notons toutefois la victoire syndicale que représente la loi sur l'équité salariale, qui permettra une hausse de salaires pour certains corps d'emploi majoritairement féminins, dans un contexte de stagnation généralisée du salaire réel. Le développement du système de garderies à cinq dollars sous le PQ et l'amélioration des congés parentaux sous les libéraux sont à ajouter au rang des acquis du mouvement syndical.

Tout au long de cette période, le mouvement syndical participe aux initiatives d'autres mouvements sociaux. Une nouvelle période de mobilisation débute avec la Marche du pain et des roses de la Fédération des femmes du Québec (1995). Puis on assiste à une intensification avec la Marche mondiale des femmes (2000) et le Sommet des Amériques (2001), qui permettent la convergence des luttes et l'épanouissement du courant altermondialiste. Le mouvement pour la paix, avec les mobilisations contre la guerre en Irak (2003), atteindra un sommet inégalé jusqu'alors. La grève générale étudiante clôt cette période de mobilisations massives en forçant l'annulation des coupes dans les prêts et les bourses (2005). Ajoutons que le mouvement écologiste force un début de réorientation de la politique énergétique québécoise, avec l'abolition du projet de centrale thermique du Suroit et le développement de l'éolien.

Du côté politique, on assiste enfin à la naissance d'un parti de gauche au Québec après 10 ans de gestation et deux fusions[1]. Malgré l'implication de syndicalistes de tous les horizons, seuls le Conseil central de Montréal et la FNEEQ-CSN offriront un appui concret à titre d'organisations. Pour sa part, la FTQ offrira à plusieurs reprises un appui direct au PQ, alors que la CSN et la CSQ, tout en disant « préserver leur indépendance », font objectivement le jeu du PQ. L'élection de Boisclair puis le couronnement de Marois consolideront les positions néolibérales de ce parti, qui continuera de

---

1. Issue d'une première fusion en 2002, l'Union des forces progressistes (UFP) unit principalement des syndicalistes, des étudiant-es et des militant-es de la gauche radicale. Option citoyenne est principalement composée de militant-es communautaires et féministes.

canaliser une partie des progressistes avec son discours nationaliste[1]. L'absence d'un parti politique de gauche puissant limite la force du mouvement ouvrier, qui reste incapable de proposer une alternative au gouvernement en place.

La mobilisation syndicale est relancée avec la prise de pouvoir du gouvernement Charest, qui remet en question le modèle de concertation en place. Elle prendra une forme massive et combative (blocage de ponts, de routes, de ports) en décembre 2003 contre les lois 7, 8, 30, 31, 32 et 142 qui visaient à restreindre les droits des travailleurs et travailleuses. Charest, alors au plus bas dans les sondages, impose par décret ses lois et laisse les centrales devant un choix important. Lors d'une rencontre qui a lieu en janvier 2004, la CSQ détient déjà un mandat de grève sociale applicable en intersyndicale. La FTQ refuse cette option, malgré le fait que 125 syndicats locaux lui aient envoyé des demandes de grève générale avant les fêtes. En fait, la direction de la FTQ travaille âprement à refroidir l'ardeur de ses troupes, réchauffées par la lutte du mois précédent, en proposant comme perspective de « s'en souvenir aux prochaines élections ». La CSN, consciente du refus de la FTQ, se lance dans une consultation pour une grève sociale et finalement décide de ne pas appliquer ce mandat, car la FTQ n'est pas présente. La plus grande manifestation du 1er mai de l'histoire du Québec (100 000 personnes en 2004) marquera la fin plus que la poursuite de ce mouvement.

La suite a lieu dans le cadre de la négociation des employé-es de l'État. La CSQ, le SFPQ et le SPGQ se lancent les premiers dans la mobilisation. La CSQ réunira à elle seule 40 000 personnes en mai 2005. La CSN et la FTQ priorisent plutôt la lutte intersyndicale en fonction de la loi 30, qui impose la fusion des accréditations syndicales dans la santé. Le tout se termine par un énorme gaspillage de temps, d'argent et d'énergie au bénéfice du gouvernement Charest. La loi 142 met fin à la négociation en interdisant toute action syndicale jusqu'en 2010. Concrètement, les maigres augmentations de salaires ont abouti *de facto* à une diminution du pouvoir d'achat des syndiqué-es du secteur public et à l'aggravation des écarts de plus de 10 % avec les moyennes et grandes entreprises du secteur

---

1. Pour un résumé plus complet, voir *Histoire et recomposition de la gauche politique au Québec*, < www.lagauche.com >

privé. Durant toute cette période, malgré la création d'un « Réseau de vigilance », aucune réelle coordination ne sera établie avec les mouvements sociaux.

L'élection de décembre 2008 donnera à Jean Charest un gouvernement majoritaire après une période de trois ans pendant laquelle il dirigeait un gouvernement minoritaire. L'Action démocratique du Québec (ADQ), ayant profité en mars 2007 d'une conjoncture donnant emprise à son discours xénophobe, revient à son rôle de troisième parti. On doit noter l'élection du premier député de Québec solidaire, ce qui sort ce parti de la marginalité.

Depuis, l'actualité porte sur les déboires de la FTQ-construction et du Fonds de solidarité. Comme l'indique l'ex-président du Syndicat des postiers, André Frappier, en parlant de la concertation :

> Elle a [...] pour conséquence l'intégration de la couche dirigeante syndicale qui y adhère au cercle de dirigeants gouvernementaux, politiciens et entrepreneurs financiers et à leur mode de gestion qui n'a rien à voir avec le nôtre. Lorsqu'en plus les centrales syndicales se dotent d'une institution financière d'investissement que sont devenus les fonds de travailleurs, ils risquent fort, comme dans le cas présent, de devenir victimes des jeux de lobby politiques et de conflits d'intérêts[1].

Il nous reste maintenant à tirer le bilan de ces expériences. Nous en retiendrons principalement les effets néfastes de la désunion du mouvement, de la concertation avec l'État et le patronat, ainsi que le retard pris dans la construction d'une alternative politique.

Un front commun contre la crise ?

La crise économique actuelle, avec ses mises à pied et ses déficits publics, pose un défi de taille au mouvement syndical. En même temps, elle ouvre la porte à une délégitimation des politiques néolibérales et du capitalisme, qui en sont la cause. Les centrales devront donc trouver un équilibre entre une défense à court terme des salarié-es et la participation à un mouvement offrant une critique

---

1. André Frappier, *Le mouvement syndical sur la défensive. Les conséquences de la concertation*, Presse-toi à gauche, 7 avril 2009, < http://www.pressegauche. org/spip.php?article 3558 >

plus profonde des fondements et des alternatives à la crise. Explorons d'abord la dynamique actuelle et les possibilités du mouvement syndical pour ensuite réfléchir sur certaines contradictions limitant sa capacité d'action.

Les divisions historiques qui caractérisent le mouvement syndical québécois semblent vouloir s'amoindrir, ce qui est un signe très encourageant. En effet, d'un côté on assiste à une consolidation du Secrétariat intersyndical des services publics (SISP), qui rassemble maintenant la CSQ, le SFPQ, le SPGQ, la FIQ et l'APTS. De l'autre, un front commun entre la FTQ, la CSN et le SISP a été conclu le 11 mai en vue des prochaines négociations du secteur public, ce qui signifierait le plus vaste front commun depuis les années 1970. Celui-ci a été conclu sur la base d'une analyse et de revendications communes et d'un protocole de non-maraudage.

La question est de savoir quelle sera la perspective qui sera développée lors de la prochaine négociation du secteur public. Se limitera-t-on à tenter de sauver les meubles dans une conjoncture jugée difficile ou proposera-t-on une attitude offensive avec une ouverture sur la remise en question des causes de la crise?

Déjà, les centrales ont suggéré qu'un réinvestissement public en contexte de crise est anti-cyclique et pourrait limiter la récession. On présente aussi les services publics comme un rempart contre la crise. Mais jusqu'à quel point les effets positifs individuels et sociaux de l'accessibilité et de la qualité des services publics seront-ils au centre du discours et de la pratique entourant cette négociation[1]?

Surtout, la conjonction entre cette négociation et la crise permettra-t-elle une critique des politiques et des acteurs ayant généré cette dernière? Les conséquences d'un système à deux vitesses (public et privé) dans un contexte de crise seront-elles mises de l'avant[2]? Ouvrira-

---

1. Quel sera l'équilibre suggéré entre les revendications salariales (et autres avantages sociaux) par rapport aux demandes d'augmentation et d'amélioration des services, avec la création d'emploi que cela suppose? Cette question se pose pleinement lorsque l'on sait que la présidente du conseil du Trésor, Mme Monique Gagnon-Tremblay, répond aux demandes salariales en indiquant que «tout va dépendre de ce qu'on peut faire. Si nous sommes en mesure de faire des gains de productivité, bien, peut-être qu'on pourra dégager des sommes». Éric Desrosiers, *Le Devoir*, 12 mai 2009.
2. Les liens entre les privatisations et les coûts qu'elles impliquent pourraient

t-on la porte à des revendications pour une fiscalité progressiste provinciale et, par extension, sur la fiscalité fédérale (incluant les paiements de transferts) et internationale? Y aura-t-il une volonté politique de donner un caractère social à cette négociation, avec les alliances et les actions que cette orientation implique? Enfin, on peut se demander si l'analyse de la situation qui sera présentée aux salarié-es dira bien l'ampleur de la mobilisation nécessaire pour faire face à la fois à un gouvernement majoritaire libéral qui impose ses décrets et à l'impact de la crise sur les finances publiques.

Une proposition de programme d'urgence

La mise en place d'une riposte face à la crise suppose non seulement un front commun syndical, mais un élargissement de la lutte et une alliance avec l'ensemble des mouvements sociaux. Des lieux favorisant leur convergence, tel le Réseau de vigilance ou l'organisation du Forum social québécois, pourraient prendre un réel leadership dans l'élaboration d'actions communes des mouvements sociaux autour d'une campagne sur la crise. Québec solidaire, qui rassemble plus de 5 000 militant-es, pour la plupart impliqué-es dans ces mouvements, pourrait aussi mettre l'épaule à la roue.

Tout en admettant que la gauche et les mouvements sociaux ne peuvent résoudre la crise actuelle, il est possible d'en profiter pour réorienter notre économie au profit de la majorité. Évoquons rapidement quelle forme pourrait prendre la constitution d'un programme d'urgence élaboré collectivement :

- Le réinvestissement public massif dans les services publics et les programmes sociaux (santé, éducation, logement, lutte à la pauvreté, environnement, culture).
- La mise en place d'une politique industrielle de développement écosocialiste fondée notamment sur un investissement public massif dans les énergies renouvelables, le transport en commun ainsi qu'un développement de l'écoforesterie et de l'agriculture biologique, locale et du terroir.

---

aussi être montrés à partir d'une série de dossiers tels le financement public des écoles privées, l'explosion des coûts des médicaments en passant par les dépassements de coût des PPP.

- Plusieurs autres questions, telles que le désarmement de la finance, la démocratisation de l'économie et de l'État ainsi que la baisse du temps de travail pour lutter contre le chômage, pourraient être discutées.

Peu importe le groupe qui lancera une initiative dans ce sens, la présence du mouvement syndical sera déterminante pour assurer l'ampleur du mouvement et la possibilité d'un changement structurel. Cependant, la nature actuelle du mouvement syndical québécois peut s'avérer un frein à une réaction appropriée à la crise.

Du partenariat au combat : la financiarisation des syndicats

Réfléchir sur la réaction des syndicats québécois à la crise économique implique non seulement de se pencher sur la conjoncture actuelle, mais aussi d'analyser certaines forces et faiblesses plus structurelles du mouvement. Au fil des ans, le Québec est passé d'un syndicalisme de combat à une forme nouvelle de pratique syndicale axée sur le partenariat avec l'État et le patronat[1], ce qui n'est pas sans conséquences sur les réactions possibles face à la crise. Dans le même sens, les travailleurs et travailleuses se sont retrouvés de plus en plus dépendant-es des marchés financiers, ce qui entrave la capacité de réaction des syndicats.

Le nouveau type de syndicalisme né de l'écrasement du mouvement social par le PQ en 1983 est caractérisé par une volonté de partenariat avec l'État et le patronat dans le cadre d'une gestion néolibérale des politiques publiques. Le partenariat prend entre autres la forme de l'appui au déficit zéro, aux baisses d'impôts (FTQ) et à la participation à toute une série d'instances de concertation nationales et régionales.

Dans l'actualité récente, la réaction syndicale au dernier budget Charest est à questionner. Sans mesures en lien avec l'ampleur de la crise, ce budget ne proposait pas de réinvestissement important de nouvel argent dans les services publics ou dans le développement d'une économie verte. Le président de la FTQ est intervenu principalement en tant que président du CA du Fonds de solidarité, en

1. Voir notamment Jean-Marc Piotte, *Du combat au partenariat*, Québec, Nota bene, 2000.

soulignant la qualité de ce budget. Il précisait même que « l'heure est à la solidarité financière », avec un investissement de 535 millions du Fonds mentionné dans le budget. La CSN, pour sa part, qui profite nommément de nouveaux avantages fiscaux pour son Fond'Action, sera tout de même plus critique.

Sur un plan plus général et structurel, une réflexion devrait être menée sur la forme que prennent aujourd'hui les organisations syndicales. Le phénomène d'institutionnalisation ou de bureaucratisation que l'on peut constater a nécessairement des effets sur leur capacité de réaction. Sans tenter de faire le tour de la question, notons ici quatre aspects qui nous semblent particulièrement pertinents : la concertation, le maraudage, la démocratie et la financiarisation.

La concertation entre les syndicats, l'État et le patronat est maintenant un des aspects incontournables du modèle québécois. Par contre, contrairement au cas scandinave, ce n'est pas la force de la lutte syndicale qui a imposé une participation des salariés-es aux décisions des entreprises et de l'État. La concertation s'est mise en place au Québec avec la croissance du néolibéralisme et a été un instrument de sa gestion. Les sommets socio-économiques et le déficit zéro en sont des exemples. La participation des syndicats à la gestion de la Caisse de dépôt et placement ne les met pas à l'abri de contradictions additionnelles.

Des élu-es et des employé-es des organisations syndicales en viennent à défendre la croissance de l'organisation avant l'intérêt des membres. La logique de maraudage et les énormes ressources qui y sont investies en constituent la représentation ultime. On peut se demander quels avantages concrets les travailleurs et travailleuses obtiennent de ce type de pratique. Loin de politiser les salarié-es, le maraudage peut prendre la forme d'une lutte de vendeurs d'assurance ou d'autres formes encore moins gracieuses. Dans le cas de la loi 30 décrétée par le gouvernement Charest, il semble évident que la guerre de maraudage qui a eu lieu dans la santé aura servi en premier lieu le gouvernement lui-même.

Les syndicats font partie des rares organisations qui permettent à une grande partie de la population de s'exprimer, en dehors des élections, sur leurs conditions de vie et le type de société souhaité. Malgré leurs mécanismes de démocratie participative basée sur des assemblées générales et des élu-es redevables à ces assemblées, certains phénomènes limitent cette démocratie. La distance entre les instances nationales et locales, le grand nombre d'élu-es par acclamation qui ont quitté depuis longtemps l'emploi leur donnant droit de se présenter à des postes électifs, la croissance du nombre de technocrates (spécialistes) embauchés comme conseillers syndicaux sans que soit prise en compte leur vision du syndicalisme (ou l'absence de cette vision), la montée des stratégies de communication médiatique et la baisse de l'éducation politique, voilà quelques-uns des phénomènes qui peuvent être questionnés. Plus globalement, on peut interroger une conception de la mobilisation dans laquelle on cherche à limiter les initiatives des membres pour s'assurer de bien « garder le message » ou de ne pas être débordés par les actions menées, quitte à démobiliser les militant-es.

La financiarisation des syndicats, de plus, est particulièrement inquiétante si l'on souhaite une riposte à la crise actuelle. La croissance du Fonds de solidarité de la FTQ et, de plus en plus, celle du Fond'Action de la CSN sont particulièrement préoccupantes. L'objectif principal de ces fonds est de faire fructifier l'épargne des déposant-es, c'est-à-dire de faire pression pour augmenter la rentabilité des entreprises, ce qui peut vouloir dire diminuer les coûts de la main-d'œuvre. D'ailleurs, le pouvoir des fonds de placement et l'augmentation du taux moyen de profit qu'ils ont favorisée constituent un facteur majeur qui explique la mise en place des politiques néolibérales et la stagnation des salaires et des conditions de vie. Le deuxième objectif des fonds est de favoriser le développement économique du Québec. Pourtant, une grande partie des fonds est investie à l'extérieur, pour « diversifier et protéger le fonds » dans des produits tels les *subprimes* états-uniens! À l'intérieur des syndicats, des militant-es sont transformé-es en vendeurs de placements et des formations économiques sont offertes selon une vision qui ne remet pas en question le rôle régressif de la finance dans l'économie.

La dépendance des travailleurs et des travailleuses

Les contradictions entre le travail et le capital ne traversent pas seulement les organisations syndicales ; les salarié-es les vivent directement. Avec les retraites par capitalisation, la relation de dépendance aux rendements financiers pousse les travailleurs et les travailleuses à réclamer de meilleurs rendements. Cette relation est aussi présente non seulement dans les Fonds syndicaux, mais aussi à la Caisse de dépôt et placement, qui gère les retraites des employé-es de l'État, et plus largement dans les autres fonds de retraite collectifs et fonds de placement, souvent alimentés par l'évitement fiscal régressif que constituent les REER.

Plus globalement, une mentalité de consommateurs et de contribuables s'est enracinée chez les salarié-es, pour ne pas dire, une vision de rentiers[1], limitant ainsi une conscience de classe déjà faible.

La culture consumériste et l'accès au crédit en ont rendu plusieurs dépendants des banques et favorables à tout ce qui peut abaisser les prix, incluant la baisse des salaires. L'endettement limitera pour certains leur capacité de faire la grève ; inquiétés par l'échéance des paiements à court terme, ils perdent de vue l'horizon de l'amélioration des conditions de vie à long terme.

Le discours favorable à la baisse des impôts s'est aussi enraciné chez plusieurs travailleurs et travailleuses qui y voient un moyen d'augmenter leur revenu, alors que les salaires stagnent et que les services publics sont fortement critiqués.

Ajoutons qu'une majorité de salarié-es possèdent leur habitation, et ont parfois des locataires, habitent la banlieue et sont fortement dépendants de leur automobile, ce qui renforce une vision individualiste de propriétaire et un modèle urbain défavorable à l'environnement et à la solidarité sociale.

Alors que l'unité pour l'augmentation des salaires et l'amélioration des services publics devrait rassembler la grande majorité de la population, un secteur important de cette population en vient à réclamer toujours plus de baisses d'impôts et de rendements financiers, parfois simplement pour répondre à des besoins créés par la publicité. Cette vision est soutenue par un discours individualiste et néolibéral véhiculé par les médias de façon soutenue et agressive.

---

1. Déjà au début du XXe siècle, Boukharine présentait les fondements du néolibéralisme, la doctrine néo-classique dite marginaliste, comme représentant les intérêts des rentiers en mettant de l'avant le point de vue des consommateurs dans un monde irréel et a-historique fondé sur la régulation de la société par le marché.

Cette tendance est toutefois en partie contrebalancée par le travail d'éducation politique et les luttes des mouvements sociaux et de la gauche politique, ainsi que par certains médias alternatifs et centres de recherche progressistes.

Quelle orientation pour le mouvement?

La crise actuelle ouvre la porte à deux orientations pour le mouvement syndical. D'un côté, on peut vouloir souhaiter limiter ses exigences et tenter de diminuer les conséquences de la crise. De l'autre, on peut souhaiter remettre en question des politiques néolibérales qui sont enfin délégitimées. Dans un grand nombre de pays, incluant les États-Unis, le débat est ouvert sur le type de politique à mettre en place.

Malgré certaines faiblesses structurelles, le mouvement syndical a démontré sa capacité à organiser des mobilisations massives et combatives (comme en décembre 2003). De plus, la division du mouvement est maintenant surmontée en partie par la création d'un front commun. Ajoutons qu'au plan politique, la venue de Québec solidaire permettra enfin de porter la voix des travailleurs et des travailleuses à l'Assemblée nationale.

Sans rêver à une victoire totale, une stratégie visant à profiter de la crise pour remettre en question le néolibéralisme permettrait de soulever les vrais débats et de définir clairement le rôle des syndicats en tant que défenseurs de l'ensemble des salarié-es, tout en offrant une perspective aux luttes concrètes, telle la prochaine négociation du secteur public. Le cas de la France, où les syndicats se mobilisent sur le thème « ils ne nous feront pas payer leur crise », semble particulièrement inspirant. Seule une mobilisation massive des mouvements sociaux, et en premier lieu du mouvement syndical, permettra de s'opposer aux fuites de capitaux et autres actions de la bourgeoisie financière et industrielle, unie dans sa volonté de faire passer les profits avant les salaires, les privatisations avant les services publics. Reste maintenant à ouvrir le débat sur cette perspective.

La bataille de York

Xavier Lafrance

L E 29 JANVIER 2009, quatre-vingt-cinq jours après son déclenchement, prenait fin la plus longue grève en milieu universitaire de l'histoire du Canada, à l'extérieur du Québec. Cette grève fut menée par les quelque 3 400 chargés de cours et auxiliaires d'enseignement et de recherche[1] de l'Université York de Toronto, regroupés au sein de la section 3903 du Syndicat canadien de la fonction publique (SCFP).

Ce syndicat, historiquement un des plus combatifs du secteur universitaire canadien, a réussi, au prix de plusieurs luttes – dont une grève victorieuse en 2000-2001 – à arracher l'une des meilleures conventions collectives au pays pour ce secteur d'emploi. Cependant, malgré cette combativité et ces victoires passées, la grève de 2008-2009 du SCFP 3903 s'est conclue par une cuisante défaite, alors qu'une loi de retour au travail, votée par l'assemblée législative ontarienne, a brutalement mis fin au conflit.

Le présent texte tente de résumer les faits saillants de la grève, d'analyser les erreurs tactiques et stratégiques commises par le syndicat et, finalement, de présenter quelques propositions pouvant être formulées à la lumière de cette défaite. Un tel travail d'analyse s'impose puisque la lutte menée par ce syndicat ne fut pas simplement conjoncturelle. Elle s'inscrit dans un mouvement d'opposition qu'il est impératif de développer et d'élargir face à la précarisation accélérée du travail d'enseignement et de recherche en milieu universitaire, étroitement liée à la présente phase néolibérale du capitalisme.

---

1. L'utilisation du masculin dans cet article ne vise qu'à alléger le texte.

L'université néolibérale et la précarisation du travail

La période néolibérale, ouverte il y a quelque trois décennies, s'accompagne d'une universalisation et d'un approfondissement encore plus poussés du capitalisme et de sa logique marchande. Cet enracinement toujours plus profond de la logique du capital a amené les directions universitaires – ainsi que plusieurs autres institutions du secteur public – à adopter un mode capitaliste de gestion des institutions qu'elles dirigent.

Ce mode administratif implique une « rationalisation » des programmes d'enseignement (priorisant surtout les départements liés aux secteurs scientifiques, à la médecine et à l'ingénierie). Il implique aussi une privatisation toujours plus poussée de la recherche et de nombreux espaces physiques sur les campus ; le développement de campagnes de marketing agressives visant à attirer des « clients » et à hausser la « part de marché » par une université en compétition face à d'autres ; une augmentation des postes et des ressources consacrés à l'administration et une réduction systématique des coûts de main-d'œuvre liés à l'enseignement[1].

Il fut d'abord imposé en grande partie par le sous-financement et, ultérieurement, par le financement conditionnel des universités par l'État. Cependant, il a maintenant largement été institutionnalisé et incorporé par les directions universitaires. Cette logique marchande est aussi abondamment assimilée par les étudiants – particulièrement au Canada anglais – qui perçoivent de plus en plus l'éducation reçue comme un investissement personnel et considèrent conséquemment normal de payer un fort prix pour y avoir accès.

Cette situation permet une hausse régulière des frais de scolarité – accompagnée du désengagement presque aussi régulier de l'État – qui devient un moyen privilégié par les directions universitaires afin de pallier au sous-financement auquel elles font face. Il s'en suit que les universités se font compétition afin d'attirer un nombre croissant d'étudiants, espérant ainsi renflouer leurs coffres. Cependant, alors

---

1. De 1997 à 2004, la masse salariale des universités québécoises allant au personnel administratif a connu une hausse de 83,2 % alors que celle allant au corps professoral n'a augmenté que de 34,6 %, au même rythme que le taux d'inflation. Fédération québécoise des professeures et professeurs d'université (FQPPU), *Financement des universités, investir dans le corps professoral*, 2008, < http://fqppu.org/themes/financement-universites.html >

que le nombre d'étudiants augmente, les universités, voulant réduire leurs coûts de main-d'œuvre, offrent un enseignement de plus en plus dispensé par des chargés de cours. Elles haussent aussi systématiquement le nombre d'étudiants par classe, réduisant du même coup la qualité de l'enseignement. Les enseignants se retrouvent flanqués d'une armée d'auxiliaires d'enseignement prenant en charge le travail de correction ne pouvant plus être assumé par une seule personne.

Cette stratégie de réduction des coûts de main-d'œuvre a pour effet pervers d'augmenter le nombre de travailleurs précaires en milieu universitaire. En effet, les professeurs sont désormais remplacés par des chargés de cours et des auxiliaires d'enseignement ayant des salaires beaucoup plus faibles et n'ayant aucune garantie d'emploi, alors qu'ils doivent soumettre leur candidature pour la même charge, semestre après semestre, sans savoir si leur contrat sera renouvelé. Beaucoup d'entre eux doivent ainsi travailler dans plusieurs universités et souvent dans plus d'une ville, afin d'avoir un revenu décent. Cet éparpillement des chargés de cours a un impact négatif sur la qualité de l'enseignement en réduisant inévitablement la proximité entre l'enseignant et l'étudiant.

La baisse du nombre de professeurs titularisés – et la hausse du nombre d'enseignants à temps partiel qui l'accompagne – implique aussi une redéfinition importante du fonctionnement traditionnel des universités. Elle implique en effet une disjonction entre le travail de recherche et celui d'enseignement. De plus en plus, la recherche est prise en charge par des professeurs-vedettes, dirigeant un groupe d'étudiants gradués faisant office d'auxiliaires de recherche. L'enseignement est quant à lui relégué à des chargés de cours qui n'ont alors que peu de temps et d'énergie à consacrer à leur propre travail de recherche.

Les États-Unis sont à l'avant-garde de ce mouvement de précarisation. Seulement 30 % des enseignants y sont aujourd'hui des professeurs titularisés. Le membership de l'*American Association of University Professors* est passé de 90 000 en 1973 à 43 000 aujourd'hui, alors que le nombre d'étudiants a connu une hausse sans précédent au cours de la même période[1]. Comme l'explique

---

1. Lykke de la Cour, *The Casualization of Academic Labour at York University*, York Democratic Forum, < www.yorkudemocraticforum.org >

Joe Berry, « la précarisation de la force de travail universitaire représente un des rares exemples dans l'économie états-unienne où un secteur de travail entier est passé d'une situation où les travailleurs jouissaient d'un emploi à vie à un contexte de travail temporaire, souvent à temps partiel, tout cela en l'espace d'une seule génération de travailleurs[1] ».

Au Canada, et au Québec, si la situation n'est pas encore aussi catastrophique, elle est en voie de le devenir. Dans les universités québécoises, il n'est pas rare que près de 50 % de l'enseignement soit dispensé par des chargés de cours. Seulement dans la deuxième moitié des années 1990, le nombre de professeurs titularisés a chuté de 9 050 à 8 138[2]. Et la chute ne semble pas près de s'arrêter, malgré d'importants gains obtenus par le Syndicat des professeurs de l'UQÀM, lors de sa récente grève.

À l'Université York, plus de 55 % de l'enseignement est assuré par des chargés de cours, ce qui en fait la pire université publique en Ontario en terme de précarisation des emplois d'enseignement et de recherche. Le nombre de chargés de cours et d'auxiliaires d'enseignement y a connu une hausse accélérée depuis le début des années 2000. C'est pour mettre fin à cette dégradation de leurs conditions de travail que les membres du SCFP 3903 ont débrayé à l'automne 2008.

La grève

En vue de la renégociation de leur convention collective, arrivée à échéance en 2008, les membres du SCFP 3903 ont adopté une plateforme de revendications très ambitieuse et élaborée. Beaucoup de celles-ci ont dû être abandonnées ou réduites en cours de route. Néanmoins, un noyau de quatre revendications principales peut être identifié :

1° La création d'un contrat d'une durée de cinq ans pour les chargés de cours ayant enseigné durant plusieurs années, ainsi qu'un nombre de conversions de chargés de cours en professeurs

---

1. Joe Berry, *Reclaiming the Ivory Tower: Organizing Adjuncts to Change Higher Education*, New York, Monthly Review Press, 2005, p. 4-5.
2. FQPPU, *Le phénomène de la précarité et la question des chargés de cours à l'université*, 1998, < http://fqppu.org >

titularisés, égal à celui inclus dans la convention collective arrivant à échéance.

2° Une augmentation du revenu minimum des auxiliaires d'enseignement leur permettant d'atteindre le seuil de la pauvreté.

3° L'indexation des fonds finançant les avantages sociaux rattachés à la convention collective, en fonction de l'augmentation du nombre de membres ayant eu lieu de 2001 à 2005[1].

4° Une convention collective d'une durée de deux ans permettant au syndicat de se joindre à une campagne de négociation coordonnée organisée par le SCFP en Ontario pour 2010 et réunissant la majorité des autres syndicats du secteur.

Les négociations débutèrent en juillet 2008. Pratiquement aucune avancée ne fut enregistrée de juillet à novembre. Dès le départ, la partie patronale exigea la mise en place d'un processus d'arbitration forcée (*binding arbitration*) et refusa systématiquement d'y aller de concessions substantielles. Ironiquement, elle avait elle-même catégoriquement refusé la mise en place d'un tel processus lors du conflit de travail de 2000-2001, arguant qu'une tierce partie ne connaissant pas les réalités de l'université ne pourrait être en mesure d'élaborer et d'imposer une bonne convention collective.

Face au refus obstiné de bouger de l'administration yorkienne, malgré d'importantes concessions de la part du syndicat, ce dernier déclencha la grève le 6 novembre. La grève fut appuyée par 71,7 % des 728 membres présents à l'assemblée générale devant se prononcer sur une « offre finale » de l'employeur et que l'exécutif et l'équipe de négociation syndicale recommandait de rejeter. En réponse, la direction de York annonça l'annulation de tous les cours sur ses deux campus et ce, jusqu'à nouvel ordre.

Tôt au début de la grève, un débat tactique éclata au sein du syndicat : il s'agissait de faire bouger une partie patronale qui semblait décider à attendre paisiblement que le syndicat y aille d'une longue série de concessions avant d'en faire elle-même une première.Le besoin en était d'autant plus criant que l'administration de York, bien qu'elle refusait de le faire à la table de négociation, était toute ouverte à la discussion face aux médias et réussissait, avec succès,

---

1. Le membership du SCFP 3903 a connu une augmentation supérieure à 50 % depuis la grève menée par le syndicat en 2000-2001.

à y dépeindre ses employés en grève comme des enfants gâtés et irraisonnables.

Une première assemblée générale décida de faire goûter sa propre médecine à la partie adverse en exigeant d'elle qu'elle y aille d'une première concession substantielle, sans quoi le syndicat refuserait de reprendre les négociations. Une part importante du membership syndical considéra cependant qu'il s'agissait là d'une mauvaise décision et lança une campagne de mobilisation interne afin de la renverser, ce qui fut fait lors de l'assemblée générale suivante. En fait, un nombre important de membres en vint à penser que les revendications de leur syndicat étaient trop élevées et impossibles à défendre dans le contexte.

Pour modifier cela, certains proposèrent de rompre avec le principe de « négociation par la base » (*bargaining from below*) développé par le SCFP 3903 aux cours des périodes de négociation précédentes. Cette rupture, espéraient-ils, donnerait toute la marge de manœuvre nécessaire à l'équipe de négociation syndicale pour une résolution rapide du conflit. Après de houleux débats, la proposition fut reconduite en assemblée générale et laissa plein pouvoir à l'équipe de négociation, qui était désormais libre de modifier et de réduire les revendications syndicales sans avoir à consulter les membres. Durant les semaines qui suivirent, la partie patronale refusa cependant toute action.

Enfin, au début décembre, l'immobilisme fut rompu, l'employeur et le syndicat s'entendirent sur la question de l'indexation des fonds liés aux avantages sociaux. Ce fut toutefois le seul geste sérieux de la partie patronale de toute la durée de la grève. L'équipe de négociation du syndicat tenta toutefois d'obtenir d'autres gains en y allant de nouvelles concessions. Elle réduisit notamment les demandes salariales de 7 % (au moment du déclenchement de la grève) à 4 % pour chacune des années couvertes par la convention collective.

Ces réductions des exigences de leurs représentants amplifièrent toutefois les divisions déjà existantes au sein des membres. Par exemple, lorsque l'équipe de négociation accepta l'offre de l'employeur sur le revenu minimum garanti des auxiliaires de recherche, beaucoup de membres sursautèrent. Ceci mena à une réaffirmation du principe de « négociation par la base » par l'assemblée générale.

Cette dernière adopta aussi une stratégie de diversification de ses modes d'action. Dès le début de la grève, près d'un millier de membres furent régulièrement actifs, principalement sur les huit lignes de piquetage, ralentissant ainsi l'accès automobile aux deux campus de l'université. Face à l'immobilisme de l'employeur, il fut toutefois décidé qu'il fallait développer de nouveaux types d'action afin de le presser d'avantage. Un *sleep in* dans le hall des bureaux de la direction fut ainsi mis en place, et dura plusieurs semaines. Plusieurs manifestations furent aussi organisées au centre-ville de Toronto.

Au début janvier, après plus de sept semaines de grève, York présenta une nouvelle « offre finale » comportant quelques améliorations liées aux contrats prolongés pour certains chargés de cours, exigés par le syndicat. Ces progrès furent toutefois jugés insignifiants, autant par le conseil exécutif que par l'équipe de négociation. L'offre fut rejetée à plus de 90 % par l'assemblée générale.

Le 9 janvier, la direction de l'Université demanda formellement au ministère du Travail ontarien d'organiser la tenue d'un vote de ratification forcé[1]. En fait, elle demandait aux membres du syndicat de se prononcer sur l'offre que leur assemblée générale venait de rejeter massivement quelques jours auparavant. Elle espérait toutefois que les membres qui n'avaient pas participé aux assemblées générales et n'avaient pas été actifs au cours d'une grève qui s'étirait en longueur, viendraient y mettre fin lors d'un vote organisé dans un hôtel portant, ironiquement, le nom de Novotel. Ses espoirs furent toutefois déçus : chacune des trois unités de négociation représentées par le SCFP 3903 rejeta l'offre de l'employeur. Pour l'ensemble du syndicat, le « non » l'emporta par une majorité de 63 %.

Par la suite, afin d'arriver à une entente le plus rapidement possible, l'équipe de négociation syndicale abaissa une nouvelle fois ses exigences, acceptant notamment l'offre salariale de l'employeur.

---

1. Le vote de ratification forcé est une mesure qui a été introduite en Ontario par le gouvernement conservateur de Mike Harris au cours des années 1990. Elle permet à l'employeur d'exiger de façon unilatérale la tenue d'un vote afin de consulter les membres du syndicat au sujet d'une offre. L'équipe de négociation syndicale n'a donc pas à recommander l'offre, ni n'a-t-elle à donner son aval à la consultation. Un employeur ne peut utiliser cette tactique qu'une seule fois lors d'un même conflit.

Mais rien n'y fit et l'administration de l'Université refusa de bouger. Le 29 janvier, Queen's Park vint à la rescousse de la direction universitaire en adoptant une loi spéciale de retour au travail. La police de Toronto y mit aussi son grain de sel en brutalisant plusieurs membres du syndicat et en arrêtant quatre lors d'une manifestation d'opposition à la loi spéciale. Les membres du syndicat furent forcés de rentrer au travail le 2 février. Après plusieurs autres semaines de négociations bidon, alors que le syndicat se trouvait désormais désarmé, une convention collective fut entérinée par ses membres au début avril. Cette convention comportait d'importants reculs à certains égards par rapport à celle négociée par le syndicat en 2006.

Les dés étaient donc pipés et il semblerait que la partie patronale le savait depuis le départ. Toutefois, la défaite n'est pas une fatalité. Afin d'éviter qu'une telle conclusion ne se répète dans le futur, il importe de faire une analyse critique des choix stratégiques adoptés par le syndicat.

Questions stratégiques

Lors de la ronde de négociations débutant en 2008, le leadership syndical adopta une stratégie offensive, espérant ainsi réaliser une avancée majeure et présenta, dès le départ, sa campagne comme une lutte politique contre la restructuration néolibérale de l'université et pour le droit à une éducation de qualité. Adoptant une plateforme de revendications très élaborée, le syndicat opta pour un slogan de campagne ne cachant pas ses intentions : *Be realistic, demand the impossible.*

Une telle stratégie comportait toutefois d'importantes lacunes. Elle força le syndicat, rapidement isolé et divisé à l'interne, à entrer dans un cercle vicieux où chaque concession en annonçait une autre. L'employeur eut, quant à lui, beau jeu d'exiger de ses interlocuteurs qu'ils abaissent leurs demandes à un niveau « raisonnable », dont la définition lui revenait de droit dans les médias, dans lesquels le SCFP 3903 s'était vu affubler de l'étiquette de syndicat irraisonnable dès le début du conflit. Cette association était d'autant plus facile à produire étant donné la crise économique faisant rage.

Tel qu'il devint rapidement évident, cette stratégie offensive promue par le syndicat ne jouissait pas d'un soutien inconditionnel auprès des membres[1]. En l'absence d'un fort consensus, doublé d'une détermination à défendre jusqu'au bout une plateforme de revendications très ambitieuse et des demandes monétaires considérables – comprenant par exemple, au début des négociations, des demandes de hausses salariales de plus de 15 % par année – cette stratégie fut bientôt compromise. Plus encore, tel que mentionné précédemment, elle contribua à créer d'importantes divisions au sein du membership ; divisions qui menèrent à l'abandon, pour un temps, des principes organisationnels sous-tendant la négociation par la base historiquement privilégiée par le syndicat. Ce qui eut pour effet d'isoler notre équipe de négociation des directives et de l'appui direct des membres pour les demandes présentées à la table de négociation.

Cela eut également pour effet de diminuer le rapport de force du SCFP 3903 face à la partie patronale. Par ailleurs, ce rapport de force fut, dès le départ, mal évalué par le syndicat. La décision fut prise de tenter une percée majeure dès cette année, plutôt que d'attendre la campagne de négociation coordonnée prévue pour 2010 par le SCFP à l'échelle de toute l'Ontario. Considérant les gains réalisés par le syndicat par le passé, cette décision, bien que questionnable, n'était pas en soi farfelue.

Toutefois, se lançant seul, il aurait pu consacrer plus de temps à construire des appuis politiques externes, notamment auprès des autres syndicats de son secteur. Construire des liens aussi solides que possible avec les étudiants aurait aussi dû être une priorité. En ce sens, l'appui formel à la grève, accordé par l'exécutif de l'Association des étudiants de baccalauréat de York, fut complètement insuffisant. Enfin, une escalade des moyens de pression, débouchant éventuellement sur une grève illimitée, aurait pu permettre de sensibiliser les étudiants, ainsi que la population torontoise et ontarienne, aux revendications du syndicat.

Les faiblesses de la stratégie déployée par le syndicat furent bien exploitées par la partie patronale. Dès le départ, celle-ci accepta le

---

1. Cela n'empêche pas le fait que la majorité des membres aient adhéré aux principes et à la perspective politique générale sous-tendant notre lutte. La grève eut pour effet de renforcer cette adhésion chez plusieurs membres. Il demeure qu'une stratégie à ce point offensive fut largement remise en question au sein du syndicat.

défi lancé par les travailleurs et annula les cours. Elle se refusa ensuite à négocier de façon sérieuse. En fait, comme les députés du NPD le firent remarquer en Chambre lors du débat précédant l'adoption de la loi de retour au travail, il n'y a pas de doute que l'administration de York a négocié de mauvaise foi. En effet, sur quatre-vingt-cinq jours de grève, elle n'accepta de s'asseoir à la table de négociation qu'en douze occasions. Clairement, elle savait pouvoir compter sur une intervention du gouvernement, le temps venu, et jouait la carte de l'essoufflement. De plus, elle s'est livrée à une abjecte campagne de désinformation et de salissage dans les médias.

La campagne d'essoufflement et de division des travailleurs a connu un certain succès. Usant d'une rhétorique appelant au serrage de ceinture en temps de crise, elle a certainement réussi à isoler le syndicat en attisant la hargne des étudiants de l'université ainsi que celle de la population. Cependant, elle ne vint pas à bout à elle seule de la détermination des membres du SCFP 3903 qui, après de longues semaines passées sur des lignes de piquetage enneigées, rejetèrent l'offre ridicule présentée par l'administration yorkienne lors du vote de ratification forcé. Le coup de grâce dut être donné par le gouvernement libéral de McGuinty qui fit preuve de grossière collusion avec l'administration de l'université.

Cette intervention du gouvernement fut en grande partie rendue possible par le manque d'appui des étudiants de baccalauréat de l'université pour les grévistes. En fait, ce fut un des éléments les plus déterminants dans cette lutte. Il permit au gouvernement d'arguer que sa loi visait d'abord et avant tout à permettre aux étudiants de reprendre les cours et de ne pas perdre leur année scolaire. Bien entendu, il ne lui est jamais venu à l'esprit d'exiger plutôt que la partie patronale négocie sérieusement (douze jours de négociation sur quatre-vingt-cinq de grève!) avec un syndicat qui avait systématiquement réduit ses demandes et qui, en bout de ligne, avait été réduit à ne plus rien demander qui puisse encore être dépeint comme irréaliste, nonobstant son slogan.

Pour conclure

L'intervention du gouvernement ontarien mettant fin à la grève a imposé une défaite majeure au SCFP 3903 et à l'ensemble des travailleurs du secteur. Elle représente en fait un déni flagrant du droit de grève qui aura un impact sur les luttes à venir dans l'ensemble du secteur universitaire, et au-delà.

Cependant, reconnaître ce fait et analyser les erreurs ayant pu avoir été commises au cours de la grève, n'implique pas que les revendications, mises de l'avant par le syndicat, aient été illégitimes. Elles étaient en fait légitimes et leur reconnaissance demeure nécessaire. Le problème fut que la nature du rapport de force existant entre le syndicat et l'employeur ne permettait pas une fin heureuse.

Le refus de la direction de l'Université – et de son allié de Queen's Park – de reconnaître ces revendications ne découle pas d'une quelconque fatalité économique. Il est plutôt lié à une décision politique. Même dans leur forme initiale, les revendications du syndicat auraient pu être reconnues par l'Université et par l'État. Après tout, année après année, York épargne des dizaines de millions de dollars sur le dos des chargés de cours et des auxiliaires d'enseignement et de recherche qu'elle exploite allègrement au lieu de renouveler son corps professoral de façon adéquate. Somme toute, aussi extravagantes qu'aient pu sembler ses revendications, le syndicat n'a fait qu'exiger de recevoir un petite part de ce qui devrait revenir de droit à ses membres – et qui revenait de droit à la majorité des enseignants en milieu universitaire il n'y a pas si longtemps.

Qui plus est, le syndicat a systématiquement réduit ses demandes au cours des négociations. Vers la fin de la grève, en janvier, la valeur de ses revendications exprimée en termes monétaires ne représentait qu'environ 0,45 % du budget annuel de York, qui s'élève à plus de 800 millions de dollars annuellement. Rien d'extravagant, si on se souvient que les membres du SCFP 3903 prennent en charge plus de 55 % de l'enseignement dispensé par l'Université[1].

Le problème, donc, n'était pas tant économique que politique. Pour la direction de York, il était politiquement inacceptable de permettre l'introduction dans une convention collective de principes assurant une plus grande sécurité d'emploi pour les chargés de cours. Une telle concession aurait ouvert une boîte de Pandore et aurait

---

1. Encore moins si on tient compte du fait que le recteur de l'Université a droit à un salaire de plus de 325 000 dollars par année, en plus de nombreux avantages tels qu'une résidence et un chauffeur fournis par l'Université.

représenté un important irritant dans le processus de restructuration néolibérale entrepris par les dirigeants de l'Université. Pour le gouvernement ontarien, il aurait été politiquement inacceptable de permettre à des travailleurs du secteur public d'obtenir une amélioration considérable de leurs conditions de travail en temps de crise. Cela aurait donné un bien mauvais exemple. Le problème, pour ces deux acteurs, était moins de revoir leur budget que de casser un des syndicats universitaires les plus combatifs au Canada.

S'il n'y avait pas de fatalité technique ou économique dans ce conflit, la défaite n'était donc pas inévitable pour les travailleurs. Des gains demeurent réalisables dans le futur. Pour cela, il importe que le syndicat ne se recroqueville pas sur lui-même en adoptant un syndicalisme de boutique où la conciliation rime avec pragmatisme et où la lutte est dépolitisée et le rôle du syndicat réduit à celui de partenaire « responsable » dans la gestion conjointe d'une convention collective.

Il importe plutôt de maintenir et de développer un syndicalisme combatif modelé sur les principes associés à ce que l'on nomme *social movement unionism* dans le monde anglo-saxon. Dans ce cadre, l'idée de pragmatisme est plutôt rattachée à l'évaluation posée et à la construction d'un rapport de force favorable face au patron.

Une telle entreprise implique l'approfondissement et la consolidation de la démocratie interne de l'appareil syndical. L'implication directe des membres dans l'élaboration des revendications et dans le processus de tractation avec l'employeur – par le biais d'assemblées générales – permet en effet d'amplifier le pouvoir de l'équipe de négociation en brisant son isolement. Ce travail de réflexion collective permet aussi l'évaluation constante du rapport de force ainsi que des mesures à prendre – autant à la table de négociation que sur les lignes de piquetage et dans la rue – afin de le faire évoluer à la faveur des travailleurs. Enfin, l'implication directe des membres dans la lutte peut permettre la mise en branle d'un processus d'apprentissage et d'auto-développement politique qui prépare les luttes à venir et qui implique un potentiel de radicalisation des travailleurs.

Le *social movement unionism* suppose aussi de bâtir des liens avec l'ensemble des travailleurs du secteur d'emploi. Cet élément est particulièrement important pour le SCFP 3903, qui doit s'affairer à forger des liens avec les syndicats de son secteur et avec le mouvement étudiant ontarien, afin de forcer le gouvernement provincial à réinvestir dans le réseau universitaire. Mais, au-delà de cette lutte sectorielle, le syndicat doit développer une solidarité et relier ses luttes avec celles de l'ensemble de la classe des travailleurs. Si, par le passé, certains ont pu, à tort, douter de l'appartenance des travailleurs universitaires à cette classe, cela n'est plus permis : les enseignants et les chercheurs universitaires sont tout autant victimes du processus de précarisation du travail que les autres travailleurs.

Enfin, il importe de développer une analyse critique du capitalisme et des impératifs liés à l'accumulation incessante du capital, qui créent cette précarisation systématique du travail. Cette analyse doit à son tour éclairer nos revendications et nos luttes.

Se maintenir et s'engager plus avant dans cette direction pour reconstruire ses forces, tout en évaluant avec sobriété le contexte politique dans lequel s'inscrivent ses luttes, voilà ce qui pourrait permettre au SCFP 3903 d'assurer que sa prochaine « bataille de York » ne soit pas son Waterloo.

« Une grève, une communauté, une université »

LUC BONENFANT, JEAN-FRANÇOIS HAMEL
ET MARTIN PETITCLERC

L E 24 AVRIL 2009, après sept semaines de grève, les professeurs[1] de l'Université du Québec à Montréal (UQÀM) ont finalement accepté de retourner au travail après une lutte qui a constitué un moment fort de l'histoire de leur institution. Si ce conflit de travail n'est pas parvenu à sortir définitivement l'Université de la précarité qui la caractérise depuis sa fondation en 1969, il a néanmoins permis de réaffirmer sa mission première et, peut-être, de renverser une tendance lourde qui la marginalisait de plus en plus dans le monde universitaire québécois. C'est à la lumière du projet de relance de la seule université publique et francophone de la métropole, bien plus que de la défense des intérêts corporatistes de ses professeurs, qu'il faut comprendre les enjeux à l'origine de cette grève afin d'en tirer aujourd'hui un bilan provisoire.

La mission de l'UQÀM

En formulant le projet d'une relance de l'UQÀM, les professeurs ont tenté de se réapproprier la mémoire de leur institution. À cet égard, il est bon de rappeler que l'UQÀM et les autres constituantes du réseau de l'Université du Québec (UQ), dont elle fait partie, sont les premières universités publiques de l'histoire québécoise. Créées par le gouvernement québécois, elles doivent répondre à des demandes répétées de la part de la société civile en ce qui a trait à l'accessibilité aux études supérieures. Dans ce contexte, l'UQÀM est rapidement investie des espoirs des mouvements

---

1. L'utilisation du masculin dans cet article vise à alléger le texte. De plus, nous utilisons « professeurs » pour désigner également les maîtres de langues.

sociaux (mouvements étudiant, socialiste, féministe, nationaliste, etc.). Elle apparaît aussi comme une université populaire accessible aux étudiants francophones de première génération et de condition modeste. À la fin des années 1970, 60 % des étudiants de l'UQÀM proviennent de familles d'ouvriers et de cultivateurs, contre seulement 28 % à l'Université de Montréal[1].

Les principes sur lesquels s'appuie le réseau de l'UQ, qui découlent de la remise en question du modèle institutionnel, des formules pédagogiques et de l'élitisme des universités privées, ont pris une dimension plus radicale à l'UQÀM. Refusant le modèle facultaire qui, dans les universités privées, constitue un obstacle majeur aux réformes proposées par les étudiants et les professeurs tout au long des années 1960, les constituantes de l'UQ choisissent une gestion démocratique fondée sur une double structure : d'une part, les départements, dont l'autorité relève de l'assemblée démocratique des professeurs et, d'autre part, les modules, dont l'autorité provient d'un comité paritaire composé de professeurs et d'étudiants. Au nom des valeurs de participation démocratique et de liberté académique, professeurs et étudiants sont en outre représentés aux instances « supérieures » de l'Université, soit au Conseil d'administration, à la Commission des études et à l'Assemblée des gouverneurs de l'UQ.

Concurremment, l'UQÀM doit se distinguer des universités traditionnelles de Montréal qui privilégient l'enseignement classique, technique et scientifique. Du coup, en plus des sciences de l'éducation, elle s'illustre par une offre de programmes centrée sur les sciences sociales et humaines ainsi que sur les arts et la littérature. La concentration dans ces champs disciplinaires moins prestigieux et, de ce fait, parfois négligés dans les universités privées permet de développer des programmes novateurs, mais aussi une pédagogie différente et des projets de recherche qui trouvent souvent un prolongement direct dans la société, entre autres par le biais d'une politique institutionnelle originale favorisant les « services à la collectivité ». Cependant, l'UQÀM se prive de revenus associés aux champs disciplinaires les mieux financés de l'enseignement supérieur, par

---

1. Lucia Ferretti, *L'Université en réseau. Les 25 ans de l'Université du Québec*, Sainte-Foy, PUQ, 1994, p.151.

exemple la médecine qui reçoit les subventions les plus importantes. Cette situation, en plus des coûts spécifiques associés à sa mission d'accessibilité, explique en bonne partie la précarité financière qui marque son histoire.

Le projet initial de l'UQÀM est donc celui d'une démocratisation de la vie universitaire qui prend la forme d'une triple ouverture : à des étudiants de condition modeste, à une recherche et un enseignement novateurs, à un modèle institutionnel collégial et participatif. Cette triple spécificité est menacée dès le milieu des années 1970 par le projet de réforme proposé par le nouveau président du réseau de l'UQ, Robert Després. Son projet vise à centraliser les pouvoirs jusque-là dévolus à l'assemblée départementale, qui est contrôlée par les professeurs, pour les attribuer au conseil d'administration des universités, dans lequel ces derniers sont minoritaires. Si la résistance s'étend à l'ensemble du réseau, les membres du Syndicat des professeurs et des professeures de l'UQÀM (SPUQ) en sont les principaux protagonistes : leur grève de quatre mois explique d'ailleurs en bonne partie le rejet du projet de réforme. À partir du tournant des années 1980, sans doute parce qu'ils doivent répondre dans l'urgence aux plans de redressement financier et aux réformes bureaucratiques qu'impose la direction, dont la création récente des facultés qui s'effectue malgré l'opposition de leur syndicat, les professeurs paraissent moins soucieux de la mission publique de l'UQÀM et de sa sauvegarde. La récente grève des professeurs a toutefois été l'occasion de réfléchir à cet enjeu crucial dans le prolongement, il faut bien le dire, des grèves étudiantes des années précédentes.

La dérive immobilière

Au début des années 2000, dans le contexte du sous-financement chronique de l'UQÀM et des politiques néolibérales de marchandisation du savoir, l'administration du recteur Roch Denis se lance dans une stratégie de conquête du marché universitaire par le biais de projets immobiliers aventureux. Bénéficiant de subventions publiques insuffisantes, l'administration opte pour un partenariat avec des firmes privées et entreprend de financer son plan de développement à partir des revenus anticipés des immeubles à construire… L'expérience se révèle un véritable désastre, comme le démontre le Vérificateur général. Son rapport, déposé en juin 2008, est catégorique quant aux responsabilités à imputer aux acteurs de la crise : les principes les plus élémentaires de la transparence ont été bafoués par le recteur et son équipe de conseillers, qui ont pris « des décisions importantes sans demander l'approbation » du Conseil d'administration[1]. Une fois le scandale découvert, une direction intérimaire est mise en place en décembre 2006 : pendant qu'on offre des primes aux membres de l'équipe du recteur Denis pour qu'ils quittent leurs postes, on demande à la communauté uqamienne (employés, étudiants, chargés de cours et professeurs) de payer pour les pots cassés en acceptant d'importantes coupes.

Au tout début de l'année 2008, Claude Corbo est nommé recteur de l'UQÀM avec le mandat d'appliquer un « plan de redressement » à courte vue : hausse des frais et réduction des services pour les étudiants, mise à pied d'employés de soutien, gel des embauches de professeurs, augmentation du nombre d'étudiants par classe, diminution de l'offre de cours, fermeture de programmes jugés « non viables », etc. Ce plan de redressement est toutefois plus qu'un exercice strictement comptable et constitue un formidable tremplin pour le ministère de l'Éducation qui envisage une réforme globale de la gouvernance des universités. Non seulement le plan de redressement est-il imposé sans égards pour la tradition collégiale et démocratique de l'UQÀM, mais l'autonomie même de cette dernière est progressivement phagocytée par des firmes privées qui se voient confier, par la ministre de l'Éducation, des pouvoirs extraordinaires, incluant celui de conseiller l'administration relativement au renouvellement de la convention collective des professeurs. L'incapacité du recteur et de son administration à défendre l'autonomie de l'Université face à cette attaque idéologique néolibérale constitue un irritant majeur pour la communauté uqamienne qui considère que la voie suivie par le recteur ne mène qu'à une normalisation du sous-financement chronique de l'institution.

---

1. *Rapport du Vérificateur général du Québec à l'Assemblée nationale concernant la vérification particulière menée auprès de l'Université du Québec à Montréal. Partie II – Principaux facteurs responsables des pertes de l'Université du Québec à Montréal*, 2008, p. 86.

C'est dans le contexte du renouvellement de leur convention collective que les professeurs cherchent à discuter avec la direction d'un véritable projet de relance de l'UQÀM. À leurs yeux, cette relance passe principalement par l'embauche de 300 nouveaux collègues, ce qui doit permettre d'améliorer l'encadrement des étudiants à tous les cycles et de mieux répartir les responsabilités administratives qui incombent aux professeurs dans une université gérée démocratiquement. Toutefois, malgré le dépôt des demandes syndicales en mai 2007, l'administration refuse de dialoguer avec les professeurs, sauf sur des questions mineures exemptes de toute incidence financière. Le reste est confié à l'étude de firmes d'experts qui confirment, souvent malgré elles, la justesse des demandes professorales[1]. En deux ans, l'UQÀM dépense ainsi près de 10 millions de dollars en frais d'expertise alors que l'administration ne cesse d'imposer de nouvelles coupes au nom du sacro-saint équilibre budgétaire. Dès lors, devant le mutisme obstiné d'une direction qui s'est enfermée dans une logique d'équilibre budgétaire, la grève est apparue comme le seul moyen par lequel les professeurs pouvaient démontrer que la solution à la crise de l'UQÀM résidait non plus dans un « redressement », mais dans un refinancement capable de soutenir une relance à la fois économique et intellectuelle de l'institution.

Chronologie du conflit de travail

En décembre 2008, le Conseil syndical du SPUQ adopte à l'unanimité une résolution demandant à la direction de l'UQÀM de signer une nouvelle convention avant le 15 février 2009. Cet ultimatum, qui vise à relancer les négociations, n'ébranle pas l'administration qui, sceptique face à la capacité de mobilisation des professeurs, prétexte la nécessité de nouvelles études, dont le rapport de la firme Aon, sur les conditions de travail de ces derniers. Le 16 février 2009, les professeurs réunis en Assemblée générale décident de la tenue de quatre journées de grève (les 19, 25, 27 février et 10 mars) afin d'augmenter la pression sur l'administration. Le 10 mars, les professeurs, qui attendent toujours un quelconque signe de l'administration, adoptent une nouvelle résolution de grève, cette fois-ci

---

1. C'est du moins le cas du rapport de la firme Aon, intitulé *La rémunération globale des professeurs de l'UQÀM*, déposé le 10 mars 2009.

pour toute la semaine du 16 mars. Entre-temps, le rapport de la firme Aon confirme les données du SPUQ relatives au salaire, nettement sous la moyenne québécoise, des professeurs de l'UQÀM. Sous prétexte que les données sont toujours incomplètes, le ministère de l'Éducation, principal commanditaire de l'étude, somme l'administration de reporter à plus tard la signature d'une nouvelle convention collective.

Une « offre finale » est déposée par l'administration peu avant l'Assemblée générale des professeurs du 20 mars. Contre l'embauche de 25 professeurs et une augmentation salariale de 2 %, les deux parties suspendraient leur droit de grève et de lock-out pendant un an. Durant cette année de trêve, de nouvelles études de firmes privées, toujours financées à même le budget de l'Université, sont prévues afin d'évaluer plus en profondeur la tâche et les conditions de travail des professeurs. Cette offre, jugée humiliante par les professeurs, est refusée à 90 % lors d'un scrutin secret. À partir de ce moment, les votes de grève de plus de 90 % se succèderont jusqu'au règlement du conflit, le 24 avril 2009, c'est-à-dire plus d'un mois après l'offre du 20 mars. L'enlisement de la négociation jusqu'à cette date illustre la stratégie d'épuisement adoptée de concert par la direction de l'UQÀM, le ministère de l'Éducation et le Conseil du trésor. Ce dernier, craignant visiblement les répercussions politiques du conflit à l'UQÀM, délègue d'ailleurs Gilles Charland, ancien haut dirigeant de la FTQ, pour négocier au nom du gouvernement. C'est lui, et non pas l'administration de l'UQÀM, apparemment désavouée par le gouvernement, qui devient le véritable interlocuteur du comité de négociation des professeurs.

Au-delà de cette dynamique de négociation, la grève permet aux professeurs de s'approprier la demande syndicale de 300 nouveaux professeurs et le projet de relance de l'UQÀM. D'une ampleur extraordinaire, leur mobilisation se manifeste notamment lors des séances de piquetage et dans leur décision spontanée de bloquer les portes de l'Université et de vider les quelques classes où se donnent encore des cours. Malgré les consignes de l'exécutif du syndicat, qui appelle évidemment ses membres à respecter les lois, les professeurs continuent, de plus en plus nombreux, à bloquer les accès et à faire des « levées de cours » jusqu'à ce que l'administration obtienne une injonction devant les tribunaux. Lors de ces activités de piquetage, chacun est amené à discuter avec des collègues provenant d'horizons disciplinaires et intellectuels différents, ce qui contribue à renforcer le sentiment de solidarité et favorise l'adhésion au projet de relance de l'Université. Ces séances régulières de piquetage créent un véritable esprit de corps qui se manifestera de différentes façons pendant tout le conflit, notamment par des votes massifs de grève lors des Assemblées générales.

La mobilisation du corps professoral se manifeste également par l'engagement soutenu d'une nouvelle génération de professeurs qui, inspirée par le projet de relance de leur institution, investit les comités de grève. Cet engagement est facilité par l'organisation souple et décentralisée de la grève. En effet, dès le début du conflit, les membres du SPUQ créent six comités de grève dotés d'une véritable souveraineté décisionnelle, ce qui n'est pas sans rappeler les principes à l'origine de l'UQÀM. Se réunissant chaque jour, ces comités ajustent leurs positions et coordonnent les nombreuses activités prévues en fonction des événements qui marquent le déroulement quotidien du conflit. Les comités organisent notamment des ateliers quotidiens portant sur les enjeux de la grève, sur la situation des universités et sur la mission spécifique de leur institution. Ces ateliers sont donc l'occasion de préparer les assemblées générales en favorisant, par le débat et le dialogue, une circulation de l'information et l'émergence d'un discours critique commun sur la situation de l'UQÀM. Tout au long de la grève, ces comités jouent un rôle crucial dans la mobilisation du corps professoral, de même qu'auprès des associations étudiantes qui appuient le mouvement. C'est sans doute en leur sein que l'on ressent avec le plus d'intensité et d'urgence la nécessité de renouer avec la tradition de résistance qui caractérise de larges pans de l'histoire de l'UQÀM.

Enfin, les professeurs s'inscrivent dans une dynamique plus large qui touche l'ensemble des groupes d'étudiants et d'employés de l'Université. Dès le début du conflit, les syndicats des employés de soutien, des employés étudiants et des chargés de cours offrent leur soutien aux professeurs en grève. Cependant, c'est surtout l'appui de la vaste majorité des associations étudiantes, qui adoptent à leur tour des mandats de grève, qui permet d'étendre le mouvement et d'aborder le problème fondamental du financement de l'institution. Sous la bannière « L'UQÀM, c'est nous », la convergence des revendications de ces différents groupes donne lieu à de nombreuses activités conjointes, comme les grandes manifestations du 19 mars et du 3 avril devant les bureaux du premier ministre Charest et de la ministre Courchesne. Toutefois, ce sont surtout l'assemblée communautaire du 26 mars et la grande célébration du quarantième anniversaire de l'UQÀM le 9 avril, à laquelle participe le professeur Guy Rocher, signataire du *Rapport Parent*, qui marquent cette conscience collective. Ces événements constituent autant d'occasions pour les employés, les étudiants, les chargés de cours et les professeurs de réfléchir ensemble aux conditions d'une relance de leur institution dans le respect de ses valeurs fondatrices. De tout cela, il apparaît évident que la grève constitue, au moment même où l'Université fête ses 40 ans d'existence, un moment d'intense solidarité, où les intérêts des syndicats et des associations se transcendent dans une lutte collective aux enjeux plus vastes.

Bilan de la grève

Le 24 avril 2009, les membres du SPUQ ratifient très majoritairement, à 91 %, l'entente de principe intervenue quelques heures plus tôt entre le syndicat et la direction de l'Université. Au terme de la grève, les professeurs obtiennent la création de 145 nouveaux postes réguliers et d'un poste de maître de langue. Ce gain important, qui élèvera en quatre ans le plancher d'emploi d'environ 15 %, permettra en outre à l'UQÀM d'améliorer son ratio professeurs/étudiants, qui est actuellement le pire de toutes les universités québécoises. Sur le plan salarial, les professeurs obtiennent une augmentation de 11 %, étalée sur quatre ans, qui leur permettra d'atteindre la parité salariale avec leurs collègues de l'Université du Québec à Trois-Rivières en 2012. Ce gain est modeste, mais néanmoins essentiel pour s'assurer que l'UQÀM demeure attractive pour les futurs candidats aux postes de professeurs. Étant donné le contexte économique défavorable, l'incurie de l'administration de l'Université et l'hostilité manifestée par le gouvernement libéral à l'endroit des professeurs, la grève a tout de même permis au SPUQ d'obtenir des gains notables en termes de salaires et d'embauches.

Les professeurs sont en revanche divisés sur la question cruciale du retrait des doyens de faculté de l'unité d'accréditation syndicale, question mise à l'ordre du jour par la direction à la onzième heure du conflit. Rappelons que l'implantation d'une structure facultaire au tournant des années 2000 a nécessité la création de postes de doyens. Cependant, dans le respect de la tradition de collégialité, le professeur occupant cette fonction restait imputable de son action à son syndicat. Selon cette configuration, le doyen n'était pas un simple exécuteur de l'administration, mais avait également pour charge de représenter ses pairs auprès de la direction. Or, dans l'entente du 24 avril 2009, les professeurs acceptent le retrait des doyens de l'unité d'accréditation : ceux-ci deviennent du coup des représentants de la direction au sein des instances de l'Université, même si leur tâche et leurs responsabilités restent encore à définir[1]. Aux yeux de plusieurs, cette modification apportée à la convention collective s'inscrit au bilan des pertes dans la mesure où le processus de « facultarisation » dont dépend le statut des doyens représente à la fois un renoncement aux principes fondateurs de l'UQÀM et une menace quant à l'autonomie des assemblées départementales et des comités de programme.

La victoire des grévistes apparaît toutefois plus nette sur le plan politique, que ce soit à l'intérieur des murs de l'Université ou dans l'espace public. D'abord, on peut considérer que la mobilisation du corps professoral constitue l'un des gains les plus remarquables de cette grève, de même que la réponse d'une nouvelle génération à l'appel à une « relève syndicale représentative d'un corps professoral en voie de rajeunissement accéléré » lancé par le SPUQ en 2004. Ensuite, le conflit de travail a permis de faire connaître la spécificité de l'UQÀM dans la sphère médiatique. Ralliée derrière un même slogan, la communauté universitaire est parvenue à défendre d'une seule voix le financement nécessaire à la réalisation de sa mission de démocratisation de l'éducation supérieure. En publiant de nombreuses lettres ouvertes dans les journaux, en accordant des entrevues aux chaînes de radio et de télévision, et en alimentant des sites Internet d'une grande qualité[2], les membres de la communauté

---

1. Un comité paritaire (membres du SPUQ / représentants de la direction) a été créé à cet effet.

2. < http://spuqengreve.wordpress.com/ > et < http://www.uqamengreve.com/ >

universitaire engagés dans la grève ont fait la preuve que la mission fondatrice de l'UQÀM est toujours d'actualité.

À l'occasion de cette grève de sept semaines, non seulement la mission originelle de l'UQÀM aura-t-elle été clairement réaffirmée par ses professeurs, ses étudiants et ses employés, mais son identité et son importance auront été largement reconnues dans l'espace public. Ne reste plus qu'à espérer que cette grève saura inspirer, à l'UQÀM et ailleurs, les luttes à venir pour une éducation supérieure accessible, participative et de qualité.

La grève au Holiday Inn Longueuil : résister et aller plus loin

Victor Alexandre Reyes Bruneau

POUR COMMENCER, je tiens à dire que je me considère privilégié de participer aux *Nouveaux Cahiers du socialisme*. Étudiant à l'UQÀM, je trouve qu'il est important d'avoir des espaces publics de discussions afin de partager nos expériences. Le philosophe allemand Jürgen Habermas insiste sur l'importance de la discussion au sein de la société afin de dégager des valeurs fondamentales. Eh bien ! j'ose croire que ce type de projet permettra d'ouvrir des pistes de réflexion sur l'avenir des enjeux sociaux !

En plus d'être trésorier du syndicat de Holiday Inn Longueuil, ma tâche est actuellement de représenter les membres de mon organisation sur le comité de négociations. Cependant, depuis le 17 juillet dernier, triste anniversaire de notre mise en lock-out par notre employeur, je suis bien plus qu'un représentant syndical : les membres de cette organisation sont devenus ma deuxième famille.

Notre groupe est composé en grande partie de préposé-es aux chambres. Ce travail n'est pas une mince tâche et est très dur sur le plan physique. Maricela, Joanna, Colette, Esther et les autres doivent travailler avec des aspirateurs trop lourds, des équipements inadaptés à leur condition et des vêtements de travail étouffants. Ces femmes trouvent donc de plus en plus difficile de répondre aux exigences de notre employeur.

Les autres membres sont répartis entre les serveuses et les serveurs, les cuisinières et les cuisiniers, les préposé-es à la réception ainsi que l'équipe d'entretien ménager et technique. Les tâches associées à ces départements ont augmenté drastiquement avec la rénovation de l'hôtel, il y a de cela quelques années. Notre employeur a investi près de 4 millions de dollars en ciment et en tapis de luxe, mais nous propose 1 % d'augmentation par année pendant sept ans en indexation salariale.

Avant d'évoquer la négociation comme telle, permettez-moi de dresser un bref historique de ce syndicat. Il est né avec la création du Roussillon en juillet 1987. Toutes les négociations de contrat de travail furent désastreuses, à commencer par la première. Lors de la seconde négociation, le syndicat se vit remettre les clés de l'hôtel. À cause de cette faillite, il a été impossible de négocier de manière sérieuse, car la Banque nationale, nouvellement propriétaire, cherchait à obtenir des concessions afin de vendre rapidement cet actif. Après un autre rachat infructueux et une autre signature de convention collective à rabais, les propriétaires actuels, Ocean Properties et sa filiale canadienne Atlific, entrèrent en scène. Ils ont demandé aux salarié-es d'être patient-es avec eux et de leur donner le temps nécessaire pour rendre l'hôtel rentable, demande à laquelle l'exécutif de l'époque acquiesça.

Quant à la négociation actuelle, elle a commencé sur une bonne note pour ma famille élargie, puisque nous avons changé d'allégeance syndicale. En effet, nous avons quitté la FTQ pour joindre les rangs de la CSN et une quarantaine d'autres hôtels dans une ronde de négociations coordonnées. Nous avons adhéré aux demandes de la plateforme commune en ajoutant nos revendications locales et salariales. Sur le comité de négociations, personne n'était dupe : il y avait du pain sur la planche (et il en reste encore), mais, à mon avis, c'est le prix de 20 ans d'immobilisme.

La CSN nous apportant un vent de fraîcheur démocratique, nous avons donc monté un projet de négociation solide, sans extravagance : pour les préposées aux chambres, nous réclamons une chambre de moins par quart de travail, des aspirateurs convenables et des habits de travail respectant les besoins spécifiques de ces travailleuses. Pour l'ensemble des membres : des conditions facilitantes, une clause de conciliation famille-travail décente et l'amélioration du régime de retraite. À titre d'exemple, certains membres travaillant à l'hôtel depuis plus de 20 ans n'ont que six mille dollars dans leur fond de retraite, montant dont la moitié provient de leurs poches...

L'employeur n'avait cependant pas l'intention de souscrire à nos demandes, bien au contraire. Lors des premières rencontres, il était réticent à l'idée d'accepter nos propositions. Le directeur de l'hôtel a aussi été maladroit sur plusieurs questions. Pour vous donner un exemple, il voulait supprimer les postes sur appel sur la seule base, et je cite : « D'avoir trop de dinde de Noël à remettre lors du Temps des Fêtes. » C'était d'un ridicule! Pour les Fêtes, la compagnie nous offrait une dinde. Eh bien on leur a dit : « Vous pouvez la garder. »

Mais nous avons arrêté de rire lorsqu'il nous a déposé ses propositions salariales. Avec 1 % d'augmentation par année pendant sept ans, on est loin du compte, car de notre côté nous réclamons 3 % pour les trois premières années du contrat et 4 % pour la dernière. L'employeur en a rajouté en nous annonçant qu'il ne considère pas comme légitime notre demande de rattrapage salarial. Ma famille du Holiday Inn Longueuil gagne en moyenne, par département, deux à trois dollars de l'heure de moins que dans des hôtels similaires. Et pour fermer la marche de l'absurde, l'employeur nous a annoncé, avec le sourire, qu'il n'avait aucunement l'intention de nous payer la rétroactivité à la date prescrite par l'ancien contrat de travail.

Les raisons ne manquaient donc pas pour déclencher des moyens de pression, et lors de la seule et unique journée de grève en plus de 22 ans, Ocean Properties nous a mis en lock-out. Ainsi, depuis le 17 juillet 2008, les fidèles salarié-es de cet hôtel ont été jeté-es dans la rue. Depuis maintenant près de 14 mois, les cadres de l'hôtel font notre travail au lieu d'être à la table de négociations et d'essayer de trouver une solution à ce conflit. Pour mieux arriver à faire les chambres, on les soupçonne même d'employer des « scabs ». Ils n'arrivent pas à faire les chambres puisque, comme nous l'affirmons depuis longtemps la tâche à accomplir est lourde et les conditions de travail ne sont pas adéquates.

Si nous avons réussi à tenir depuis tout ce temps, c'est grâce au soutien de la CSN et de ses membres. Le Fonds de défense professionnelle (FDP) nous permet de subvenir à nos besoins tout comme le soutien des syndicats affiliés qui nous envoient des dons de solidarité. Nous n'avions pas de fonds de grève et, pour cette raison, cette aide est essentielle. Tout aussi important que le soutien monétaire, plusieurs syndicats nous ont signifié leur appui en venant nous visiter sur la ligne de piquetage ou en nous invitant à venir partager leurs activités syndicales. Le soutien technique de la CSN, tant par son équipe de mobilisation que de négociation, nous permet de mieux gérer cette situation difficile. Bref, la solidarité de cette confédération est vivifiante et infiniment rassurante pour mes compagnons de trottoir.

Il reste que ce trottoir commence à devenir drôlement familier. Les automobilistes nous ignorent. Cette grève aux allures traditionnelles suscite en nous beaucoup de questionnements quant à notre poids réel au sein de la société. Sur le bord du fleuve, il est difficile de se faire entendre. Nos employeurs sont en Floride à mille lieues de nos revendications. Quelle importance notre conflit a-t-il sur les revenus de cette chaîne multinationale ? Notre piquetage se fait devant un hôtel où ne travaille aucun réel décideur.

Les médias accordent peu d'importance à ce conflit. *Le Courrier du Sud* a parlé de nous, mais je doute qu'il diffuse jusqu'en Floride !

Il faut cependant continuer à lutter. Il faut innover. Il faut trouver différentes façons de générer de la solidarité. C'est exactement ce qu'a fait la Fédération du commerce de la CSN en proposant un fonds commun à l'ensemble des syndicats de l'hôtellerie participant à la négociation coordonnée. Ce fonds fait en sorte que les salarié-es des hôtels en conflit reçoivent une aide financière supplémentaire. Les 41 hôtels participant à la ronde de négociations coordonnées ont souscrit à un prélèvement d'un dollar par membre, par semaine. Cet argent est ensuite redistribué dans les syndicats en conflit. Ce sont près de cinq milles membres qui, mis ensemble, supportent les hôtels en conflit dont le nôtre et le Four Points à Montréal.

Nous devons tout de même nous rendre à l'évidence ; nous n'avons qu'un pauvre rapport de force. Le syndicalisme d'aujourd'hui est confronté à plusieurs problèmes et nos membres les subissent au quotidien. À titre d'exemple, l'avocat de notre employeur nous a bêtement proposé d'aller travailler ailleurs alors que nous étions en pleine négociation. Personnellement, je crois que le syndicalisme doit se redéfinir pour trois raisons que nous avons constatées durant notre conflit :

Premièrement, il sera de plus en plus difficile de protéger les syndiqué-es, car la législation est beaucoup trop souple quant à l'emploi de « scabs ». On nous a confirmé que notre employeur a eu recours à des « bénévoles » pour faire le travail des préposé-es. Des bénévoles, au sens de la loi, sont des individus travaillant pour un employeur, sans être rémunérés. Un bénévole, selon la définition que j'ai, c'est quelqu'un donnant gracieusement de son temps pour une cause. Qui voudrait travailler bénévolement pour une firme multinationale en pleine expansion ? Il y a des volontaires parmi vous ?

Deuxièmement, les commissaires du ministère du Travail n'ont aucun pouvoir. Ils ne peuvent forcer les deux parties à discuter. Ce sont des médiateurs qui ne font que réguler la discussion, s'il y en a une. Et dans notre cas, il n'y en a pas.

Finalement, la judiciarisation de nos rapports sociaux est problématique pour les syndicats qui doivent éviter l'injonction. Notre syndicat a fait quelques coups d'éclat, mais a dû se contenir, car nous avions peur qu'un juge nous empêche de manifester notre mécontentement. Les policiers ne se sont d'ailleurs pas gênés pour nous le rappeler. Ces mêmes policiers qui, à plusieurs reprises, sont venus nous rendre visite avec des fourgonnettes, prêts à nous arrêter. Lors de notre seule manifestation d'envergure, nous avons eu droit à une trentaine de voitures de police et à l'escouade d'identification. Précisons ici que la moyenne d'âge de notre groupe est d'environ 50 ans et qu'il est composé en majorité de femmes. Est-ce cela qu'on appelle un danger pour la sécurité publique ?

Le gouvernement en place a-t-il tourné le dos aux syndicats sans en avertir les Québécois-es ? À vous d'y répondre. Personnellement, je crois qu'il faut repenser nos moyens de pression, nos luttes et notre façon de faire. Le temps des entreprises familiales et locales est révolu. La conjoncture actuelle nous force à constater que nos acquis sociaux sont en danger. Je crois qu'il nous faut trouver le moyen d'améliorer nos rapports de force et penser le syndicalisme d'aujourd'hui comme un tout. Lutter seul ne mène à rien. En ce sens, l'idée de la négociation coordonnée de la Fédération du commerce est une belle innovation.

Mais il faut voir encore plus loin. Nous devons apprendre à concevoir que la société civile forme une entité et que la lutte de notre voisin est *de facto* la nôtre. L'état des négociations dans le secteur public questionne le rôle fondamental qu'occupe l'éducation au Québec. La lutte du *Journal de Montréal* décidera de l'avenir du quatrième pouvoir au pays. Plus modestement, celle du Holiday Inn Longueuil décidera du salaire et des conditions de travail de ses membres, mais aussi des salarié-es des hôtels en périphérie au nôtre. Dans les conflits que je viens de mentionner, le dialogue n'est plus là. À nous de réfléchir à des chemins qui n'ont jamais été empruntés.

Note de la rédaction
Ce bilan a été écrit au moment de la grève. Or, le 21 août 2009, une entente de retour au travail a été signée par l'employeur et le syndicat, qui semble satisfaire les demandes syndicales.

La gauche américaine face au Président Obama : réforme radicale ou sauvetage du système capitaliste?

Donald Cuccioletta

Gauche, droite ou centrisme pragmatique?

Au mois d'avril 2009, dans une entrevue accordée à CNN, Eliot Spitzer, l'ancien Gouverneur de l'État de New York, affirmait clairement et sans hésitation que les États-Unis devaient sauver le capitalisme. À l'instar de ce qui s'était passé sous la gouverne de Franklin Delano Roosevelt lors de la grande crise des années 1930, la première vraie crise économique faisant suite à la mondialisation semble ainsi réveiller dans la classe politique états-unienne une volonté de réglementer et de restructurer le système capitaliste face aux défis qui se profilent pour le xxiᵉ siècle. De fait, les propos de Spitzer ne font que reprendre ce qui ressortait dans plusieurs discours prononcés par Barack Obama durant sa campagne électorale et depuis son accession à la présidence.

Obama n'est pas un élève de la droite, ni de la gauche. Il est issu comme plusieurs de sa génération de cette volonté de se distancer du radicalisme de gauche comme de droite. Formé par une éducation et une société américaine qui ont subi les contrecoups (idéologique et économique) du tandem Thatcher-Reagan, il a vu le cul-de-sac que représentent le néolibéralisme économique et le conservatisme social pour la société américaine. Cependant, Obama a été aussi formé par la chute du mur de Berlin, la disparition de l'Union soviétique et, comme l'avait écrit à l'époque Francis Fukuyama, par « la fin des idéologies » et « le triomphe de la démocratie libérale ». Ainsi, le rejet d'une idéologie radicale fait partie de son parcours idéologique.

Historiquement les fondements de l'idéologie politique américaine résident dans le concept du « consensus » pour affronter et régler les problèmes. En bref, le pragmatisme demeure la référence de base sur laquelle repose, même pour la gauche, cette volonté de se tenir loin des débats intellectuels, souvent attribués à un point de vue européen, considérés par les Américains comme inefficaces et sans perspective. Obama en ce sens est un pragmatiste influencé par le sociologue britannique Anthony Giddens, qui pense et agit dans le sillon des Tony Blair et Bill Clinton.

Ce pragmatisme se veut au centre. Il puise dans le libéralisme social en ce qui concerne les mesures sociales et dans le conservatisme modéré en matière fiscale. Fait à noter, les nominations d'Obama montrent très bien cette tendance. Timothy Geitner, le secrétaire au Trésor, est un grand ami de Wall Street. De même que Larry Summers, son principal conseiller économique. Ce sont eux d'ailleurs qui ont formulé le programme de reprise de 1 000 milliards de dollars orienté vers le sauvetage des banques et des institutions financières, mais qui offre peu aux victimes de la crise immobilière.

La gauche américaine et l'élection présidentielle

La gauche américaine comprend un large éventail, allant de l'aile libérale au sein du Parti démocrate jusqu'aux marxistes de *Monthly Review*, en passant par les groupes communautaires, altermondialistes, féministes, afro-américains, hispanophones, ainsi que par les syndicats « de base » *(rank and file)*. Toutes tendances confondues, presque tout le monde a appuyé, en bout de ligne, l'élection d'Obama. C'est la haine commune des néoconservateurs de Bush et de John McCain qui a mis fin aux clivages entre ceux et celles qui au début appuyaient Obama, Hillary Clinton ou le petit Parti Vert de Ralph Nader. « Plutôt un démocrate, même centriste, qu'un deuxième Bush » a été le cri de ralliement de la gauche américaine.

Dans cette perspective, l'appui du puissant Syndicat des employés des casinos et hôtels dans l'État du Nevada (dont la direction est de gauche) a été exemplaire. Ce syndicat majoritairement hispanophone (80 %) et féminin (75 %) a non seulement influencé le vote au Nevada, mais a aussi eu un impact majeur dans l'ensemble de la communauté hispanophone (20 % de l'électorat total éligible). Obama a remporté le Nevada et presque tous les États où les hispanophones comptent pour une grande partie de la population (en Floride par exemple).

Il en est de même dans les États de Pennsylvanie et du Michigan (respectivement 17 et 21 votes au collège électoral) où les syndicats de la sidérurgie et de l'automobile ont une grande influence sur le vote des travailleurs. Obama a été forcé d'adapter son discours destiné aux classes moyennes en faveur d'une approche plus populaire. Obama a également gagné dans ces deux États.

Interpellations

Il était certes prévu que le vote afro-américain aille à Obama. Cependant, certains militants au sein du mouvement afro-américain ont pris leurs distances, comme Sister Souljah qui œuvre dans les ghettos de Cleveland. Les plus radicaux considèrent qu'Obama, même s'il a travaillé dans le secteur communautaire à Chicago, est davantage un enfant du système plutôt qu'un ennemi du statu quo. Des leaders réputés comme modérés, Jesse Jackson par exemple, ont critiqué Obama au début de la campagne parce qu'il laissait de côté toute référence aux luttes pour les droits civiques du passé. Plus tard, Obama a rajusté son tir, notamment lors d'un discours prononcé à Philadelphie, durant lequel il a parlé de l'importance du racisme dans la société américaine. Après cette intervention, l'ensemble des forces afro-américaines s'est rangé derrière lui. Ce ralliement de la gauche au Parti démocrate n'est pas nouveau. À travers l'histoire, la gauche a généralement appuyé les candidats démocrates, considérés comme plus ouverts, plus attentifs au discours de la gauche et, surtout, plus sensibles aux questions sociales. Mais cet appui, comme celui qu'a obtenu Obama, n'a jamais constitué un chèque en blanc donné aux démocrates.

Obama et Roosevelt

La grande crise des années 1930 a conduit le Président Franklin Delano Roosevelt (FDR) à promulguer un plan de relance, communément appelé le « *New Deal* ». Lors des élections de 1932 et de 1936, toutes deux gagnées par un FDR extrêmement populaire, la gauche avait certes appuyé le candidat démocrate. Toutefois, les partis de gauche étaient également présents sur la scène politique. Le Parti communiste représentait alors une force considérable, surtout dans le mouvement syndical. Un ex-syndicaliste, William Z. Foster, fut d'ailleurs le candidat du PC contre FDR. Pour sa part, le Parti socialiste était également influent.

Il faut se souvenir qu'en 1934, au début de la présidence de Roosevelt, à la suite des mesures prises favorisant les banques, la gauche américaine avait organisé à Washington une immense manifestation d'un million de vétérans de la Première Guerre mondiale et de chômeurs. FDR avait alors répondu par les baïonnettes de l'armée.

Pour plusieurs militant-es de la gauche américaine, le parallèle avec cette période houleuse demeure évident. La crise à la fois financière (effondrement du secteur immobilier, assèchement du crédit), économique (concentration du capital) et sociale (pertes d'emplois, accroissement du nombre des sans-abri), suscite au sein de la gauche la revendication d'un « nouveau New Deal », avec une priorité aux mesures sociales. Des éditoriaux et des prises de position en faveur de la nationalisation des banques et de compagnies au bord de la faillite comme GM et Chrysler paraissent régulièrement dans *The Progressive* et *The Nation*. Ces hebdomadaires sont les porte-parole de la gauche américaine. Même Paul Krugman, lauréat du Prix Nobel d'économie en 2008, et qu'on peut qualifier de libéral de gauche à l'américaine, est d'accord avec ce discours.

Wall street ou Main street ?

Depuis l'adoption du plan de sauvetage de 1 000 milliards de dollars au profit des banques et des institutions financières piloté par Geitner et Summers, un cri se fait entendre parmi la classe ouvrière et la classe moyenne : « Où sont les mesures pour nous ? » En effet, les mesures destinées à aider ceux qui ont perdu leur maison, leur emploi, ou ceux qui n'ont même pas accès à l'assurance chômage, se font attendre. À travers le pays, des centaines de milliers de familles vivent dans des tentes de fortune installées dans des lieux publics. Ce qui ravive le souvenir des « Hoover villes », ces cités d'abris de fortune érigés par des millions de familles en 1930 suite à l'inaction du Président Hoover face à la crise économique et sociale. La gauche souligne aussi l'absence, au sein de l'administration Obama, de personnalités comme Harry Hopkins et Frances Perkins (secrétaire au travail et première femme à siéger dans un cabinet fédéral), qui avaient joué un rôle de premier plan pour l'implantation des mesures sociales à l'époque du New Deal.

Si parfois Obama semble s'inspirer de FDR, son plan d'intervention vise surtout à redonner espoir et reconstruire la confiance dans le système économique. Le New Deal de Roosevelt, au contraire, misait sur la création d'emplois avec de gros projets comme la « Tennessee Valley Authority », par la reconnaissance de l'importance des syndicats (surtout le Congress of Industrial Organizations). FDR misait d'abord sur le rétablissement de la confiance de la population.

Récemment, au moment où les marchés boursiers semblent ralentir leur chute, on redoute de la part de l'État et des dominants un retour à la bonne vieille économie de spéculation au détriment d'une politique favorable à la création d'emplois. La gauche craint que le pragmatisme d'Obama ne se nourrisse davantage à droite qu'à gauche. Qu'en est-il des politiques annoncées en matière d'éducation et de santé ? La poursuite en justice de l'administration de George W. Bush concernant l'usage de la torture se fait aussi attendre, de même que la fermeture définitive de la prison de Guantanamo, alors que rien n'a encore été fait pour améliorer les traitements médicaux promis aux vétérans des guerres d'Irak et d'Afghanistan.

Le retour de la gauche ?

Pour le moment, la gauche demeure dans une position attentiste. Tout en restant modérée dans ses critiques, elle surveille de près les agissements de la nouvelle administration. Elle se manifeste aussi sur le terrain. Depuis l'élection d'Obama, avec l'espoir que cette élection a déclenché, les groupes communautaires et le mouvement syndical ont augmenté leurs activités.

On assiste également à une recrudescence de l'engagement politique des jeunes (20-30 ans), ainsi qu'à la croissance de publications de toutes sortes portant sur la crise. On note aussi la prolifération des groupes communautaires, comme l'organisation « Helping Hands » à Boston qui combat la pauvreté. Ainsi, se tisse une vaste toile, ce qui inclut des églises progressistes comme les Unitariens, actifs dans l'aide et le soutien aux sans-abri. Le Forum social des États-Unis, dont la première édition a eu lieu en 2006, se prépare à une nouvelle convocation pour 2010, en principe à Détroit, ville sinistrée par le néolibéralisme. Depuis le début de la crise, le Forum social a mis en place une organisation nationale, le People's Mouvement Assembly, qui sera responsable de l'événement en 2010. Signe encourageant, on pense et on agit en termes d'organisation nationale dans un pays où, traditionnellement, l'unité est difficile, même au sein des forces progressistes. De plus en plus, on observe aussi que le discours se radicalise.

Au début d'avril 2009, le *Washington Post* a commandité un sondage portant sur la popularité de l'idée du socialisme aux États-Unis au sein de la cohorte des 20-35 ans. Il en ressort que 37 % sont favorables à l'idée du socialisme et que 15 % veulent même des mesures socialistes concrètes. Certes, le label « socialisme » donne lieu à différentes interprétations, il est néanmoins encourageant de constater que dans le pays, qui reste encore la locomotive du capitalisme mondial, l'idée est toujours présente.

Autre signe des temps, 3 000 personnes ont répondu à l'appel de l'hebdomadaire *The Progressive*, le 1er mai dernier, en participant à Madison (Wisconsin) à un colloque ouvert à tous les progressistes des États-Unis pour discuter du thème « Imaginer le socialisme aux États-Unis ». Depuis la venue d'Obama au pouvoir, cet hebdomadaire tient une chronique sur le même sujet et le débat fait rage.

Entre-temps, des intellectuels de gauche comme Barbera Einreich et Matthew Rothschild réclament la nationalisation des banques. D'autres veulent un libéralisme social, tandis que Tom Hayden, un militant très connu des années 1960 et 1970 contre la guerre au Vietnam, rêve d'un Parti démocrate social-démocrate. Bref, beaucoup d'interpellations, de discussions, de questions et de réponses. Pour une gauche – et ici nous devons utiliser le terme dans son sens le plus large – qui avait quasi disparu durant presque trente ans d'administrations de droite, le progrès est indéniable.

Reste à voir combien de temps encore la gauche donnera son appui à Obama. Est-ce que la rupture surviendra avant longtemps ? Peut-on imaginer la gauche revivre et réinventer le projet d'Eugène Debs[1] en créant une alternative aux partis capitalistes qui ont jusqu'ici dominé la scène politique états-unienne ?

---

1. Eugène Debs (1885-1926) avait été l'un des fondateurs de l'American Federation of Labour (AFL). Puis, il a crée le Parti socialiste (1904), dont il fut plusieurs fois le candidat à la présidence. Il regroupait alors plus de 135 000 membres.

Contribution à l'élaboration
d'un programme d'urgence

BERNARD RIOUX

Mise au jeu

NOUS NE VIVONS PAS une crise conjoncturelle, mais une crise structurelle du capitalisme qui arrive de plus en plus difficilement à répondre aux besoins sociaux et dont la logique conduit à des catastrophes écologiques. Entre-temps, les plans de sauvetage aux États-Unis comme ailleurs, qui visent à protéger la rentabilité des banques et des grandes entreprises, vont entraîner de longues et douloureuses années de crises et de restructurations. Cela est d'autant plus vrai que la crise touche le centre du capitalisme mondial, les États-Unis. Au Canada, les politiques antisociales et militaristes du gouvernement Harper détournent la richesse sociale vers les industries militaires, l'exploitation des sables bitumineux, tout en concentrant les richesses dans les mains d'une petite minorité par des baisses d'impôt substantielles aux mieux nantis. Au Québec, ces choix ont été ouvertement contestés, parfois par la majorité de la population. Cependant, nombre de pouvoirs nous échappent et cela empêche la reprise en mains, par la majorité, des grands choix économiques. Aujourd'hui, les luttes pour un Québec écologiste et pour un Québec indépendant se mènent conjointement.

La crise actuelle, par sa profondeur, par ses répercussions sur les conditions d'existence des travailleurs et des travailleuses, par l'ampleur et la radicalité des demandes patronales, ne peut être affrontée en ordre dispersé. Élaborer un programme d'urgence pour faire face à la crise, c'est définir des revendications et des moyens d'action permettant de réunir les forces qui devront être mobilisées pour construire la résistance. Pour esquisser un programme d'urgence, il faut donc chercher à détecter dans les luttes actuelles, dans le « mouvement réel », les lignes d'une volonté solidaire de défense qui dessine déjà, ici et maintenant, les axes de la résistance populaire.

Aujourd'hui, cette volonté solidaire se manifeste dans le désir de défendre les services publics, de protéger l'environnement, d'imposer ce qui est le bien commun, contre la logique concurrentielle de la propriété privée et du calcul égoïste. Déterminer le contenu d'un programme alternatif « crédible » ne relève pas d'abord de préoccupations économiques ou techniques. Il s'agit de considérer le niveau de conflictualité sociale possible et nécessaire – les rapports de force qui peuvent être construits – pour imposer des revendications sociales à des classes qui défendent des intérêts opposés[1].

La stratégie de concertation sociale n'est pas viable !

La première démarche qui s'impose est de faire la critique des propositions visant à construire une alliance avec les classes dominantes. Enferré dans la concertation sociale et dans le syndicalisme d'investissement, le discours syndical dominant reste celui de la défense du caractère concurrentiel des entreprises et de la mobilisation par les organisations syndicales du capital de risque pouvant supporter les entreprises en difficulté. La défense du maintien de la rentabilité des entreprises conduit, dans la conjoncture actuelle, celles-ci à demander des concessions importantes aux travailleuses et aux travailleurs, tant au niveau salarial qu'au niveau des conditions de travail. Les syndicats de l'automobile en Amérique du Nord (TUA et TCA) doivent aujourd'hui se prêter à ce terrible exercice où l'organisation syndicale devient l'outil de négociation de concessions qui n'en finissent plus de s'empiler. Sam Gindin explique bien où conduit cette logique : « Le pire pour les travailleurs, c'est que cet engagement dans les concessions n'est pas un recul temporaire ; c'est une défaite à long terme ; dans la mesure où les reculs influencent les attentes, minent les "bonnes raisons" de se syndiquer et évidemment la confiance dans l'action collective. Avec leurs organisations, ils s'affaiblissent et s'acheminent vers un avenir incertain[2]. »

---

1. Michel Husson, *Un pur capitalisme,* plus particulièrement les chapitres 11 et 12, Lausanne, Éditions Page deux, 2008.
2. Sam Gindin, *The Socialist Project,* < http://www.socialistproject.ca/bullet/ >

Pour ces raisons, et parce que le débat est centré sur les travailleurs qui seraient le « problème », des solutions qui pourraient préserver des emplois ne sont ni élaborées ni mises de l'avant. Cette stratégie de concertation est de plus en plus illusoire, car le niveau de mobilisation et de détermination sociale nécessaires pour imposer aujourd'hui la moindre réforme s'est considérablement élevé. Penser imposer, à froid, à un patronat aux abois, la moindre concession, c'est se bercer d'illusions et accepter d'accompagner les syndiqué-es dans les reculs qui leurs sont imposés au lieu de tenter d'organiser une riposte qui pourrait être victorieuse.

Pour éviter de porter les conséquences de la crise actuelle, il faut s'opposer frontalement au pouvoir absolu du marché, à la course effrénée aux profits, au droit de propriété sans frein des grandes entreprises, à l'extension de la privatisation des services publics et à la concurrence de tous contre tous, à la libre spéculation du capital financier, à la concentration des richesses chez les plus riches des classes dominantes. On doit retrouver, au centre d'un programme d'urgence, un nouveau partage des richesses, une réorganisation de la production selon les nécessités écologistes, d'une part, et une rupture, d'autre part, avec les contraintes imposées par le fédéralisme canadien. Il faut en finir avec ce fédéralisme canadien qui nous exproprie d'instruments essentiels pour faire face à la crise : retrouver nos impôts, prendre le contrôle des sommes nécessaires à des investissements publics permettant de satisfaire les besoins sociaux et viser une réappropriation publique et démocratique de nos ressources naturelles.

Un tel programme d'urgence ne doit pas se limiter au cadre d'un néo-keynésianisme qui ne viserait qu'à agir au niveau de la croissance de la demande solvable. Si la remise en question de la répartition de la richesse est essentielle, « la mise en en œuvre d'un programme néo-keynésien supposerait un haut niveau de conflictualité sociale, capable de briser le mur des intérêts d'un bloc social composé de toutes les couches et catégorie sociales qui ont été bénéficiaires de la déformation du "partage de la valeur ajoutée" réalisée par l'intermédiaire des politiques néolibérales[1] ». Et plus encore, la relance keynésienne de la croissance « viendrait se heurter aujourd'hui à l'hypothèque de

1. Alain Bihr, *À la croisée des chemins, les contradictions se manifestent*, < http://www.alencontre.org/ >

la crise écologique… Il est tout simplement devenu impossible de relancer l'accumulation du capital, donc sa reproduction à l'échelle élargie, selon une logique productiviste de même nature (forme et contenu) que celle que le keynésianisme a promue durant les Trente glorieuses[1]. C'est pourquoi les propositions d'un programme d'urgence ne peuvent se limiter à un cadre keynésien et doivent jeter les prémisses d'un contrôle démocratique et écologique de la production si elles veulent tracer la voie d'une véritable sortie de crise.

Pour un programme d'urgence

Voici quelques éléments qui pourraient se retrouver dans un programme d'urgence porté par le mouvement social et la gauche.

Redistribuer la richesse en direction de la majorité populaire

Une des principales causes de cette crise réside dans les reculs du pouvoir d'achat depuis deux décennies[2], alors que les profits ont connu une croissance importante. Un changement significatif dans la répartition des revenus est la condition nécessaire d'un programme de gauche dont les principaux objectifs serviraient la revalorisation des salaires, la création d'emplois par réduction du temps de travail et le rehaussement de l'aide sociale, l'élargissement de l'accès aux prestations de chômage, la hausse des revenus des retraité-es. Voici quelques mesures concrètes et immédiates à envisager :

✓ Augmenter le revenu salarial global en élargissant les services publics. Plutôt que de relancer prioritairement la consommation de marchandises, investir pour la revalorisation d'un revenu salarial global orienté vers les services socialement et personnellement utiles ainsi qu'écologiquement favorables. La détermination du choix de telles mesures passe par une réflexion citoyenne concernant les grands axes à promouvoir dans la transformation des modes de vie, afin d'élaborer un vaste chantier d'infrastructures sociales. Dans cette optique, la redistribution de la richesse se

---

1. *Ibid.*
2. Nous parlons ici du salaire global qui comprend tant le salaire direct que le salaire social, soit les prestations sociales, et les effets distributifs des services publics aux personnes en chômage ou retraitées.

fera par le développement de zones et de domaines de gratuité permettant d'élargir la part du salaire social dans le revenu global des salarié-es. Deux mesures immédiates sont envisageables :

- Relever le niveau des prestations d'assurance-chômage de 55 % à 70 %. Également, imposer une norme unique d'admissibilité de 210 heures plutôt que les normes actuelles de 420 à 910 heures ; abolir le délai de carence et les exclusions pour départ « volontaire » ou inconduite (qui font que des milliers de citoyen-nes se retrouvent devant le chantage à l'emploi, des diminutions des conditions de travail, le harcèlement, etc.).

- Remettre en question les régimes de retraite capitalisés qui sont soumis aux aléas des marchés financiers et ouvrir le débat sur l'implantation d'un régime par répartition comme l'est le Régime de pension de la sécurité de la vieillesse au Canada. Les systèmes de retraites par capitalisation n'engendrent aucune valeur supplémentaire et ils soumettent les retraites aux règles de la finance et à la spéculation comme on l'a vu avec la crise à la Caisse de dépôt et placement. Plus immédiatement, il faut fixer l'âge du départ volontaire à la retraite à temps plein à 60 ans, revendiquer qu'aucune pension ne soit inférieure au salaire minimum et exiger qu'on mette fin à toutes les pressions visant à augmenter l'âge de la retraite.

✓ Augmenter le salaire direct. La redistribution de revenus doit être imposée pour revaloriser les salaires directs et faire de l'État le garant de la redistribution des revenus vers la majorité salariée de la population. Alors que des milliards sont accordés au secteur financier, utilisons la richesse sociale pour permettre à chacun de vivre dignement. Il faut donc un relèvement immédiat du salaire minimum (pour qu'il soit équivalent au seuil de faible revenu – soit 10,20 $ de l'heure – indexé au coût de la vie)[1]. À un autre niveau, il faut relancer la bataille pour l'égalité salariale entre les hommes et les femmes.

---

1. L'indice CGT de l'inflation réelle, par exemple, est construit sur la base de la structure réelle de consommation des ménages français, telle qu'analysée par l'INSEE, < http://www.filpac-cgt.fr/IMG/pdf/indice_inflation_FILPAC_aout_2008.pdf >

✓ Réformer radicalement la fiscalité. Selon le Secrétariat intersyndical des services publics, des milliards de dollars en impôts disparaissent chaque année vers des paradis fiscaux au lieu d'être réinvestis dans le maintien et l'amélioration des services à la population. La structure du système des impôts devrait être réorganisée pour favoriser la redistribution des revenus. Par exemple, un impôt de crise sur les grandes fortunes, une majoration de l'impôt sur le revenu et sur le capital, une imposition des gains de capitaux des particuliers (les dividendes), une baisse significative des taxes sur les produits et services de première nécessité, l'interdiction aux entreprises de posséder des actifs dans les paradis fiscaux[1].

Remise en cause de l'arbitraire patronal sur l'emploi et baisse des heures de travail

Le problème de l'emploi est déjà majeur. Le pouvoir patronal sur l'embauche et les licenciements est aujourd'hui absolu. Chaque jour, des entreprises rentables annoncent à la fois des profits et des mises à pied. Comme la remontée du chômage risque d'être très importante dans les prochaines années, le pouvoir patronal sur l'embauche et les licenciements est à remettre en cause par :

- L'instauration légale d'un droit de veto des employé-es sur les licenciements dans une entreprise rentable ou subventionnée par les gouvernements. Pour opérationnaliser cette interdiction, il faut imposer l'ouverture des livres de comptes des entreprises et la levée du secret commercial.
- La baisse de la durée de la semaine de travail à 32 heures sans baisse de salaire, avec embauche compensatoire et interdiction de l'intensification du travail et de l'augmentation des heures supplémentaires. Il s'agit aussi d'une revendication visant à travailler moins pour vivre mieux, en nous faisant sortir d'une logique productiviste toujours à courte vue.
- Des mesures pour dépasser la précarité du travail qui touche particulièrement les femmes.

---

1. Voir l'ensemble des revendications élaborées par ATTAC et décrites de façon détaillée dans la brochure, *Paradis fiscaux et judiciaires, cessons le scandale*, < broch_pfj_28302007 >

- L'augmentation des vacances à un mois dès la première année de service.

Stopper la privatisation et développer les services publics

Si on ne veut pas que la majorité de la population paie cette crise, il faut s'opposer à la tarification des services publics comme le proposent les gouvernements actuellement. Il faut non seulement en finir avec la privatisation de ces services, mais élargir la sphère des services gratuits. Ce qui veut dire :

✓ La défense de l'école publique. L'instauration de la gratuité à tous les niveaux du système d'éducation et l'annulation des frais afférents dans les écoles, collèges et universités[1]. Ce qui implique la fin du financement public des écoles privées et la défense de l'école laïque.

✓ La défense et l'élargissement du système public de santé. En clair, la généralisation de l'accès gratuit aux services de santé, la gratuité des médicaments prescrits par les médecins, la fin du financement de la médecine en cliniques privées, la mise en place d'un pôle public pour la production et la diffusion des médicaments[2], le rapatriement des personnels et des équipements de santé vers le secteur public, la socialisation des résidences pour personnes âgées et l'instauration de mécanismes de cogestion entre les aîné-es et les personnels de ces établissements publics.

✓ Un vaste programme de construction de logements sociaux. Il faut sortir le logement social de la logique de marché et préconiser

---

1. « Alors que les frais de scolarité ont augmenté de façon drastique dans certains pays au cours de la dernière décennie, d'autres ont plutôt choisi d'aller à contre-courant et de maintenir voire d'instaurer la gratuité scolaire. Ces pays ne sont d'ailleurs pas que quelques exceptions puisque nous en avons déjà répertorié une bonne vingtaine », Mémoire de l'ASSÉ, *Mémoire sur la gratuité scolaire*, janvier 2007.

2. La plate-forme de Québec solidaire décrit ainsi cette revendication : la création de Pharma-Québec, un pôle public d'acquisition, de recherche et de production de produits pharmaceutiques, dans le but de freiner la croissance des coûts en santé, d'enrichir les capacités scientifiques du Québec et d'innover dans le domaine du médicament ainsi que dans le domaine de la médecine naturelle par la recherche, la distribution et la réglementation. *Les engagements électoraux de Québec solidaire*, 2008.

le droit au logement. Un vaste programme de construction de 50 000 logements sociaux devra s'accompagner du gel des prix des loyers pour une période indéterminée[1].

Développer de vastes chantiers publics pour faire face à la crise écologique

Il faut sortir de la sphère privée les activités décisives du double point de vue du sauvetage du climat et de la satisfaction des besoins humains fondamentaux[2]. Définir une politique de sortie de crise marquée par l'écologie, c'est définir une manière d'habiter la nature, de produire, de se déplacer et de décider collectivement. Des transformations sont nécessaires pour que l'écologie conduise à repenser la vie économique et en faire son point de départ. Un plan d'urgence viserait à contrer la crise par le développement de la sphère non-marchande de l'économie de la manière suivante :

✓ Se réapproprier les entreprises de transport et en faire un bien public. Pour en finir avec des agglomérations saturées et des temps de transport domicile-travail trop longs, il faut impulser une politique volontariste de transport public, rénover et bâtir un réseau performant de transport collectif dans lequel on ne soit plus obligés de s'entasser. La crise de l'industrie automobile est le symbole de la vieille économie marquée par le gaspillage, la pollution, l'épuisement des ressources, la destruction de l'environnement et la surconsommation. Au Québec, où l'industrie automobile a déjà été en partie détruite par la concurrence capitaliste, il devient nécessaire de repenser l'ensemble du système de transport. L'État du Québec pourrait faire des pas dans cette direction, par l'appropriation publique des entreprises de production de matériel de transport public (autobus, trains, chantiers maritimes, avionneries) qui ont été déjà massivement subventionnées par le public, et l'introduction de la gratuité dans le transport public des personnes dans les municipalités.

---

1. Voir le document du FRAPRU, *Le logement, d'une crise à l'autre*, < http://www.frapru.qc.ca/Docs/BilanConj.pdf >

2. Daniel Tanuro, *Alternative sociale et contrainte écologique*, Contribution présentée dans le cadre de la journée de réflexion de l'Interrégionale wallone de la Fédération générale du travail de Belgique, FGTB, Namur, 15 décembre 2008, < http://www.europe-solidaire.org/spip.php?page=article_impr&id_article=12340 >

✓ LES ÉNERGIES RENOUVELABLES AU CENTRE D'UNE POLITIQUE ÉNERGÉTIQUE. L'État québécois peut devenir le maître d'œuvre d'une vaste transformation du secteur énergétique. L'économie devient ainsi orientée par l'écologie où les valeurs d'usage des biens et des services deviennent des secteurs industriels définis par les besoins de construction d'un cadre de vie sain et humain. Concrètement, il faut :

• Construire un pôle public de production des énergies propres autour d'Hydro-Québec.
• Créer une société publique (Énergie-Québec) pour développer les énergies propres (solaire, biomasse…)
• Nationaliser l'industrie éolienne autour d'Énergie-Québec en collaboration avec les groupes citoyens en région autour d'initiatives coopératives, ce qui nécessite une décentralisation des pouvoirs de décision vers les régions.
• Mettre sur pied un vaste chantier sur l'efficacité énergétique et revendiquer la création d'une entreprise publique dans le domaine de l'isolation et de la rénovation énergétique des bâtiments.

✓ LES RESSOURCES NATURELLES (EAU, BOIS ET MINES) SONT UN BIEN COMMUN DE LA SOCIÉTÉ ET NE PEUVENT DONC ÊTRE LAISSÉES AUX MAINS DU PRIVÉ. Historiquement au Québec, c'est l'État qui a assumé les coûts du développement forestier, en donnant la forêt aux industriels et en prélevant peu de redevances. Grâce à l'aide de l'État et à la concurrence internationale, les compagnies forestières vont continuer à engranger les profits sans se préoccuper de l'épuisement de la ressource. Certes, la crise est bien réelle, mais les compagnies s'en servent comme prétexte pour fermer des usines. Pour rompre avec cette logique, tout doit changer. Il est temps que les initiatives des travailleuses et des travailleurs reçoivent le soutien nécessaire. Ce qui veut dire :

• Exproprier les grandes forestières.
• Confier aux travailleuses et aux travailleurs de ces régions le contrôle de l'exploitation forestière. Tout doit appartenir à ceux et à celles qui vivent dans ces régions.

✓ Pour une agriculture centrée sur la souveraineté alimentaire. Au Québec, l'hégémonie d'une agro-industrie centrée sur l'exportation a contribué à appauvrir les sols, à concentrer la propriété terrienne et à multiplier les problèmes environnementaux. Concrètement, il faut promouvoir une politique de souveraineté alimentaire pour renforcer la cohésion du milieu rural, faire nos propres choix en matière d'alimentation et d'agriculture et réaliser nos objectifs sociaux et écologiques. Et appuyer une agriculture verte, locale, biologique et du terroir afin de réduire notre dépendance à l'importation, à la monoculture et à l'élevage industriel.

Se donner les moyens financiers

La constitution d'un pôle public de crédit est nécessaire Ce qui veut dire interdire les financements des déficits et faillites bancaires, et imposer la création d'un système bancaire et financier public unifié sous un contrôle public et populaire! Comment faire cela?

- Placer sous le contrôle citoyen les mouvements de capitaux et interdire la titrisation et les marchés de produits dérivés.
- Placer la Caisse de dépôt sous le contrôle démocratique des représentants des travailleurs et des travailleuses, des déposants et des représentant-es élu-es de l'État et modifier son mandat pour qu'elle investisse dans des entreprises écologiques et socialement responsables au Québec.
- Nationaliser des banques sur une base permanente, sans indemnité ni rachat. Les banques nationalisées doivent devenir un service public, financer une politique d'investissement au service de l'emploi, du logement social, des services publics, des projets écologiques et garantir un accès au crédit à un taux favorable aux particuliers. Pour dépasser la logique des nationalisations technocratiques, cette appropriation doit être placée sous le contrôle des salarié-es et de la population.

La lute contre la crise, c'est une lutte contre l'État canadien

L'État canadien est plus que jamais le bouclier du conservatisme économique et social. Il est l'artisan d'une politique militariste avec laquelle notre statut de minorité perpétuelle nous empêche de rompre concrètement. Il légitime un productivisme destructeur de l'environnement. Pour faire face à la crise, le gouvernement fédéral centralise l'État et choisit les secteurs économiques qu'il soutient et ceux qu'il laisse dépérir au gré de ses intérêts les plus immédiats. L'abandon de l'industrie de la forêt est tout à fait éloquent à cet égard. Les politiques culturelles sont pour leur part centrées sur la promotion de l'unité canadienne.

Aussi, le projet social et le projet national du peuple du Québec sont deux réalités étroitement liées. D'autant plus que pour réaliser les aspirations sociales, il faudra que soient érigées des institutions faisant une place véritable à une authentique démocratie citoyenne et sociale. Pourtant, il ne s'agit pas de faire de l'indépendance la condition de la réalisation d'un programme d'urgence contre la crise. Au contraire, c'est dans la lutte même pour ses revendications que le mouvement social au Québec se heurtera aux limites imposées par le fédéralisme canadien et créera des brèches contre la domination du fédéral sur la société québécoise. C'est dans la lutte contre le capitalisme libéralisé que la domination fédérale sera remise en question avec le plus de détermination et de constance. Car pour s'approprier collectivement le pouvoir économique et politique, il faudra battre en brèche le fonctionnement et les limites imposées par la Constitution canadienne.

Pour permettre au peuple du Québec de contrôler l'élaboration de ses décisions collectives, il faut réaliser des réformes radicales des institutions politiques, réformes qui sont bloquées dans le cadre de l'État canadien. Une démarche de libération sociale et nationale qui tente de lier ensemble toutes les dimensions de ce combat libérateur se doit d'expliquer que le combat national et démocratique est partie prenante du projet de transformation sociale nécessaire, si nous ne voulons pas que le peuple paye les coûts de la crise du capitalisme. La lutte nationale contre le capitalisme néolibéral et celle à mener pour redéfinir les institutions politiques du Québec sur une base d'indépendance peuvent être étroitement tissées. Comme le démontrent le Venezuela, l'Équateur et la Bolivie, le changement des institutions politiques par la mise en place d'une Assemblée constituante est un moment fort de la mobilisation des mouvements sociaux et de l'ensemble de la population pour changer les règles fondamentales de la société sur tous les terrains, y compris celui de l'économie. C'est pourquoi la perspective d'une Assemblée constituante du Québec pourrait être un point d'aboutissement des combats d'un front de résistance des organisations syndicales, populaires et féministes qui refusent de faire les frais de la crise actuelle.

Pour conclure

Il ne s'agit pas de sortir le capitalisme de la crise, mais de sortir du capitalisme en crise. Si sa légitimité est sérieusement remise en question par des secteurs non négligeables de la population, la possibilité et les voies de ce dépassement font encore face à beaucoup de scepticisme. Plus encore, la réunion et la concentration des forces sociales qui pourront être le sujet de ce projet sont encore à réaliser. Pourtant, nous n'avons guère le choix de relever ce défi. Face à la crise, un plan de résistance doit être élaboré collectivement par les mouvements sociaux et la gauche politique. Ce n'est pas une tâche pour demain. C'est maintenant qu'il faut s'y attaquer. C'est maintenant qu'il faut ouvrir un large débat pour comprendre et agir ensemble !

Perspectives

Le Forum social mondial,
débats et perspectives

*L*A NEUVIÈME ÉDITION *du Forum social mondial a eu lieu en janvier 2009 dans la cité de Belèm au Brésil. Plus de 130 000 personnes étaient au rendez-vous, dont une majorité de participants locaux venant du Brésil et des régions de l'Amazonie. Initié en 2001 par quelques organisations populaires brésiliennes, le FSM est devenu depuis un puissant « réseau de réseaux » où se retrouvent des centaines de milliers de mouvements sociaux du monde entier. Des Forums mondiaux ont été organisés au Brésil, en Inde, au Kenya, au Venezuela, au Mali, au Pakistan. Des centaines de forums régionaux et nationaux ont été organisés d'un bout à l'autre de la planète, y compris au Québec, où plusieurs milliers de personnes sont venues à Montréal en août 2007 pour participer au premier Forum social québécois (la deuxième édition est prévue pour octobre 2009). Lors de la réunion du comité international du FSM à Rabat en mai dernier, la décision a été prise d'organiser le prochain Forum social mondial à Dakar (Sénégal) en 2011. Sur ces avancées et les débats qui en découlent, nous vous proposons diverses réflexions :*

- *Un texte de Francisco « Chico » Whitaker, un des fondateurs du FSM.*
- *Une analyse du réseau Alternatives-International, qui réunit neuf organisations de divers pays et qui intervient dans le processus du FSM à plusieurs niveaux.*
- *La déclaration du comité organisateur du Forum social Maghreb-Mashrek.*
- *Le point de vue de la Confédération syndicale internationale sur l'avenir du FSM.*

- *La déclaration de l'Assemblée des mouvements sociaux qui a réuni, à la fin du FSM de Belèm, plusieurs centaines d'organisations populaires du monde entier.*

Le FSM : un nouveau Bien commun de l'humanité ?

Francisco « Chico » Whitaker

Après la période d'enchantement qui suit toujours les forums, les chemins indiqués par ces évaluations un peu euphoriques m'ont angoissé. C'est alors que m'est apparue crédible l'idée d'une nouvelle approche pour analyser le processus du Forum social mondial : en le connectant avec le concept abordé dans le manifeste *Pour la récupération des Biens communs*. En analysant ce que sont les Biens communs – traduction encore provisoire du concept de « *commons* » de la langue anglaise – j'ai pensé qu'il ne serait pas exagéré de dire que le processus du Forum social mondial est en lui-même une nouvelle forme de Bien commun de l'humanité. Un Bien commun créé par ses communautés participantes, comme d'autres (l'espace virtuel du réseau électronique mondial, le patrimoine croissant des connaissances de l'humanité, etc.). Le Forum est un processus qui est maintenant à la disposition de tous ceux qui luttent pour un autre monde possible.

Le FSM est un espace ouvert, comme l'étaient les « *commons* » anglais avant que les propriétaires ne posent des clôtures pour les privatiser au xve siècle, sous le prétexte d'assurer la bonne et efficace utilisation des terres, mais avec l'objectif d'assurer le profit de ceux qui en prenaient possession.

Un Bien commun ne doit pas être privatisé. Nous ne voulons pas que le Forum ait un « propriétaire », mais qu'il reste un lieu où puissent venir se nourrir, se connecter et se renforcer mutuellement les militants les plus divers et les causes les plus différentes qui visent la construction d'un monde juste, égalitaire et respectant la nature (à l'image de la cause des peuples autochtones des Andes qui, à Belèm, ont soulevé la question du « bien vivre » pour tous). Nous nous battons pour que cet espace ne soit pas « privatisé » par des objectifs et des stratégies limités, ni miné par des luttes pour le pouvoir.

Ne serait-il pas possible de voir alors le processus du Forum social mondial comme un Bien commun de l'humanité, qui doit être protégé pour assurer sa continuité, maintenant que nous sommes en train de découvrir et d'approfondir le potentiel politique de ce concept?

Altermondialisme, mouvements sociaux, FSM : défis, contradictions, perspectives

ALTERNATIVES-INTERNATIONAL

Depuis la moitié des années 1990, les dominés ont réussi, inégalement dans le monde, à gagner, jusqu'à un certain point, la « bataille des idées », sans toutefois réussir (à part quelques exceptions) à déraciner le néolibéralisme, qui s'est redéployé sous de nouvelles formes tout en poursuivant son labeur de déstructuration-restructuration du capitalisme et des luttes de classes.

Un autre monde possible et nécessaire

Cette effervescence a pris la forme de nouvelles coalitions impliquant des mouvements sociaux « anciens » (syndicalisme) et « nouveaux » (paysans, écolos, jeunes). De tout cela ont émergé de vastes alliances qui ont alors débouché sur des « réseaux de réseaux » à l'échelle internationale, dont le plus important est le FSM. Ces nouvelles configurations sociales politisées se sont jetées dans un nombre incalculable de batailles, manœuvres et blocages, en refusant de se subordonner à des agendas politiques. Assez souvent par contre, elles se sont déployées en force d'appui aux projets de centre-gauche, surtout en Amérique du Sud où la social-démocratie cherche à éviter de glisser dans le social-libéralisme. Contrairement aux expériences précédentes de coalitions « de gauche », ces alliances ont permis de renforcer l'autonomie des mouvements, notamment de ceux qui ont été mis en place par les classes populaires et les groupes subalternes. L'horizontalité, l'action « positive » en faveur de ceux qui sont traditionnellement marginalisés dans les mouvements, l'élaboration de nouveaux mécanismes de coordination et d'information, ont été parmi les outils de cette élaboration. Ainsi, dans ce contexte, les réseaux ont acquis une importance inédite, non seulement comme vecteurs de la mobilisation populaire, mais également comme porteurs d'une autre utopie qui n'est pas encore bien définie, mais qui se développe, notamment en conjuguant les valeurs de l'émancipation sociale, de la démocratie citoyenne et de l'écologie.

La guerre de position

Tout cela s'articule de manière profonde et spectaculaire en Amérique du Sud. De puissantes insurrections de masse ont renversé des régimes. Ailleurs, sans réussir à vaincre, ces insurrections se sont imposées sur des espaces transversaux, géographiquement ou socialement. Là où les régimes de droite ont été renversés, les mouvements se retrouvent avec de nouvelles coalitions au pouvoir, une sorte de « centre-gauche », quelquefois assez avancé, quelquefois social-libéral. Dans de tels cas, les mouvements réussissent à maintenir un niveau assez élevé de mobilisation, voire à disloquer les réseaux et les organisations des dominants (comme en Bolivie ou au Venezuela). Ils internationalisent ou au moins régionalisent leurs luttes. Toutefois, les avancées se font également sur un espace où il y a aussi beaucoup de reculs. De très graves cassures apparaissent en laissant percevoir la capacité destructive des dominants, « transférée », si on peut dire, chez les dominés. « Tout le monde contre tout le monde. » Sur cette toile fond, des sociétés replongent dans l'ethnicisme, la barbarie, le génocide. De la lutte de classes à la guerre raciale, le pas est vite franchi (la « guerre des civilisations »).

Le Forum social : espace dialectique et dynamique des mouvements

En gros, le FSM a été assez efficace dans la délégitimation de la « pensée unique » exprimée par les secteurs les plus arrogants du néolibéralisme. Cette bataille s'est effectuée en faisant converger les perspectives radicales des luttes anticapitalistes et anti-impérialistes de mouvements de masse comme le MST avec les projections néokeynésiennes de réseaux comme ATTAC ou des ONG. Elle s'est également aventurée, quoique modestement, sur le terrain des alternatives économiques, sociales, écologiques, revitalisant et modernisant le concept du bien commun. Enfin, cette bataille des idées a brisé un certain nombre de tabous plus ou moins paradigmatiques, en facilitant une nouvelle « sociologie des émergences » (Santos) dans les territoires traditionnellement non explorés de l'identité, des valeurs, de l'utopie. Aujourd'hui, huit ans plus tard, le FSM continue d'évoluer, d'autant plus que son horizontalité et son ancrage lui permettent d'éviter la rigidité. Toutefois, il rencontre de nouveaux défis. Le premier est sans doute le danger de ritualisation qui menace de transformer le FSM en un « évènement », et non un processus vivant et changeant. Il y a également le poids des appareils et de leur sociologie bureaucratisante, normalisante, qui tend à reproduire, au lieu de créer. Devant cela, les mouvements doivent continuer à innover et à résister.

Les dix prochaines années

Le FSM et les mouvements qui en sont la base sont à un autre niveau confrontés à leurs propres limites, d'où la tendance à penser ou à espérer des « raccourcis », qui sont mis au programme par des organisations, des personnalités, souvent populistes et qui se proposent comme les « organisateurs » de la mobilisation populaire et de la transformation sociale. La question de l'organisation est posée, notamment face au pouvoir, qu'on veuille le transformer, le capturer ou le marginaliser. Mais jusqu'à un certain point, l'innovation sociale, y compris celle du FSM, secondarise (sans l'éliminer totalement) le concept de l'organisation-miracle, du chef-miracle, du moment « cataclysmique » de la « prise du pouvoir ». Reste à aller plus loin que ce qui a été réalisé ces dernières années et à imaginer une nouvelle configuration des mouvements par rapport au politique. Ce qui passe par au moins deux lignes d'intersection. Celle de l'autonomie, d'une part, moment incontournable de l'affirmation des classes subalternes. Celle de la convergence, d'autre part, par laquelle ces classes et leurs mouvements identifient les points d'intersection stratégiquement indispensables et tactiquement réalisables.

Le projet contre-hégémonique

Pendant des décennies, les mouvements sociaux ont été aveuglés par l'idéologie des lumières tamisées à gauche, sans trop écouter les avertissements critiques et prophétiques de plusieurs. Mais aujourd'hui, ce projet est en phase terminale. Encore de manière ambiguë, le mouvement met alors de l'avant la perspective éco-socialiste. Parmi plusieurs traits marquants est cette notion que la protection de l'environnement naturel est organique à toute élaboration de développement social équitable.

Pour permettre et accentuer toutes ses avancées, les mouvements populaires, de même que le FSM, construisent de nouveaux « outils » qui sont à la fois conceptuels et pratiques. Les « outils » dont le mouvement a besoin impliquent de nouvelles « technicités » dans toutes sortes de domaines (gestion, communication, gouvernance, etc.). C'est aussi une bifurcation vers le « glocal », c'est-à-dire la capacité d'ancrer les résistances dans un espace dense et structuré tout en les projetant et en les faisant converger à une échelle plus vaste.

Bref, le mouvement populaire et ses expressions et espaces comme le FSM fait bien évidemment de la « politique » (au sens de la « *polis* ») et de l'action citoyenne sur les structures du pouvoir. À une première échelle, il faut construire un nouveau « front uni », pour vaincre, ou au moins, pour faire reculer l'Empire. Il faut également chercher à utiliser, sans se subordonner, les contradictions inter-impérialistes, toujours pour affaiblir l'Empire, sans servir de marche-pied aux compétiteurs de cet Empire. Simultanément, il faut bâtir sa propre force, confronter, au sein des alliances, le social-libéralisme, voire renverser l'équation au profit des mouvements populaires.

Vers le Forum Social Maghreb-Mashrek

Le Forum social Maghreb-Mashrek a été initié dans le sillon des succès du Forum social du Maroc et du Forum social du Maghreb en juillet 2008 (regroupant des militant-es du Maroc, d'Algérie, de Mauritanie, de Tunisie, de Lybie) et à la suite de rencontres à Casablanca, Le Caire et Damas. Le comité initiateur s'est réuni à Rabat (Maroc) en mai 2009. L'idée est de convoquer un forum régional au début de 2011. Pour le moment, environ 300 organisations ont participé aux travaux de ce Forum qui a la particularité de se développer dans une région en crise « globale » et très affectée par les conflits armés, princi-

palement en Palestine et en Irak. Voici donc des extraits de l'appel pour réaliser ce Forum.

Notre projet est un nouveau levier pour édifier l'unité de nos peuples sur la base de la solidarité, de la complémentarité et de la résistance dans la perspective où nous nous émanciperons des carcans du passé et de la tyrannie du présent. Nous pensons que notre projet est pertinent vu les facteurs suivants :

- Les acteurs civiques nationaux ont réussi à constituer des forums nationaux qui ont permis aux mouvements sociaux locaux d'assimiler le *Manifeste* de Porto Alegre comme un pacte unissant le mouvement mondial de lutte contre la mondialisation sauvage ;
- l'apparition d'une conscience nouvelle qui assimile les constantes de la culture universelle fondée sur la tolérance, la solidarité et le droit à la différence ;
- une connaissance avancée des traits spécifiques de la région, notamment en matière de diversité culturelle et ethnique ; ainsi que de sa situation géographique, qui la voue à être la base de départ d'une guerre menée par le sionisme et l'impérialisme contre la volonté de l'ensemble des hommes libres à travers le monde.

Pour accomplir le FS régional Maghreb-Mashrek, nous proposons de prioriser les axes suivants :

- Entreprendre un diagnostic de la situation des mouvements sociaux comme espaces de liberté dans la région, ainsi que des rapports avec les partis politiques, islamistes notamment, vu la place centrale qu'occupe la religion, et envisager la manière de s'ouvrir aux expériences démocratiques authentiques.
- Continuer le débat sur la guerre barbare, raciste et criminelle menée par l'État sioniste, en travaillant aussi et en entreprenant des recherches en matière de relations avec le mouvement juif antisioniste.
- Arracher une répartition juste des biens dont regorge la région afin que les peuples qui y vivent ne demeurent pas sous l'emprise de l'oppression, la pauvreté et l'exploitation, ce qui incite

les citoyens de la région à prendre les barques de la mort pour aller travailler en Europe.

- Résister à la dangereuse régression sur le plan de la démocratie.
- Entreprendre des recherches en matière de spécificité culturelle des peuples, pour comprendre ce qui fait de la femme la première victime d'une culture conservatrice et de coutumes renforcées par la montée croissante de la vague intégriste.
- Œuvrer à la consolidation des associations nationales et régionales qui s'occupent de la mission de défense de l'environnement, en particulier, en matière de ressources en eau dont l'usage en tant que ressource vitale est anarchique, sans oublier les nombreux conflits concernant l'eau, surtout au Moyen-Orient.

L'ambition est que le Forum social Magheb-Mashrek représente un dépassement populaire du nationalitarisme pour devenir un champ de rencontre des expériences et de fécondation des idées existant dans la région, fondé sur les principes inscrits dans le *Manifeste de Porto Alegre* pour tenir les rencontres et unir les combats là où les circonstances politiques le permettent, loin de tout chauvinisme.

Perspective et réflexion syndicale sur le FSM

CONFÉDÉRATION SYNDICALE INTERNATIONALE

La CSI s'associe au rejet de la pensée unique néolibérale et reconnaît la contribution du Forum social mondial à la création d'une conscience globale pour un autre monde.

Le contexte

Si la dominance néolibérale de la mondialisation s'est modifiée depuis la création du premier Forum en 2001, c'est bien dans le sens d'un endurcissement. Une des conséquences de cet endurcissement est la précarisation de la situation de l'emploi dans le monde. Le processus de concentration des richesses pousse de plus en plus les travailleurs vers des zones de non-droit où la relation de travail n'est plus reconnue. Ainsi, le travail indépendant, journalier, à la tâche, en sous-traitance ou dans l'économie informelle se multiplie. En parallèle, les inégalités économiques et sociales au sein des pays et entre ceux-ci ne cessent de croître.

Si certaines victoires ont été gagnées notamment par des gouvernements progressistes au niveau national, elles n'ont pas foncièrement changé l'ordre du jour international et la gouvernance mondiale. Le blocage des négociations commerciales au sein de l'OMC illustre plus la volonté des pays dit émergeants de ne pas céder à l'égoïsme des puissances du Nord, que l'émergence d'une nouvelle donne commerciale plus juste.

Par contre la remise en cause de l'hégémonie traditionnelle sur la scène globale gagne du terrain. Les centres de décisions et d'influence ne sont plus exclusivement situés au Nord. Notre monde d'aujourd'hui est plus multipolaire qu'il ne l'était lors de la création du FSM en 2001 et cette tendance risque fort de se poursuivre. Cependant, il n'est pas certain que cette multipolarité débouche sur une transformation de l'ordre du jour mondial. L'Asie semblerait être la région la plus à même de changer l'ordre politico-économique mondial. Or, si l'affirmation des grands pays asiatiques a une influence énorme sur l'échiquier mondial, elle n'est cependant pas anti-néolibérale. Les grands pays asiatiques semblent avoir parfaitement assimilé le fonctionnement du système capitaliste et en être devenus de fervents promoteurs aussi bien chez eux qu'à l'extérieur.

L'ampleur de la crise environnementale actuelle est certainement une nouvelle donne depuis la création du Forum. Ce constat couplé aux autres met en évidence les limites du modèle de développement actuel. Une autre caractéristique importante qu'il convient de prendre en compte dans notre réflexion sur le futur du Forum est la répression des libertés individuelles et collectives et, notamment, du droit d'association qui représente un obstacle majeur à l'émergence d'une société civile mondiale. De ce point de vue, la « guerre contre le terrorisme » sape les libertés individuelles et nuit à l'organisation de la société civile dans le monde.

L'avenir du Forum

Le concept d'espace ouvert (lieu ouvert à tous ceux et celles qui partagent les principes de la *Charte*) est l'essence même du Forum.

C'est une réponse stratégique (rassembler la société civile dans son ensemble) mais également politique (le refus de la pensée unique). Le Forum s'oppose en effet à un programme « unique » et fonctionne sur des propositions multiples et inclusives. Cependant, si le Forum doit rester un espace ouvert, il ne doit pas être un espace neutre. Il est nécessaire qu'il puisse assurer un réel impact sur l'agenda global. Ainsi, nous pensons que l'avenir du Forum dépend de sa capacité à progresser dans les deux directions : d'une part, maintenir l'espace ouvert tel que conçu dans la *Charte des principes* et, d'autre part, oser le positionnement politique. Le défi est de pouvoir faire de notre diversité, non une source de dispersion, mais bien une force qui nous rende plus à même de peser sur l'ordre du jour politique actuel. Le défi est de savoir comment mener ces deux processus en parallèle et de façon cohérente.

Dans tous les cas, avancer simultanément demandera compréhension et respect mutuels entre ceux et celles qui participent au Forum. Nous refusons l'idée que le FSM soit contrôlé par qui que ce soit, y compris par les syndicats, puisque le concept même de centralisme est étranger au Forum. Ces dernières années nous ont démontré que l'ensemble de ceux et celles qui participent au Forum ne pourront jamais s'accorder complètement. Il est donc inutile d'essayer de chercher le consensus là où il n'existe pas. Nous ne pouvons avancer que sur la base de ce qui nous unit.

De notre point de vue, la poursuite de ces deux objectifs passe par la recherche d'actions collectives dans lesquelles nous pourrons nous retrouver dans le respect de notre pluralité et sur lesquelles nous pourrons nous accorder sans mettre en péril l'identité et les opinions de chacun. Ces actions collectives pourraient par exemple prendre la forme de Forums mondiaux thématiques. Chaque groupe, mouvement ou organisation serait libre d'organiser ses actions, de présenter ses points de vue et ses propositions sur le thème choisi. Personne n'endosserait les positions des autres. Il serait en outre fondamental de considérer la centralité du thème du travail digne et de l'emploi décent dans toutes ces discussions sur « un autre monde possible ».

Identifier les dénominateurs communs à tous, à partir desquels nous pouvons organiser des formes d'actions collectives mettant en avant notre pluralité, telle est notre proposition pour que le Forum avance vers cet autre monde possible que nous souhaitons tous.

Nous ne payerons pas la crise! Que les riches la payent!

Déclaration de l'Assemblée des mouvements sociaux lors du Forum social mondial de janvier 2009 à Belém, Brésil.

Nous, les mouvements sociaux du monde entier, nous nous sommes réunis à l'occasion du 9e Forum social mondial à Belém, en Amazonie, où les peuples résistent à l'usurpation de la nature, de leurs territoires et de leurs cultures. L'Amérique latine a ces dernières années mené des luttes sociales très radicales qui ont conduit au renversement de gouvernements néolibéraux et à la mise en place de gouvernements qui ont mené à bien des réformes positives comme la nationalisation de secteurs vitaux de l'économie et des réformes constitutionnelles démocratiques. Dans ce contexte, les mouvements sociaux d'Amérique latine ont agi de manière adéquate en décidant d'appuyer les mesures positives adoptées par ces gouvernements tout en maintenant leur capacité de critique à leur égard.

Actuellement, nous, les mouvements sociaux de la planète, faisons face à un défi de portée historique. La crise capitaliste internationale qui porte préjudice à l'humanité s'exprime sur différents plans : c'est une crise alimentaire, financière, économique, climatique, énergétique, migratoire, de civilisation ; elle accompagne la crise de l'ordre et des structures politiques internationales. Nous sommes face à une crise globale provoquée par le capitalisme qui n'a pas d'issue au sein du système. Toutes les mesures adoptées pour sortir de la crise ne cherchent qu'à socialiser les pertes pour assurer la survie d'un système basé sur la privatisation des secteurs stratégiques de l'économie, des services publics, des ressources naturelles et énergétiques, sur la marchandisation de la vie et l'exploitation du travail et de la nature, ainsi que le transfert de ressources de la Périphérie au Centre, ainsi que des travailleurs et des travailleuses à la classe capitaliste.

Dans le contexte de cette crise, les droits des peuples sont systématiquement niés. L'agression sauvage du gouvernement israélien contre le peuple palestinien est une violation du droit international qui constitue un crime de guerre, un crime contre l'humanité et aussi un symbole de la négation de droits dont souffrent également d'autres peuples du monde. Cette impunité honteuse doit cesser. Les mouvements sociaux réaffirment leur soutien actif à la lutte du peuple palestinien ainsi qu'à toutes les actions des peuples du monde contre l'oppression.

Pour faire face à la crise, il est nécessaire d'aller à la racine du problème et d'avancer le plus rapidement possible vers la construction d'une alternative radicale qui en finisse avec le système capitaliste et la domination patriarcale. Dans cette perspective, nous devons lutter pour impulser la plus large mobilisation populaire pour :

- La nationalisation sans indemnisation et sous contrôle social du secteur bancaire.
- La réduction du temps de travail sans réduction de salaire.
- Des mesures pour garantir la souveraineté alimentaire et énergétique.
- L'arrêt des guerres, le retrait des troupes d'occupation et le démantèlement des bases militaires étrangères.
- La reconnaissance de la souveraineté et de l'autonomie des peuples qui assure le droit à l'autodétermination.
- La garantie du droit à la terre, au territoire, au travail, à l'éducation et à la santé pour toutes et tous.
- La démocratisation des moyens de communication et de connaissance.

Le processus d'émancipation sociale poursuivi par le projet féministe, écologiste et socialiste du XXIe siècle aspire à libérer la société de la domination exercée par les capitalistes sur les grands moyens de production, les communication et les services par l'appui à des formes de propriété d'intérêt social : petite propriété familiale, propriété publique, propriété coopérative, propriété communale et collective. Cette alternative doit être féministe, car il est impossible de construire une société basée sur la justice sociale et l'égalité des droits si la moitié de l'humanité est opprimée et exploitée.

Le défi pour les mouvements sociaux est d'arriver à organiser la convergence des mobilisations globales à l'échelle de la planète et de renforcer notre capacité d'action en favorisant la convergence de tous les mouvements qui cherchent à résister à toutes les formes d'oppression et d'exploitation.

Stratégies d'émancipation

EMMANUEL TERRAY

DANS LE CADRE des interrogations actuelles sur la crise, plusieurs militants et chercheurs tentent de faire évoluer la discussion sur le dépassement du capitalisme. Cependant, l'expérience du mouvement ouvrier nous a appris à quel point ont été inutiles et même nocifs des programmes détaillés, dont la réalisation est renvoyée à un avenir sur lequel nous n'avons aucune prise, et qui, en attendant, barrent l'horizon, enchaînent l'imagination et nous rendent insensibles aux imprévus et aux occasions neuves apportés par le cours du temps. Laissons à ceux qui bâtiront la nouvelle cité le soin de la concevoir et de la dessiner : notre tâche à nous est de lui faire place nette.

Cependant, pour prévenir les confusions, il peut être utile de préciser la frontière qui sépare le dépassement du capitalisme de sa simple refondation. À cette fin, je partirai des analyses de Karl Polanyi dans *La grande transformation*[1].

« Avant » le capitalisme

Pour Polanyi, dans toutes les sociétés humaines jusqu'au XVIe siècle, l'activité économique est une activité « encastrée » *(embedded)* dans la société; en d'autres termes, il n'est pas possible d'y repérer un secteur économique séparé et indépendant. Certes les individus et les groupes produisent, échangent, consomment, mais ces activités sont gouvernées par des normes et des valeurs extérieures à la sphère économique. Tout d'abord, la production est régie par les besoins; le travail a pour fin la production de valeurs d'usage. Par ailleurs, les communautés visent en règle générale la reproduction

---

1· Karl Polanyi, *The Great Transformation*, Beacon Press, Boston, 1967 [1944].

simple. Dans certaines circonstances historiques, la reproduction élargie peut intervenir, pour faire face à telle ou telle conjoncture, mais elle garde un caractère exceptionnel et n'est pas inscrite dans les structures mêmes du système social. Surtout, ce sont des valeurs et des normes morales, religieuses, culturelles, qui orientent la production, déterminent la division du travail, modulent le rythme et l'intensité des efforts. Des échanges peuvent prendre place, mais ils sont confinés à la périphérie des communautés et ne portent guère que sur des excédents, en particulier des biens de luxe et de prestige. Enfin, certaines communautés connaissent en leur sein des rapports de domination et d'extorsion, mais ceux-ci sont fondés sur la dépendance personnelle, établie et maintenue par la force.

Le « triomphe » du marché

Il faut rappeler que le genre humain a vécu dans ce genre d'organisation sociale pendant des millénaires. La « grande transformation » telle qu'elle s'accomplit à partir du XVIe siècle, c'est précisément la fin de cet « encastrement » *(embeddedness)* de l'économique dans le social. L'activité économique s'affranchit de sa tutelle sociale et prend son essor comme une sphère désormais autonome ; à partir de ce moment, elle n'obéit plus qu'à des critères et à des normes économiques : coûts, profit, rendement, etc. Cet affranchissement, poursuit Polanyi, se traduit par l'avènement de l'économie de marché, c'est-à-dire d'une économie où le marché n'est soumis qu'à sa propre régulation. À l'origine, on l'a vu, ne surgit qu'un secteur marchand périphérique, limité aux interstices des communautés. Plus tard, ce marché s'infiltre à l'intérieur même des communautés et s'empare d'une fraction croissante de leurs activités. Le processus s'achève lorsque le marché conquiert les deux facteurs décisifs de la production : la terre et le travail. Lorsque la terre devient propriété personnelle aliénable, lorsque la force de travail devient une marchandise, alors le triomphe du marché est complet, et l'économie de marché se transforme du même coup en économie capitaliste.

Quel dépassement ?

On peut, me semble-t-il, tirer de ces analyses l'hypothèse d'une sorte de seuil : si le capitalisme commence lorsque la terre et le travail deviennent des marchandises, on peut supposer, *a contrario*, que le capitalisme sera dépassé lorsque la terre et le travail seront de nouveau soustraits à la domination du marché. Bien entendu, il ne s'agit en rien d'inviter à un retour en arrière : l'évolution technique et sociale qui s'est produite depuis quatre siècles impose l'invention de modalités d'appropriation du sol entièrement nouvelles, et les expériences conduites sur ce point dans les pays de l'ancien bloc soviétique nous donnent de précieuses indications sur ce qu'il ne faut *pas* faire.

Mais il faut en finir d'une certaine façon avec l'aliénabilité de la terre, et soumettre sa répartition et son usage à des normes réfléchies et adoptées collectivement. Il en va de même en ce qui concerne le travail : le capitalisme prendra fin quand l'allocation, l'intensité, la rémunération du travail ne seront plus assujetties à la loi du profit maximum ; aux collectivités d'imaginer et d'expérimenter de nouveaux modes d'organisation du travail.

Je voudrais m'attarder un peu plus sur la question des alliances. Je me servirai pour la poser de la bonne vielle méthode maoïste : pour chaque période historique, identifier l'adversaire principal, puis s'efforcer d'unir toutes les forces susceptibles de se dresser d'une manière ou d'une autre contre l'ennemi commun.

Comment alors identifier l'adversaire principal ? J'accepte sur ce point les thèses de Michael Hardt et d'Antonio Negri[1] : aujourd'hui, le monde est gouverné par un conglomérat hétéroclite de dirigeants politiques, économiques et médiatiques. Figurent parmi eux les gouvernants de l'immense majorité des États, les responsables des grandes institutions internationales, les détenteurs du pouvoir économique et financier, en particulier les états-majors des grandes firmes multinationales, mais aussi, *last but not least*, les chefs des grandes mafias – officielles ou officieuses – qui se partagent la planète. C'est à cet ensemble disparate que Hardt et Negri ont donné le nom d'« empire ».

Il faut bien entendu s'interroger sur la cohésion de cet « empire » : à première vue, il est traversé par de très nombreuses contradictions et par de multiples conflits. Les uns opposent les États les uns aux autres. D'autres tiennent à la concurrence des multinationales. Parfois, un

1. Michael Hardt et Antonio Negri, *Empire,* Paris, Exils, 2000.

État se heurte à une multinationale. L'autorité des organisations internationales est très largement contestée et battue en brèche. Enfin, un affrontement parfois ouvert, parfois larvé, se poursuit entre les États et les mafias. Il est donc légitime de s'interroger sur l'unité de l'empire.

Je soutiendrai pour ma part l'opinion suivante : les contradictions et les conflits qui affectent l'empire ne mettent pas en cause son existence. Bien entendu, aucun conflit n'est parfaitement maîtrisable. Tout conflit peut « s'emballer », et du coup échapper aux intentions de ses protagonistes. Il reste qu'aucun des acteurs ne propose le renversement du système. Certes, quelques États se trouvent – au moins partiellement – à l'extérieur de l'empire, qu'il s'agisse de certains survivants du bloc socialiste, de l'Iran ou des nouveaux régimes de gauche en Amérique Latine. Toutefois, dans les deux premiers cas au moins, la caractère autoritaire de l'État interdit de le considérer comme un adversaire effectif de l'empire. En tout état de cause, le poids politique additionné de ces États ne leur permet pas de menacer véritablement la stabilité de l'empire.

L'altermondialisme et les keynésiens

Quant aux dissensions intérieures de l'empire, elles peuvent certes à l'occasion prendre des formes très aiguës. Mais celles-ci ne doivent pas nous abuser : l'enjeu n'est pas la survie de l'empire, mais plutôt de redistribuer en son sein les pouvoirs, les hégémonies, les positions hiérarchiques, les zones d'influence. La compétition vise à rééquilibrer les rapports de force entre acteurs, en se fixant à elle-même certaines limites : non-ingérence – au moins affichée – dans les affaires intérieures, complicité face aux tentatives de subversion, en particulier lorsqu'elles prennent la forme du terrorisme ; respect des territoires réservés, etc. Toutefois, ce qui s'accomplit au travers de cette compétition, c'est bien la reproduction de l'empire, et la reproduction du système économique et social qui lui a donné naissance : le capitalisme mondialisé.

Contre l'empire et ses assises capitalistes, qui pouvons-nous donc mobiliser ? « Nous », c'est-à-dire le mouvement alter-mondialiste ? À l'extérieur de ce mouvement, existe-t-il des forces qui s'opposent, sous un angle ou sous un autre, à l'empire, et avec lesquelles nous pourrions essayer de réaliser une convergence des luttes ?

Regardons d'abord les keynésiens. Il s'agit d'acteurs qui, face à la crise, veulent réformer ou refonder le capitalisme en y introduisant davantage de régulation et en confiant cette régulation à une puissance publique, nationale ou internationale, rétablie dans ses prérogatives. Si les keynésiens l'emportaient, notre avenir pourrait, à court et à moyen terme, prendre la forme d'un « *green new deal* ».

Avec les keynésiens, notre rapport doit être celui d'une alliance conflictuelle, sur le modèle maintes fois éprouvé des relations entre la gauche radicale et la social-démocratie tout au long du XXᵉ siècle. Pour ma part, je souhaiterais distinguer deux catégories de keynésiens. Pour les premiers, le keynésianisme n'est guère plus qu'un ensemble de recettes pour faire face à la crise : soutien de l'activité, plans de relance, etc. Mais ces recettes ne doivent jouer à leurs yeux qu'un rôle temporaire : sitôt la crise passée, on reviendra au *statu quo ante,* quitte à éliminer quelques symboles trop voyants ou à introduire quelques pratiques trop dangereuses. Pour les seconds, il s'agit de remplacer le capitalisme ultralibéral par un capitalisme keynésien qui n'est plus tout à fait du capitalisme : dans celui-ci, en effet, les entreprises restent régies par le marché au niveau micro-économique, mais les grandes décisions macro-économiques concernant la monnaie, les investissements, les revenus, sont désormais prises par la puissance publique, étant entendu qu'à notre époque l'action de celle-ci devra s'exercer pour l'essentiel à l'échelle internationale. Avec ces keynésiens-là – seuls fidèles, me semble-t-il, à la pensée et à l'esprit de Keynes – nous pouvons travailler, puisque l'aboutissement de leur projet signifierait un premier dépassement du système capitaliste. Malheureusement, ils sont plutôt rares parmi nos gouvernants puisque la plupart de ceux-ci ne sont que des keynésiens de façade ou d'occasion. On pourrait relever les mêmes ambiguïtés en ce qui concerne le rôle de l'État : il peut être, soit une simple roue de secours, soit une alternative à l'autorégulation du marché. Conclusion, le simple « retour de l'État », tel qu'il est aujourd'hui exalté, peut être tout à fait trompeur.

Les keynésiens, quelle que soit leur obédience, font partie de l'empire, et en passant alliance avec eux, nous exploitons les contradictions intérieures au système. Mais à l'extérieur de l'empire, il y a ce que Hardt et Negri appellent la « multitude ». Bien entendu, cette expression vague et confuse a été la cible d'innombrables critiques. Aussi, sans la reprendre à mon compte, je m'intéresserai à quelques « forces » qui entreraient à coup sûr dans la composition de la multitude si celle-ci parvenait un jour à prendre corps.

Le « retour » du paysan

La première de ces forces est la paysannerie. Il me paraît nécessaire de rappeler qu'aujourd'hui un habitant de la planète sur deux est encore un paysan. Assurément, cette moyenne dissimule des disparités considérables. Dans les grands pays industriels, la proportion de paysans ne dépasse pas 5 %, mais elle est de 50 % en Chine, d'au moins autant en Inde et en Amérique Latine, largement supérieure en Afrique. Des masses aussi considérables ne sauraient être regardées comme résiduelles. Par ailleurs, la paysannerie concentre sur elle la plus grande partie du « malheur du monde » : l'extrême pauvreté – partagée avec les paysans déracinés qui cherchent refuge en ville –, les conditions sanitaires désastreuses, la scolarisation minimale, l'accès limité à l'eau et à l'énergie, etc.

Face à une telle situation, nous devrions proclamer bien haut que l'urbanisation massive et accélérée n'est pas une fatalité ; que l'entassement dans des mégalopoles surpeuplées et misérables n'est pas un destin inéluctable. Nous savons bien que l'exode rural s'effectue dans l'immense majorité des cas sous la contrainte, et nous n'avons aucune raison de regarder cette contrainte comme un phénomène naturel, analogue aux sécheresses ou aux inondations.

Un de nos objectifs majeurs doit donc être de rendre possible à tous ceux qui le souhaitent la vie à la campagne. Cela passe d'abord par la fin de l'appropriation privée de la terre et par l'avènement de diverses formes de propriété collective, assorties d'un droit d'usage individuel et perenne. On le sait, la « faim des terres » est une des causes majeure de la misère paysanne ; faute de disposer de la surface nécessaire à sa subsistance, le paysan doit se mettre au service des plus aisés, dans des conditions très défavorables. Ou bien, il est obligé de s'endetter et tombe entre les griffes des usuriers. D'où l'impératif évoqué plus haut : la terre doit être soustraite au marché. Au surplus, il faut consentir aux investissements requis pour créer les conditions matérielles d'une vie rurale décente : logement, accès à l'eau et à l'énergie, à l'école et à la santé, etc. Enfin, il faut établir, aussi longtemps que nécessaire, un revenu minimum garanti.

Les enjeux ici sont d'abord d'ordre écologique. Vider la campagne de ses habitants pour les remplacer par des machines, introduire une agriculture et un élevage industrialisés dans un désert humain, cela ne peut produire que des effets désastreux. Ces effets sont d'ailleurs de mieux en mieux connus. Mais les enjeux sont également politiques : un paysan qui est maître de sa terre, qui la met lui-même en valeur et qui peut en vivre, est un individu libre et responsable ; il gère lui-même sa vie, et son indépendance fait de lui un très solide rempart contre la tyrannie, ainsi que le démontrent d'innombrables expériences de résistances paysannes à travers l'histoire, des origines à nos jours.

Un nouveau dialogue avec les religieux

Autres alliés éventuels : les adeptes des diverses religions pratiquées dans le monde contemporain. Depuis deux siècles, le mouvement progressiste a entretenu avec la religion des rapports difficiles. Les dirigeants et les élites des grandes religions ont été accusés, le plus souvent à bon droit, de complicité avec les pouvoirs en place et avec l'ordre établi. On leur a reproché de cultiver l'obscurantisme et la résignation. On en a conclu que le progrès social et intellectuel passait par une lutte sans merci contre les croyances religieuses et leur emprise. Au surplus, on a estimé que cette lutte était gagnée d'avance, puisque l'essor des sciences et des techniques entraînait de lui-même la sécularisation des sociétés et le « désenchantement du monde ».

Dès la période considérée, de telles conceptions, sans être inexactes, étaient unilatérales, et elles n'apportaient qu'une image tronquée de la réalité. Aujourd'hui, elles sont largement dépassées : au vu de l'extraordinaire luxuriance religieuse qui marque notre époque, comment parler encore de désenchantement du monde ? Il faut donc reprendre l'analyse sur de nouvelles bases, et tout d'abord prendre acte du fait que de nombreux croyants de toutes obédiences contestent le capitalisme en raison de son caractère immoral ou amoral. À leurs yeux, sous l'effet du capitalisme, l'économie s'est affranchie de toute règle morale, et c'est ce qui provoque leur indignation. Leur protestation prend plusieurs formes et vise plusieurs cibles :

- Dénonciation de l'esprit de lucre et de profit ; critique de l'individualisme et de l'égoïsme ; condamnation de la concurrence effrénée.
- Révolte contre les injustices engendrées par le système. En Afrique subsaharienne et en Amérique Latine, l'*Évangile* a inspiré beaucoup plus d'insurrections que le *Capital*. On en dirait autant des dissidences et des hérésies à l'intérieur de l'islam.
- Critique du « matérialisme pratique » caractéristique du capitalisme, c'est-à-dire de l'idéologie selon laquelle les valeurs de la consommation priment sur toute autre valeur.

De façon positive, pour les croyants, la religion est créatrice de sens et de lien social. Face à la souffrance et à la mort, elle est source d'espoir. Par ailleurs, dans une société où l'individu est souvent laissé seul face à lui-même, elle est à l'origine de communautés fortement soudées. Au surplus, elle renforce les appartenances existantes, en particulier la famille. Enfin, elle recommande la compassion et la générosité, et elle donne une puissante impulsion à l'entraide et à la solidarité. On ne compte plus les mouvements à caractère religieux, le Hamas par exemple, qui ont acquis dans le service social une grande part de leur prestige et de leur capacité mobilisatrice.

Bien entendu, je n'ignore rien des ambiguïtés qui marquent l'action des religieux et les dérives dont ils sont capables. Beaucoup d'entre eux sont favorables à un régime politique autoritaire dès lors que celui-ci se déclarerait partisan des valeurs religieuses. Par ailleurs, certaines de ces valeurs sont source d'oppression, notamment à l'égard des femmes. Enfin, un prosélytisme par trop énergique et exclusif peut dresser les croyants contre les incroyants et dégénérer en violences et en tyrannies. Sur tous ces points, une extrême vigilance reste nécessaire.

Mais, dans le même temps, nous ne pouvons pas oublier que, dans la plupart des luttes où nous nous sommes engagés ces dernières années, nous avons trouvé des croyants à nos côtés. Il suffit d'évoquer la théologie de la libération et le rôle moteur qui fut le sien dans nombre de luttes sociales en Amérique Latine. Par ailleurs, il est clair que l'islam a été un puissant facteur de mobilisation et de cohésion dans beaucoup de luttes de libération nationale.

Quelles conclusions tirer de ces remarques? Si nous voulons renforcer les liens qui nous unissent déjà à une partie des croyants, et étendre ces liens à d'autres croyants, alors nous devons changer d'attitude vis-à-vis du fait religieux. Tout d'abord, nous ne pouvons plus le considérer comme un vestige, comme une survivance vouée à une disparition prochaine. Ensuite, nous devons l'accepter tel qu'il est, et non pas tel que nous voudrions qu'il fût. Par l'exemple, il est absurde de proclamer que la religion est une affaire privée, ne regardant que les individus, alors que, de toute évidence, la dimension collective est un élément constitutif de la foi et de la pratique dans la quasi-totalité des religions. De même, pourquoi interdire l'espace public aux religions, dès lors qu'elles ne prétendent plus exercer sur lui aucun monopole? En second lieu, nous devons nous déprendre de l'attitude de dédain ou de condescendance qui a trop souvent été la nôtre dans le passé vis-à-vis des croyants. Il nous faut accepter que ceux-ci agissent en fonction de leur foi, et ne pas mettre cette motivation entre parenthèses ou faire comme si elle n'existait pas, sous prétexte qu'elle serait d'ordre privé. De même, la liberté d'expression et de critique n'est pas la liberté du mépris et de l'insulte, et, pour ce qui nous concerne, elle devrait s'arrêter sitôt qu'elle risque de blesser nos alliés croyants dans leurs convictions les plus chères. Enfin, nous devrions encourager ceux-ci dans les efforts qu'ils font pour faire évoluer leurs coreligionnaires.

Bref, de la célèbre formule de Marx selon laquelle la religion est l'opium du peuple, nous ne retenons qu'une seule interprétation : certes l'opium endort, mais n'oublions pas qu'il apporte aussi le rêve, et une humanité sans rêves serait un morne troupeau.

« Identités »

Troisième catégorie d'alliés éventuels : ceux que je désigne du nom d'« identitaires ». J'entends par là toutes les personnes qui défendent à travers le monde la diversité sociale, politique et culturelle, face au rouleau compresseur de la mondialisation libérale et à ses effets de nivellement et d'uniformisation. Là encore la gamme des dérives possibles est extrêmement étendue : nationalisme, chauvinisme, « communautarisme », xénophobie, etc. Mais l'attachement à la diversité présente aussi divers aspects positifs, qui pourraient servir de fondements à une éventuelle alliance.

En premier lieu, la défense des particularismes est souvent aussi la défense de communautés qui demeurent « à l'échelle humaine », et où la délibération collective reste possible. Par exemple, les défenseurs des États-nations, les « souverainistes[1] », contribuent à maintenir en vie le plus haut niveau d'organisation politique auquel la décision démocratique puisse encore s'exercer : au-delà, nous n'avons plus que le pouvoir incontrôlé des bureaucraties internationales.

En second lieu et surtout, la diversité sociale, politique et culturelle est en soi une excellente chose, et nous, altermondialistes, devrions être ses promoteurs les plus résolus. Il faut tirer ici la conséquence des enseignements de l'anthropologie. Dans *Race et histoire*[2], Claude Lévi-Strauss démontre que tous les progrès accomplis par l'humanité ont été le résultat d'échanges et d'emprunts, bref de coalitions entre les cultures. Les grandes civilisations qui ont marqué le passé humain – l'Égypte, la Mésopotamie, la Grèce, Rome, l'Islam médiéval, l'Inde, la Chine, l'empire du Mali, les Aztèques, les Incas – n'ont été grandes que dans la mesure où elles ont su se faire le creuset d'apports très divers et réaliser la synthèse d'éléments disparates. Dans ces conditions, conclut Lévi-Strauss, « l'exclusive fatalité, l'unique tare qui puissent affliger un groupe humain et l'empêcher de réaliser pleinement sa nature, c'est d'être seul[3] ».

L'enjeu est ici considérable, car nous nous trouvons en présence d'une sorte de transposition du principe de Carnot dans le champ de la société et de l'histoire. Dans les termes mêmes de celui qui l'a découvert, ce principe énonce que « partout où il existe une différence de température, il peut y avoir production de puissance motrice[4] ». Inversement, pas de production de puissance motrice sans différence de température : pour que le travail au sens physique du terme soit possible, il faut que soient mises en relation une

1. Note de *NCS* : Les « souverainistes » est une expression en France qui désigne plusieurs courants se réclamant de la social-démocratie et même du gaullisme et qui préconisent la « souveraineté » de l'État français face à l'hégémonie américaine et aussi face au projet d'une Europe fortement unifiée et intégrée.

2. Claude Lévi-Strauss, *Race et histoire*, Paris, Gauthier, 1961.

3. *Ibid,* p. 73.

4. Cité par Bernard Brunhes, *La dégradation de l'énergie*, Paris, Flammarion, 1991 [1909].

source chaude et une source froide. Du coup, un système où la température serait parfaitement uniforme serait un système condamné à l'inaction, à l'immobilité et à l'inertie, en d'autres termes à l'état de « mort thermique ». De même, ce sont les écarts entre cultures qui sont générateurs de découvertes, d'inventions et de création, et une uniformisation totale des sociétés et des cultures signifierait la fin de l'histoire. Comme le dit encore Lévi-Strauss, « une humanité confondue dans un genre de vie unique est inconcevable, parce que ce serait une humanité ossifiée[1] ».

Or la diversité des sociétés et des cultures suppose de toute évidence leur autonomie : il n'y a de variété que si chacun est libre de prendre ses distances à l'égard du modèle reçu, et d'inventer lui-même sa voie. Qui défend la diversité défend donc, *ipso facto*, l'autonomie, puisque celle-ci est la condition nécessaire de celle-là. Dans cette mesure, la diversité est en elle-même porteuse de démocratie, puisqu'elle interdit au moins l'existence d'un pouvoir unique s'exerçant uniformément sur toutes les communautés.

Il faut rappeler que pour qu'un échange ait lieu, un échange fructueux, il faut *deux* partenaires, et deux partenaires *différents* ; s'ils étaient en tous points identiques, l'échange serait inutile, puisque chacun « aurait » déjà tout ce qu'a l'autre. Mais il s'en suit que chaque communauté doit disposer de l'espace nécessaire pour exercer sa liberté, pour s'épanouir et pour développer sa spécificité. En d'autres termes, une société ouverte de part en part aux échanges et aux emprunts risquerait bientôt de se diluer ou de se dissoudre dans l'ensemble plus vaste qui l'entoure. Chaque société, chaque culture doit être en mesure de préserver un certain « quant à soi », sous peine de voir son identité et sa singularité disparaître. Tel est par exemple le sens que l'on peut donner à la revendication de « l'exception culturelle ».

Ici encore, une juste mesure est à inventer : la sauvegarde de la singularité ne doit pas se traduire en repli sur soi et en fermeture à l'autre. Par ailleurs, une société ou une culture ne sauraient maintenir leur identité en pratiquant vis-à-vis de leurs membres une politique d'enfermement et de contrainte : la diversité ne peut être vivace que si elle est, non seulement acceptée, mais voulue ; elle suppose

1. Claude Lévi-Strauss, *op. cit.*, p. 83.

donc la démocratie au sein de la communauté. Sous cette double réserve, nous devons défendre la diversité humaine au même titre que la diversité animale et végétale, et largement pour les mêmes raisons.

L'enjeu de l'immigration

Dernière catégorie d'alliés : les migrants, et en particulier les travailleurs migrants. Il faut souligner tout d'abord l'ampleur planétaire du phénomène de la migration, et notamment de la migration illégale : il y a désormais des sans-papiers, non seulement en Europe et aux États-Unis, mais aussi au Maghreb, dans les États du golfe, en Asie du Sud-est, et aussi en Chine.

Or qu'est-ce qu'un migrant illégal ? C'est un homme ou une femme qui franchit illégalement la frontière d'un État. À présent, dans une économie mondialisée, quel rôle jouent les frontières nationales ? Pour l'essentiel, leur fonction est de segmenter le marché mondial du travail, de façon à produire d'un territoire à l'autre des différences de condition et de statut : dès qu'un travailleur quitte son pays d'origine, ses droits diminuent, et ils diminuent d'autant plus que la migration est irrégulière. Dans ce dernier cas, l'effet des frontières nationales est de mettre à la disposition des employeurs une main d'œuvre administrativement et socialement vulnérable, et par conséquent disponible pour toutes les exploitations et pour tous les esclavages.

Mais un migrant illégal n'est pas seulement une victime ; il est aussi un acteur. J'ai essayé ailleurs[1] de montrer que la mondialisation libérale est avant tout la domination du capital financier sur le capital industriel et sur le travail, et que le capital financier doit sa suprématie à son extrême mobilité et son caractère extrêmement nomade : il bénéficie grâce à eux de tous les avantages qui ont de tout temps assuré la victoire des nomades dans leurs affrontements avec les sédentaires. Dès lors la migration peut apparaître comme la riposte spécifique du travail à l'hégémonie du capital financier : puisque c'est de la nomadisation que celui-ci tient sa puissance, il s'agit de la contrebalancer par une nomadisation symétrique du tra-

---

1. Emmanuel Terray, « L'État-nation vu par les sans papiers », *Actuel-Marx*, 2008, n° 44, p. 41-52.

vail, de façon à rétablir un équilibre au moins relatif. Il faut ajouter qu'en rendant les frontières nationales de plus en plus inopérantes, les migrants travaillent à l'unification du marché mondial du travail, prélude et condition de l'unification mondiale des travailleurs.

En termes d'objectifs, notre alliance avec les migrants doit se traduire dans deux revendications : le retour progressif à la liberté de circulation et d'établissement et, à l'intérieur de chaque État, une stricte égalité des droits entre travailleurs nationaux et travailleurs migrants, impliquant la régularisation des sans-papiers. Ces exigences contredisent-elles la défense de la diversité et des identités culturelles ? En aucun cas, dès lors que la diversité et les identités sont fondées sur l'adhésion volontaire. Dès lors, en effet, leur protection n'implique plus l'existence d'une assise territoriale sur laquelle elles exerceraient une emprise sans partage. Bien au contraire, la liberté de circulation et d'établissement accroît la diversité au sein de chaque État-nation, et elle n'exclut nullement qu'à l'intérieur de ceux-ci, des espaces de liberté soient aménagés permettant à chaque communauté de conduire elle-même son propre épanouissement.

Un dernier mot : une telle stratégie d'alliance nous oblige sans doute à remettre en cause notre notion de l'universalisme, notamment dans le domaine des « droits de l'homme ». Je renvoie ici au livre de François Jullien[1]. Tels qu'ils sont aujourd'hui encore énoncés, les droits de l'homme restent trop marqués par la tradition intellectuelle au sein de laquelle ils sont apparus : la tradition occidentale des Lumières. Je n'en veux pour preuve que la place exorbitante qu'ils accordent à un individu abstrait, détaché de tous les liens et de toutes les appartenances qui font un être humain concret. Pour accéder à un authentique universalisme, nous devons nous libérer de cet héritage. Mais en réalité, le problème serait identique avec toute autre formulation positive : elle aussi plongerait ses racines dans une évolution historique particulière. En conséquence, comme le constate François Jullien, l'universalité des droits de l'homme et leur efficacité sont surtout négatives ; ils ne nous prescrivent aucune organisation sociale déterminée, mais ils

---

1. François Jullien, *De l'universel, de l'uniforme, du commun et du dialogue entre les cultures*, Paris, Fayard, 2008.

nous permettent de dénoncer toutes les oppressions et toutes les atteintes portées à la liberté et à la dignité des personnes. Sur des « droits de l'homme » ainsi conçus, les sociétés du monde entier pourraient s'entendre sans renoncer à aucune part de leur singularité, et ils pourraient donc servir de base et de ciment à l'alliance du plus grand nombre.

Pourquoi Cuba est-elle devenue un problème difficile pour la gauche?

BOAVENTURA DE SOUSA SANTOS

CETTE QUESTION peut paraître étrange, et certains diront que la formulation inverse serait peut-être plus exacte : pourquoi la gauche est-elle devenue un problème difficile pour Cuba? Au cours du XXᵉ siècle, en effet, la révolution cubaine a occupé une place incontournable au sein de la pensée et de la pratique de la gauche. Cela semble d'autant plus vrai que l'on porte moins le regard sur la société cubaine, en elle-même, et plus sur la contribution de Cuba en matière de liens entre les peuples, tellement les actes de solidarité internationaliste posés par la révolution cubaine au cours des 50 dernières années ont été nombreux. On peut dire que l'Europe et l'Amérique du Nord ne seraient probablement pas autre chose que ce qu'elles sont sans la révolution cubaine. Mais il n'en a pas été ainsi dans le cas de l'Amérique latine, de l'Afrique et de l'Asie, c'est-à-dire des régions de la planète où vit 85 % de la population mondiale. Au cours des cinq dernières décennies, la solidarité internationaliste de Cuba a porté sur les domaines les plus divers, soit politique, militaire, social et humanitaire.

Qu'est-ce que la « gauche » et qu'est-ce qu'un « problème difficile »?

Je crois malgré tout pertinente la question à laquelle j'essaie de répondre. Mais avant de hasarder une réponse, il convient de faire plusieurs précisions. Premièrement, la question peut suggérer que c'est seulement Cuba qui a évolué pour devenir problématique au cours des années, et que la gauche, qui l'interpelle aujourd'hui, est restée la même qu'il y a 50 ans. Rien n'est plus faux : autant Cuba que la gauche ont évolué beaucoup au cours de ce demi-siècle, et ce sont les divergences entre leurs évolutions respectives qui ont créé un problème difficile. Cuba a, il est vrai, essayé activement de changer la situation mondiale de façon à établir des relations plus justes entre les peuples, mais il est également vrai que les conditions externes hostiles agissant sur la révolution cubaine ont empêché la pleine réalisation du potentiel de renouvellement de la gauche instauré par la révolution en 1959. En fait la gauche mondiale s'est renouvelée au cours des 50 dernières années, en se basant sur d'autres données que celles qui proviennent de l'héritage de la révolution cubaine. Cuba a maintenu sa solidarité internationale cubaine à un niveau de vitalité supérieur à celui des solutions internes.

Deuxièmement, je dois préciser ce que j'entends par « gauche » et par « problème difficile ». Le terme « gauche » désigne l'ensemble des théories et des pratiques transformatrices qui, au cours des 150 dernières années, ont résisté à l'expansion du capitalisme et au type de relations économiques, sociales, politiques et culturelles que ce système engendre, et qui ont ainsi maintenu la croyance en la possibilité d'un avenir post-capitaliste, d'une société alternative plus juste parce qu'orientée vers la satisfaction des besoins réels des populations, et plus libre parce que centrée sur l'établissement des conditions nécessaires à l'exercice effectif de la liberté. On a donné à cette société différente le nom générique de socialisme. J'affirme que pour cette gauche, dont la théorie et la pratique ont évolué beaucoup au cours des 50 dernières années, Cuba constitue aujourd'hui un « problème difficile ». Pour la gauche qui a éliminé de ses perspectives la possibilité d'un socialisme ou d'un post-capitalisme, Cuba ne constitue même pas un problème, mais bien un cas perdu. Je ne m'occuperai pas de cette autre gauche dans ce texte.

Par « problème difficile » je me réfère à une troisième position sur Cuba, différente des deux autres positions opposées qui rejettent l'existence d'un « problème difficile » dans ce pays : celle selon laquelle Cuba serait une solution sans problèmes et celle selon laquelle Cuba serait un problème sans solution. Adopter la troisième position selon laquelle Cuba constitue un « problème difficile » pour la gauche signifie l'acceptation de trois idées : 1° dans les conditions internes actuelles, Cuba a cessé d'être une solution viable pour la gauche ; 2° les problèmes que Cuba affronte, sans être insurmontables, sont difficiles à régler ; et 3° si Cuba résolvait ses problèmes en gardant la perspective socialiste, elle pourrait redevenir un moteur de rénovation de la gauche, mais il faudrait pour cela que Cuba devienne différente, construise un socialisme différent de celui qui a échoué au xxᵉ siècle, et contribue ainsi à entreprendre l'urgente rénovation de la gauche. Car si Cuba ne se renouvelle pas, la gauche n'entrera jamais dans le xxiᵉ siècle.

La résistance et l'alternative

Ces précisions étant faites, la question du « problème difficile » peut se formuler ainsi : tous les processus révolutionnaires modernes sont des processus de rupture basés sur deux piliers, la résistance et l'alternative (l'autre voie). Il est crucial de maintenir l'équilibre entre ces deux aspects si l'on veut éliminer l'ancien jusqu'où cela est nécessaire et engendrer le nouveau jusqu'où cela est possible. Les conditions extérieures hostiles dans lesquelles le processus révolutionnaire cubain a évolué (blocus illégal mené par les États-Unis, solution soviétique forcée des années 1970 et ajustement radical produit par la fin de l'Union soviétique dans les années 1990) ont rendu cet équilibre impossible. En raison de ces conditions extérieures, c'est la résistance qui a fini par s'imposer et non l'alternative. L'alternative n'a pas pu se développer selon sa logique propre, concentrée sur l'émergence du nouveau. C'est la logique contraire, celle de la résistance, concentrée sur la négation de l'ancien, qui l'a emporté.

Aussi l'alternative est toujours restée l'otage d'une norme qui lui est étrangère. En d'autres termes, elle ne s'est jamais transformée en une solution vraiment novatrice, consolidée, créatrice d'une nouvelle hégémonie et donc capable d'engendrer un développement endogène selon une logique interne de rénovation (nouvelles alternatives dans l'alternative). Et les ruptures avec les passés successifs de la révolution ont toujours été moins endogènes que la rupture avec le passé prérévolutionnaire. Le caractère endogène de cette dernière rupture s'est mis à justifier l'absence de ruptures endogènes des passés plus récents, même si ces derniers étaient connus comme étant problématiques.

En raison de ce relatif déséquilibre entre la résistance et l'alternative, celle-ci a toujours été pratiquement stagnante. Cette stagnation de l'alternative a toujours pu être cachée par la vitalité de la résistance, soutenue et noble. La prédominance de la résistance a fini par justifier l'exagération des diagnostics : on a invoqué les besoins de la résistance pour diagnostiquer l'impossibilité d'instaurer l'alternative. Même lorsque les besoins invoqués sont niés par les faits, l'alternative est toujours perçue comme étant crédible.

Le charisme révolutionnaire et le système réformiste

Le deuxième aspect du « problème difficile » est le mode spécifiquement cubain de gérer la tension entre révolution et réforme. Dans tout processus révolutionnaire, les premières mesures prises par les révolutionnaires après la victoire sont d'éviter que d'autres révolutions ne se produisent. Ces mesures instaurent un processus de réformes dans la révolution. C'est alors que s'établit la grande complicité, invisible mais décisive, entre le révolutionnarisme et le réformisme. Dans le meilleur des cas, cette complémentarité est obtenue au moyen d'une dualité, plus apparente que réelle, entre, d'une part, le charisme du leader, qui maintient vivante la permanence de la révolution, et, d'autre part, le système politique révolutionnaire, qui se poursuit en assurant la reproduction du réformisme. Le leader charismatique perçoit le système comme étant une contrainte, qui limite son élan révolutionnaire et exige de lui des changements. Et le système perçoit le leader comme étant une source de chaos, qui rend provisoires toutes les vérités bureautiques. Cette dualité créative a été, pendant quelques années, l'une des caractéristiques de la révolution cubaine.

Mais au bout d'un certain temps, cette complémentarité, pleine de vertus, tend à se transformer en un blocage mutuel. Pour le leader charismatique, le système, qui, au début, constitue une contrainte qui lui est extérieure, finit, avec le temps, par devenir sa seconde nature. Il devient alors difficile de distinguer entre les limites dues au système et les limites dues au leader lui-même. Le système sait que la réussite du processus de réformes finira par ronger le charisme du leader. Aussi, pour éviter une telle détérioration, il s'autolimite. La complémentarité se transforme alors en un jeu d'autolimitations réciproques. Il y a ainsi risque que les développements complémentaires cèdent leur place à des stagnations parallèles.

Avec le temps, les rapports entre le charisme et le système tendent à devenir instables, particulièrement dans les moments de transition. Le charisme, en lui-même, n'admet pas de transition[1]. Aucun leader charismatique n'a de successeur charismatique. La transition ne survient que dans la mesure où le système est capable de se substituer au charisme. Pour cela, le système doit être capable d'opérer des réformes lui permettant de gérer des sources de chaos très différentes de celles produites par le leader. Il y a impasse si le leader charismatique bloque les possibilités dont dispose le système pour instaurer des réformes.

On peut résumer cet aspect du « problème difficile » de la façon suivante : l'avenir socialiste de Cuba dépend de la capacité du système révolutionnaire de procéder à des réformes. Or une telle capacité est une inconnue dans un système qui a toujours défini sa puissance en lien avec la force du leader charismatique. Cet aspect de la difficulté du problème explique le discours prononcé par Fidel Castro le 17 novembre 2005 à l'Université de La Havane[2].

1. Aurelio Alonso distingue deux processus dans le cadre de la transition en cours : la dynamique de transformation qui a lieu au sein d'« une grande transition commencée il y a presque un demi-siècle » ; le poids de la subjectivité quant à la marque que laissera Fidel dans l'imaginaire des Cubains qui lui survivront (« Continuité et transition : Cuba en 2007 » dans l'édition espagnole d'avril 2007 du journal *Le Monde diplomatique*, Bogotá).

2. Castro a dit de façon lapidaire : « Ce pays peut se détruire lui-même. Et cette révolution peut se détruire elle-même, mais personne ne peut la détruire. Nous, oui, nous pouvons la détruire. Ce serait de notre faute. » En commentant le discours de Castro, Aurelio Alonso se pose des questions : « Est-il surprenant que la préoccupation première de Fidel soit axée sur la réversibilité de notre propre processus ? » Et Alonso répond de façon cinglante : « Fidel croit que la révolution ne peut être détruite de l'intérieur mais qu'elle peut se détruire elle-même, et il signale la corruption comme étant le mal qui peut provoquer sa destruction. Cette analyse est, je pense, exacte, mais je crois que Castro n'a pas tout dit. Je me demande en effet, entre autres, si l'effondrement du système soviétique a été essentiellement dû à la corruption, sachant que la corruption fait partie d'un ensemble de déviations. Selon moi la bureaucratie et le manque de démocratie, en même temps que la corruption, peuvent forcer le socialisme à faire marche arrière. Je ne parle pas de retour à un système électoral, aux confrontations multi-

Le « problème difficile » présente deux déséquilibres intimement liés entre eux : celui entre la résistance et l'alternative et, celui entre le charisme et le système. La prépondérance de la résistance sur l'alternative a été à la fois l'effet et la cause de la prépondérance du charisme sur le système.

Que faire ?

La discussion qui précède démontre que Cuba est un « problème difficile » pour la gauche qui n'a pas abandonné la perspective d'un post-capitalisme ou du socialisme et qui a évolué beaucoup au cours des 50 dernières années. Le peuple cubain pourra tirer, à partir des lignes principales de cette évolution, la solution à ce problème, malgré les difficultés que ce dernier présente. La révolution cubaine, qui a tellement contribué à la rénovation de la gauche au cours de la première décennie, pourrait maintenant tirer profit de la rénovation de la gauche survenue depuis quelque temps. Elle pourrait recommencer à jouer un rôle dialectique actif en vue de la rénovation de la gauche. Résoudre le problème difficile exige donc la mise en pratique réussie du mouvement dialectique suivant : renouveler Cuba en renouvelant la gauche ; renouveler la gauche en renouvelant Cuba.

Les principales voies de rénovation de la gauche socialiste au cours des 50 dernières années

Au cours des 50 dernières années, l'écart entre la théorie de gauche et la pratique de gauche s'est aggravé. Cela a eu des conséquences très spécifiques pour le marxisme. En effet, la théorie de gauche critique, dont le marxisme est l'héritier, s'est développée à partir de la moitié du XXe siècle dans cinq pays de l'hémisphère nord (Allemagne, Angleterre, Italie, France et États-Unis). Elle reflétait les réalités des sociétés des pays capitalistes développés. Or c'est dans l'hémisphère sud que des pratiques de gauche plus créatrices ont été conçues et appliquées par des classes et des groupes sociaux consi-

---

partites, aux luttes des campagnes életorales, aux alternances de partis au pouvoir. Je parle de la démocratie, de celle que nous n'avons pas été capables de créer sur terre, bien que nous croyons tous savoir en quoi elle consiste. » Dans « Una mirada rápida al debate sobre el futuro de Cuba » [Coup d'œil rapide sur le débat relatif à l'avenir de Cuba], *La Jiribilla*, 17 mai 2006.

dérés « invisibles » ou presque invisibles par la théorie critique et même par le marxisme, tels que les peuples colonisés, les peuples autochtones, les paysans, les femmes, les descendants d'Africains, entre autres[1]. Un écart s'est ainsi créé entre la théorie et la pratique, qui domine notre situation théorique et politique actuelle : une théorie semi-aveugle se développe parallèlement à une pratique semi-invisible[2]. Or une théorie semi-aveugle ne sait pas commander et une pratique semi-invisible ne sait pas se faire valoir.

La théorie a graduellement perdu son rôle d'avant-garde. Elle ne pouvait plus diriger la pratique parce qu'elle ne saisissait plus ce qui survenait[3]. Ayant perdu le statut de théorie d'avant-garde qu'on

1. C'est en fait à cela que l'on doit la créativité théorique initiale de la révolution cubaine. Les dures conditions extérieures auxquelles la révolution a été soumise ont fini par tuer une partie de cette créativité. Cuba a ainsi été forcée à accepter une conception du marxisme reflétant les réalités du bloc soviétique, qui étaient peu semblables à celles de Cuba. Au Colloque international intitulé « L'œuvre de Karl Marx et les défis du XXe siècle » tenu à La Havane le 3 mai 2006, Ricardo Alarcón de Quesada a affirmé que « d'une part la conversion de l'expérience soviétique en un paradigme pour ceux qui, dans d'autres pays, menaient leur propres batailles anti-capitalistes, et d'autre part l'exigence de défendre celle-ci de ses ennemis puissants et enragés, ont entraîné, en grande partie, la subordination du mouvement révolutionnaire aux politiques et aux intérêts de l'Union soviétique » (publié en 2006 dans *Nature Society* et dans *Thought*, vol. 19, p. 20). Mais la décision souveraine de Cuba d'appuyer l'Angola dans sa lutte pour l'indépendance, particulièrement remarquable, sera toujours un motif de fierté pour le peuple cubain. L'élan internationaliste de Cuba a alors pris le dessus sur les intérêts géostratégiques de l'Union soviétique.

2. Dans le cas du marxisme, il a fallu beaucoup de créativité pour adapter la théorie à une réalité qui n'était pas européenne et que Marx n'avait pas analysée de façon systématique. Mentionnons entre autres, en Amérique latine, le travail créatif de Mariátegui. Pendant longtemps, en effet, les orthodoxies politiques n'ont pas permis l'application de cette créativité dans l'action politique, les auteurs les plus créatifs ayant été persécutés. Mariátegui, par exemple, a été accusé de populisme et de romantisme, déviations considérées comme étant très graves dans les années 1930. Aujourd'hui la situation est très différente, comme le montre le fait que Alvaro Garcia Linera, autre grand rénovateur de la pensée marxiste en Amérique latine, soit aujourd'hui vice-président de la Bolivie.

3. En d'autres termes, la prépondérance de l'intelligence et de l'audace politique sur la discipline, qui caractérisait l'avant-garde, a été convertie en

lui conférait, son statut complètement nouveau de théorie d'arriè-re-garde était inacceptable selon la tradition de gauche de l'hémis-phère nord. La « théorie d'arrière-garde », telle que je la définis, présente deux caractéristiques : c'est une théorie qui ne donne pas d'orientations qui soient fondées sur des principes généraux, c'est-à-dire sur des lois générales préétablies, qui reflètent soi-disant toute l'histoire ; elle est plutôt basée sur une analyse constante, critique et ouverte, des pratiques de transformation sociale. La théorie d'arriè-re-garde accepte de se laisser surprendre par les pratiques de trans-formation progressistes, accompagne celles-ci, les analyse, essaie de s'enrichir de ses leçons et cherche en elles des modes d'approfondis-sement et de généralisation des luttes sociales les plus progressistes. D'autre part, une théorie d'arrière-garde se penche sur ces pratiques transformatrices, étudie les processus et les acteurs collectifs les plus avancés, ainsi que ceux qui sont les plus en retard, qui sont les plus timides et qui pourraient tout laisser tomber. Comme pourrait le dire le sous-commandant Marcos, la théorie d'arrière-garde en est une qui accompagne les personnes les moins rapides, qui intègre les avancées et les reculs, qui unit les personnes qui se trouvent en avant et celles qui se trouvent en arrière, en tant que partie d'un processus dialectique nouveau, qui ne présuppose pas l'idée d'une totalité, qui prône l'idée qu'il existe différents processus de totalisation, toujours inachevés et toujours en compétition. Conformément à la pensée de Gramsci, tel est le chemin qu'il faut suivre pour créer une contre-hégémonie socialiste ou, dans un cas comme celui de Cuba, pour maintenir et renforcer une hégémonie socialiste.

Pour me limiter à un exemple, je prendrai celui des grands invi-sibles ou des grands oubliés de la théorie critique moderne, les peuples autochtones de l'Amérique latine, visibles dans la théorie en tant que paysans. Ensemble, ils ont été parmi les grands pro-tagonistes des luttes progressistes des dernières décennies à travers le continent. Selon la théorie conventionnelle d'avant-garde, toute cette innovation politique et sociale n'a que peu d'intérêt ou même aucune pertinence. Cette théorie bloque toute possibilité d'en

_____

son contraire, la prépondérance de la discipline sur l'intelligence et sur l'audace. Le but est de cacher ou de contrôler les nouveaux processus de transformation sociale, que la théorie n'avait pas prévus.

apprendre sur les luttes de ces groupes sociaux, sur leurs conceptions de l'économie et du bien-être (le *suma kaway* des Quechuas ou le *suma qamaña* des Aymaras, c'est-à-dire le « bien vivre »). Leurs conceptions sont aujourd'hui enchâssées dans les Constitutions de l'Équateur et de la Bolivie, entre autres leurs conceptions sur les formes multiples de gouvernement et de démocratie : la démocratie représentative, participative et communautaire telle qu'établie dans la nouvelle Constitution de la Bolivie. L'incapacité d'apprendre des nouveaux agents de transformation finit par conduire à la non-pertinence de la théorie elle-même.

La fin de la théorie d'avant-garde marque la fin de toute organisation politique qui était basée sur elle. Elle marque, notamment, la fin du parti d'avant-garde. Aujourd'hui les partis sortis du moule de la théorie d'avant-garde ne sont ni d'avant-garde ni d'arrière-garde (selon la définition donnée ci-dessus). Ces partis sont, en fait, bureaucratiques. Lorsqu'ils se trouvent dans l'opposition, ils résistent vigoureusement au statu quo sans cependant présenter d'alternative. Et lorsqu'ils sont au pouvoir, ils résistent vigoureusement à toute proposition d'alternative. Pour remplacer le parti d'avant-garde, il faut créer un ou plusieurs partis d'arrière-garde, qui accompagne/nt le ferment de militantisme social que les résultats de la participation populaire aux élections en faveur de plateformes claires engendrent, même pour les personnes qui ne participent pas encore aux processus et qui sont encouragées à s'y intéresser.

Une autre grande innovation des dernières 50 années a été le mode dont la gauche et le mouvement populaire se sont appropriés les conceptions hégémoniques (libérales, capitalistes) qui parlent de démocratie et les ont transformées en conceptions démocratiques contre-hégémoniques, participatives, délibératives, communautaires, radicales. Nous pouvons résumer cette innovation en affirmant que la gauche a finalement décidé de prendre la démocratie au sérieux, ce que la bourgeoisie n'a jamais fait, comme le soulignait pertinemment Marx. Prendre la démocratie au sérieux signifie non seulement porter celle-ci bien au-delà des limites de la démocratie libérale, mais également créer un concept de démocratie de type nouveau, relatif à tout le processus de transformation des relations de pouvoir inégal en relations d'autorité partagée. La démocratie libérale, même quand elle n'est pas associée à la fraude, au rôle déterminant de l'argent dans les campagnes électorales ou à la manipulation de l'opinion publique par le contrôle des médias, est une démocratie de basse intensité, se limitant à créer un îlot de relations démocratiques au sein d'un archipel de despotismes (économiques, sociaux, raciaux, sexuels, religieux). Ces despotismes contrôlent en fait la vie des citoyens et des communautés. La démocratie doit exister non seulement au sein du système politique, mais aussi au sein du système économique, des relations familiales, raciales, sexuelles, régionales, religieuses, de voisinage, communautaires. Le socialisme, c'est la démocratie sans limites.

Il en découle que l'égalité comporte un grand nombre de dimensions. Elle ne peut donc être réalisée que si l'on lutte non seulement pour l'égalité mais aussi pour la reconnaissance des différences, c'est-à-dire pour la transformation des différences basées sur l'inégalité (qui créent des hiérarchies sociales) en différences fondées sur l'égalité (qui prônent la diversité sociale comme moyen d'éliminer les hiérarchies).

Dans les sociétés capitalistes, nombreux sont les systèmes de rapports inégaux de pouvoir : oppression, domination et exploitation, racisme, sexisme, homophobie, xénophobie. Démocratiser veut dire transformer les rapports inégaux de pouvoir en relations d'autorité partagée. Les rapports inégaux de pouvoir n'agissent jamais seuls mais toujours en réseau. Il est rare, en effet, qu'une personne, une classe ou un groupe soit victime d'une seule forme de rapport inégal. Et, de même que les rapports inégaux agissent toujours en réseau, la lutte contre ceux-ci doit se faire en réseau, en se basant sur de larges alliances. Au sein de ces alliances, aucun groupe n'est défini comme étant un protagoniste privilégié de l'histoire, de nature homogène, défini à priori en termes de classe sociale. De cette analyse découle la nécessité du pluralisme politique et organisationnel dans le cadre des limites constitutionnelles établies démocratiquement par le peuple souverain. Dans la société cubaine, les rapports inégaux de pouvoir sont différents de ceux qui existent dans les sociétés capitalistes. Pourtant ils existent (même s'ils sont moins intenses), ils sont nombreux et agissent, comme dans les sociétés capitalistes, en réseau. La lutte contre ces rapports inégaux de pouvoir, une fois réalisées les adaptations nécessaires, doit être régie par le pluralisme social, politique et organisationnel.

Les nouvelles conceptions de la démocratie et de la diversité sociale, culturelle et politique sont les piliers de la construction d'un socialisme viable. Elles exigent que l'on remette radicalement en question la centralité (rôle central) monolithique de l'État ainsi que le faux concept d'homogénéité de la société civile[1].

Points de départ possibles d'une discussion n'ayant qu'un seul objectif, celui de contribuer à un futur socialiste viable à Cuba

Cuba est peut-être le seul pays au monde où les conditionnements extérieurs sont véritables et ne servent pas d'excuses pour couvrir l'incompétence ou la corruption des leaders. Ces conditionnements extérieurs, bien qu'ils soient des facteurs cruels et déterminants, n'impliquent pas qu'il n'y ait aucune marge de manoeuvre. En fait, la capacité d'agir est peut-être accrue en raison de la crise du néolibéralisme et des changements géostratégiques que nous pouvons prévoir à court terme. Ce capital ne peut être gaspillé par le refus d'analyser les alternatives qui s'offrent, même si la résistance s'y oppose en faisant appel à de faux héroïsmes ou à des actions de résistance. On peut, dès maintenant, agir pour éviter le risque que la résistance domine l'alternative. Si cela devait arriver, il n'y aurait même plus de résistance.

Le régime cubain a mené à sa limite extrême la contradiction qui existe entre la légitimation idéologique et le niveau des conditions de vie. À partir de maintenant, les seuls changements qui comptent sont ceux qui amélioreront les conditions matérielles de la majorité écrasante de la population. Si la démocratie d'appui continuait à exister, ce ne serait que l'élément idéologique qui continuerait à maintenir l'appui dans la mesure où ce dernier se traduirait par des mesures matérielles. Dans le cas contraire, l'appui ne signifie pas consentement mais bien résignation.

---

1. Un point de vue plus lucide sur la société civile à Cuba a été publié sous le titre « Sociedad Civil en Cuba : un problema de geometría? Entrevista con el sociólogo cubano Aurelio Alonso » [La société civile à Cuba : un problème de géométrie? Entrevue avec le sociologue cubain Aurelio Alonso], *Enfoques*, n° 23, décembre 2008.

Le caractère « à long terme » du changement de civilisation restera pendant un certain temps subordonné au caractère immédiat des solutions à apporter d'urgence.

Une société est capitaliste non pas parce que les rapports économiques et sociaux sont capitalistes, mais parce que ces rapports sont déterminants dans le fonctionnement de tous les autres rapports économiques et sociaux existant dans une telle société. Inversement, une société est socialiste non pas parce que les rapports sociaux et économiques sont socialistes, mais parce que ces rapports sont déterminants dans le fonctionnement des rapports existant dans une telle société. En ce moment, Cuba se trouve dans une situation tout à fait particulière : d'une part, il y a un socialisme formellement monolithique, qui n'encourage pas l'implantation de rapports non capitalistes de type nouveau et qui ne peut agir de façon créative sur les rapports capitalistes, bien que le système coexiste parfois confortablement avec ces rapports et se trouve à la limite de la corruption, fait opportunément dénoncé par Castro ; d'autre part, il existe à Cuba un capitalisme qui, parce qu'il est sauvage et clandestin ou semi-clandestin, est difficile à contrôler. Dans cette situation, le terrain n'est pas propice au développement d'autres rapports économiques et sociaux qui soient de type coopératif et communautaire, desquels il y aurait beaucoup à espérer. Dans ce domaine, le peuple cubain devra prendre connaissance et débattre avec beaucoup d'attention des systèmes économiques consignés dans la Constitution du Venezuela et dans les Constitutions de l'Équateur et de la Bolivie, récemment approuvées, ainsi que des différents aspects de ces expériences de transformation. Il ne s'agit pas de copier des solutions, mais avant tout d'apprécier les voies créatives élaborées par la gauche latino-américaine au cours des dernières décennies. Un tel apprentissage est crucial et exige la reconnaissance des erreurs commises, comme l'a affirmé de façon saisissante Fidel Castro dans son discours à l'Université de La Havane, mentionné plus haut : « Voici une conclusion à laquelle je suis arrivé au bout de plusieurs années : parmi les nombreuses erreurs que nous avons tous commises, la plus importante a été de croire qu'il existait quelqu'un qui connaisse le socialisme ou qui sache comment on construit le socialisme. »

Pour les citoyens, la différence entre un socialisme inefficace et un capitalisme injuste peut être moindre qu'elle ne le semble. Des rapports de domination (basés sur un pouvoir politique inégal) peuvent avoir, dans la vie quotidienne des personnes, des conséquences étrangement semblables à des rapports d'exploitation (basés sur l'extraction de plus-value).

Un vaste et fascinant champ d'expérimentation sociale et politique qui pourrait permettre à Cuba de renouveler la gauche mondiale

Démocratiser la démocratie

Contre les théoriciens libéraux, pour lesquels la démocratie prime sur tout le reste, j'ai affirmé qu'il y a des conditions pour que la démocratie soit pratiquée de façon authentique. Je me permets de dire que Cuba peut être l'exception à la règle que je défends : je trouve qu'à Cuba la démocratie radicale, contre-hégémonique, non-libérale prime sur tout le reste. Pourquoi ? La crise de la démocratie libérale est aujourd'hui plus évidente que jamais. Il est chaque jour plus évident que la démocratie libérale n'assure pas les conditions de sa survie face aux multiples « fascismes sociaux ». J'utilise l'expression « fascismes sociaux » pour désigner la conversion des inégalités économiques en inégalités politiques. Ces « fascismes sociaux » ne sont pas le produit direct du système politique de l'État capitaliste. Ils sont plutôt le résultat de la complicité de celui-ci. Quand, par exemple, le système privatise l'eau, l'entreprise propriétaire acquiert dès lors le droit de veto sur la vie des personnes (le principe devient : « Qui ne paie pas sa facture n'a pas d'eau »). Il s'agit ici de beaucoup plus qu'un pouvoir économique ou de marché, il s'agit d'un pouvoir politique. Bien qu'elle soit évidente, la crise ne permet guère à de nouveaux concepts de politique et de démocratie de s'implanter. Il y a deux causes à cet état de fait : d'une part, la prépondérance des rapports capitalistes, dont la reproduction exige aujourd'hui la coexistence de la démocratie de basse intensité avec les fascismes sociaux ; et, d'autre part, l'hégémonie de la démocratie libérale sur l'imaginaire social, que l'on légitime souvent en invoquant de prétendues traditions ou mémoires historiques. À Cuba, il n'y a aucune de ces deux difficultés : il n'existe ni une domination capitaliste, ni une tradition libérale qui ait la moindre crédibilité. Il serait donc possible d'assumer la démocratie radicale comme point de départ, sans qu'il soit nécessaire de faire face à tout ce qui a déjà été dépassé au cours de l'expérience dominante de la démocratie au cours des 50 dernières années.

De l'avant-garde à l'arrière-garde

Pour permettre cela, pour que le fait démocratique ne se réduise pas à un simple inventaire de réussites et d'arguments rhétoriques, avant qu'il ne se réalise systématiquement, un pas important devrait être franchi : la conversion du parti d'avant-garde en parti d'arrière-garde, un parti qui soit moins un parti de direction qu'un parti de facilitation ; un parti qui promeuve le débat de questions fortes, pour que, dans le quotidien des pratiques sociales, les citoyens et les communautés soient mieux formés pour distinguer les réponses fortes et les réponses faibles. Un parti qui accepterait comme étant naturelle l'existence d'autres formes d'organisation relativement aux différents intérêts, un parti qui essaierait d'avoir, avec ces formes d'organisation, une relation d'hégémonie et non une relation de contrôle. Cette transformation serait la plus complexe de toutes et ne pourrait être réalisée que dans le cadre de l'expérimentation suivante.

Le constitutionnalisme transformateur

Les transitions qui impliquent des transformations importantes des rapports de pouvoir passent, en général, par des processus constitutionnels. Au cours des 20 dernières années, plusieurs pays d'Afrique et d'Amérique latine ont vécu des processus constitutionnels. L'histoire récente nous permet de distinguer deux types de constitutionnalismes : le constitutionnalisme moderne proprement dit et le constitutionnalisme transformateur. Le constitutionnalisme moderne, qui a prédominé sans opposition jusqu'à tout récemment, était un constitutionnalisme construit de haut en bas par les élites politiques du moment. Il avait pour objectif la construction d'États institutionnellement monolithiques et de sociétés homogènes. Ces buts ont toujours comporté l'imposition d'une classe, d'une culture, d'une race, d'une ethnie, d'une région au détriment des autres. Contrairement à cela, le constitutionnalisme transformateur part de l'initiative des classes populaires, qui est une forme de lutte de classes, une lutte des exclus et de leurs alliés pour créer de nouveaux critères d'inclusion sociale qui mettent fin aux oppressions de classe, raciales, ethnoculturelles entre autres.

Une telle démocratisation sociale et politique impliquerait la réinvention ou la refondation de l'État moderne. Une telle réinvention ou refondation ne pourrait éviter d'être expérimentale, tout comme la Constitution elle-même. Cela veut dire que la nouvelle Constitution transformatrice devrait, si possible, avoir une durée de validité limitée, cinq années par exemple, au terme desquelles le processus constitutionnel devrait être rouvert pour corriger les erreurs et introduire des apprentissages. Limiter la durée de la nouvelle Constitution aurait un avantage politique, qui serait précieux dans les périodes de transition, celui de ne pas faire de gagnants ou de perdants définitifs. Cuba a les conditions idéales en ce moment pour renouveler son expérimentalisme constitutionnel.

État expérimental

La crise terminale que traverse le néolibéralisme, ainsi que les expériences récentes de création des États les plus progressistes de l'Amérique latine révèlent que nous nous dirigeons vers une nouvelle centralité de l'État, une centralité plus ouverte à la diversité sociale (reconnaissance de l'interculturalisme, de la pluriethnicité et même de la plurinationalité, comme c'est le cas de l'Équateur et de la Bolivie), économique (reconnaissance de différents types de propriété : étatique, communautaire ou communale, coopérative ou individuelle) et politique (reconnaissance de différents types de démocratie : représentative ou libérale, participative, délibérative, référendaire, communautaire). Nous allons d'une centralité basée sur l'homogénéité sociale vers une centralité basée sur l'hétérogénéité sociale. Il s'agit d'une centralité réglée par le principe de la complexité. La nouvelle centralité opère de façon distincte dans des domaines où l'efficacité des solutions est démontrée (par exemple, à Cuba, l'éducation et la santé, malgré la dégradation de la qualité et de l'équité du système), dans des domaines où, au contraire, l'inefficacité est démontrée (à Cuba : accroissement des inégalités, agriculture) et dans les domaines nouveaux, qui sont les plus nombreux dans les processus de transition (par exemple, à Cuba : création de nouvelles institutions politiques, reconstruction de l'hégémonie socialiste sur la base d'une démocratie de haute intensité qui promeut simultanément la réduction de l'inégalité sociale et l'expansion de la diversité sociale, culturelle et politique). Pour les deux derniers domaines (domaines d'inefficacité démontrée et domaines nouveaux), il n'y a pas de recettes infaillibles ou de solutions définitives. Dans ces domaines, le principe de la centralité complexe suggère qu'on doit respecter le principe de l'expérimentation démocratiquement contrôlée. Le principe de l'expérimentation doit parcourir toute la société et, pour cela, il faut que l'État devienne lui-même un État expérimental. Dans une phase de grandes mutations de la fonction de l'État et de la régulation sociale, il est inévitable que la matérialité de l'État, rigide comme elle l'est, sera sujette à de fortes vibrations qui en feront un champ fertile d'effets pervers, d'autant plus que cette matérialité institutionnelle est inscrite dans un espace-temps national/étatique qui souffrira de l'impact croisé des espaces-temps locaux et mondiaux.

Les époques de transition se caractérisent par la coexistence de solutions relevant de l'ancien paradigme et d'autres du nouveau paradigme. Ces dernières sont parfois aussi contradictoires que les premières. Je pense qu'il faut faire de l'expérimentation un principe de création institutionnelle lorsque les solutions adoptées par le passé se sont révélées inefficaces. Étant donné qu'il serait imprudent, durant cette phase, d'adopter des choix institutionnels irréversibles, il faudrait faire de l'État un champ d'expérimentation institutionnel afin de permettre, pendant un certain temps, la coexistence et la compétition de différentes solutions, au moyen d'expériences-pilote, soumises à un suivi permanent par des collectifs de citoyens afin d'établir une évaluation comparée des résultats. L'utilisation de biens publics, surtout dans le domaine social[1], pourrait ainsi se faire de différentes façons. Le choix entre ces options ne devrait avoir lieu qu'après l'évaluation, par les citoyens, de leur efficacité et de leur qualité démocratique.

---

1. On pourrait, par exemple, comparer les transports publics de l'État aux transports coopératifs ou appartenant à de petits entrepreneurs. Ou comparer la production des entreprises agricoles d'État à celle des entreprises coopératives, communautaires ou de petits entrepreneurs capitalistes.

Cette nouvelle forme qu'aurait un éventuel État démocratique transitionnel devrait être basée sur trois principes d'expérimentation politique. Le premier d'entre eux serait que l'expérimentation sociale, économique et politique exige l'existence complémentaire de plusieurs formes d'exercice démocratique (représentatif, participatif, communautaire, etc.). Aucune de ces formes, en elle-même, ne pourrait garantir une évaluation efficace de la nouvelle institutionnalité. Il s'agit d'un principe difficile à faire respecter, surtout parce que la présence complémentaire de différents types de pratiques démocratiques est, en elle-même, nouvelle. Il convient de rappeler l'affirmation d'Hegel : « Qui a peur de l'erreur a peur de la vérité. »

Le deuxième principe est que l'État n'est vraiment expérimental que dans la mesure où l'on donne aux différentes solutions institutionnelles des conditions équitables pour qu'elles se développent selon leur propre logique. Cela veut dire que l'État expérimental est démocratique dans la mesure où il offre une égalité de chances aux différentes propositions d'institutionnalité démocratique. Ce n'est qu'ainsi que la lutte démocratique pourrait se convertir véritablement en lutte pour des alternatives démocratiques. Seulement ainsi serait-il possible de lutter démocratiquement contre le dogmatisme d'une solution qui se présente comme étant la seule qui soit efficace ou démocratique. Cette expérimentation institutionnelle, qui s'effectue dans le cadre démocratique, ne pourrait éviter de causer certaines instabilités et incohérences en matière d'action de l'État. La fragmentation de l'État qu'elle pourrait entraîner engendrerait probablement de nouvelles exclusions.

Dans de telles circonstances, l'État expérimental ne devrait pas se limiter à garantir l'égalité des opportunités pour les différents projets d'institutionnalité démocratique. Il devrait également (et c'est alors qu'intervient le troisième principe d'expérimentation politique) garantir des normes minimales d'inclusion qui pourraient rendre possible la participation citoyenne active nécessaire pour assurer le suivi, l'accompagnement et l'évaluation du rendement des projets alternatifs. En appliquant la nouvelle centralité complexe, l'État combinerait la régulation directe des processus sociaux avec la métarégulation, c'est-à-dire la régulation de formes étatiques de régulation sociale, dont l'autonomie devrait être respectée à condition que les principes d'inclusion et de participation consacrés dans la Constitution soient respectés.

Une autre production est possible

Ce domaine est l'un des plus importants de l'expérimentation sociale, et Cuba pourrait y assumer un leadership stratégique quant à la recherche de solutions alternatives, soit aux modèles de développement capitalistes, soit aux modèles de développement socialistes du siècle précédent. Au début du XXIe siècle, la tâche de penser des alternatives économiques et sociales et, par elle, de lutter est particulièrement urgente pour deux raisons liées entre elles : premièrement parce que nous vivons dans une époque où l'idée qu'il n'existe aucune autre voie que celle du capitalisme a obtenu un niveau d'acceptation probablement sans précédent dans l'histoire du capitalisme mondial ; et deuxièmement parce que l'alternative systémique au capitalisme, représentée par les économies socialistes centralisées, s'est révélée non viable. L'autoritarisme politique et la non-viabilité des systèmes économiques centralisés ont été dramatiquement mis en évidence par la chute de ces systèmes vers la fin des années 1980 et au début des années 1990.

Paradoxalement, au cours des 30 dernières années, le capitalisme a révélé, comme jamais auparavant, sa tendance à l'autodestruction, à l'intensification à un niveau effarant de la concentration de la richesse et de l'exclusion sociale, à la crise environnementale, à la crise financière, à la crise énergétique, à la succession sans fin de guerres pour le contrôle de l'accès aux ressources naturelles, à la crise alimentaire. D'autre part, l'effondrement des systèmes de socialisme d'État a ouvert un espace politique pour l'apparition de formes multiples d'économie populaire, qui vont de l'économie solidaire aux coopératives populaires, des entreprises récupérées aux occupations de terre dans le cadre de la réforme agraire, du commerce équitable aux formes d'intégration régionale selon des principes de réciprocité et de solidarité (c'est le cas de l'Alternative bolivarienne pour les Amériques, l'ALBA). Les organisations économiques populaires sont extrêmement diverses et si certaines impliquent des ruptures radicales (ne serait-ce que locales) avec le capitalisme, d'autres trouvent des formes de coexistence avec ce dernier. La fragilité de toutes ces alternatives réside dans le fait qu'elles ont lieu dans le cadre de sociétés capitalistes où les rapports de production et de reproduction capitalistes déterminent la logique générale du développement social, économique et politique. C'est pour cette raison que le potentiel émancipateur et socialiste des organisations économiques populaires finit par être bloqué. La situation privilégiée de Cuba dans le domaine de l'expérimentation économique est due au fait qu'il est possible de définir, à partir de principes, de logiques et d'objectifs non-capitalistes, les règles du jeu dans lesquelles des organisations économiques capitalistes peuvent fonctionner.

Pour appliquer tout le potentiel et le ferment de transformation progressiste qui existe dans le moment politique que vit Cuba, ce pays aura besoin de la solidarité de tous les hommes et de toutes les femmes, de toutes les organisations et de tous les mouvements de gauche (dans le sens que je leur ai attribué dans ce texte) du monde, et très particulièrement du monde latino-américain. Le moment est venu pour que le monde de la gauche rende à Cuba le grand nombre d'éléments qu'il lui doit et qui lui ont permis de devenir ce qu'il est.

Nationalisme et chávisme, aux racines de la révolution bolivarienne

Thomas Chiasson-LeBel[1]

Hugo Chávez, président du Venezuela depuis 1999, est mondialement connu pour ses tirades contre l'impérialisme[2]. Il est souvent qualifié de populiste, ce qui permet à plusieurs analystes de faire l'économie de recherches visant à comprendre sa posture politique. Ainsi, peu d'ouvrages cherchent à dégager, à travers la multitude de ses interventions publiques, un fil conducteur qui permette de saisir une doctrine politique qui guide son action politique. Le défi n'est pas mince puisque des changements majeurs dans son discours sont survenus depuis son avènement au pouvoir. Par exemple, alors qu'il se dissociait du socialisme au début de sa présidence, ce substantif a été inscrit au cœur de ses discours au tournant de 2005. Il en va de même pour l'impérialisme. Lorsque Chávez utilisait ce terme durant ses premières années au pouvoir, il qualifiait alors la relation entre l'Espagne et ses colonies américaines dans la période pré-indépendance. C'est seulement à partir de 2004 qu'il utilisera le terme « impérialisme » pour dénigrer le comportement international du gouvernement états-unien, et le terme est passé au centre de sa campagne électorale en 2006.

Malgré ces transformations, nous avons voulu nous prêter à l'exercice de trouver le fil conducteur de ses différentes interventions

---

1. Cet article est un résumé d'un chapitre de notre mémoire : Thomas Chiasson-LeBel, *Étude de la doctrine politique de Chávez de 1999 à 2006 à travers ses discours, écrits et entrevues*, département de sociologie, UQÀM, 2009. Il est disponible en ligne : < http://www.archipel.uqam.ca/1904/ >
2. Voir son discours devant l'assemblée de l'ONU en 2006, où il associe implicitement Georges W. Bush au diable en se plaignant de l'odeur de soufre ambiante.

qui serait la doctrine politique unificatrice de son action politique. L'objet qui s'en dégage est baptisé chávisme. Il est alors apparu que cette doctrine avait pour concept central une définition particulière du nationalisme[1] autour de laquelle s'articulent sa conception de la souveraineté, de l'économie et des relations entre le chef d'État, le peuple et les militaires.

Le concept de nation

Pour Hugo Chávez, une nation est un peuple qui possède trois caractéristiques : un passé commun, une volonté de vivre ensemble pacifiquement et une adhésion à un projet commun pour le futur. L'existence de ces caractéristiques n'est pas automatique et doit être renouvelée, de sorte que la nation est en perpétuelle construction et déconstruction. Dans la période qui précède sa prise de pouvoir, il considère qu'il n'y a pas véritablement de nation vénézuélienne. À sa sortie de prison, en 1994[2], il en identifie la cause au mécontentement populaire résultant de la profonde crise économique des dernières années, qui s'est exprimé notamment par les émeutes de 1989[3]. Ces événements ont perturbé les caractéristiques nécessaires pour qu'il y ait une nation. L'idée de renforcement de la nation devient alors une réponse à la dislocation sociale provoquée par la crise économique, c'est-à-dire une réponse aux inégalités sociales et à l'exclusion provoquée par les échecs des différents plans de relance. Il y avait, selon Chávez, de trop fortes tensions autour de ces plans

---

1. L'analyse qui place le nationalisme au cœur des discours de Chávez est partagée par différents auteurs. Pour en savoir plus, voir Thomas Chiasson-Le Bel, op. cit., p. 63 à 65. Elle est exprimée clairement par Chávez qui disait en entrevue à Marta Harnecker : « La revendication de l'essence de la nation, qui s'était estompée, est un gain révolutionnaire qui induit des conséquences pratiques sur la souveraineté, la fierté et la volonté d'union collective. » Marta Harnecker, *Hugo Chávez Frías. Un hombre, un pueblo*, Espagne, Gakoa Tercera Prensa, 2002.
2. Chávez a été emprisonné pour avoir participé à une tentative ratée de coup d'État en 1992. Il a été libéré deux ans plus tard, en 1994.
3. Bien que les émeutes de 1989 n'aient pas porté de revendications claires, on associe leur déclenchement au mécontentement suscité par la tentative du président Carlos Andrés Pérez d'imposer les politiques préconisées par le Fonds monétaire international pour réorganiser l'État, notamment en augmentant le prix de l'essence.

pour supporter une volonté générale de vivre ensemble dans le présent, interdisant ainsi une lecture commune du passé.

L'importance d'un projet commun pour définir la nation est suffisamment grande aux yeux de Chávez pour qu'il place cet élément au tout début de l'ébauche de constitution présentée devant l'Assemblée constituante[1]. Le premier article de cette constitution définit le peuple comme étant un conglomérat humain qui partage une « gloire » commune et une volonté de convivialité pacifique. Le second article définit la nation comme étant un peuple qui partage un projet de développement commun pour le futur et, pour le renforcer, le troisième article fait une obligation éthique aux membres de la nation de pratiquer un mode de vie solidaire et ainsi de participer au développement du projet commun.

La définition du projet commun est donc cruciale. Au milieu des années 1990, Chávez présente déjà un projet pour ressouder la nation vénézuélienne. Il affirme être conscient qu'une partie du peuple est susceptible de ne pas y adhérer. De plus, il affirme que la ferveur qu'il compte canaliser dans un projet d'unité nationale se trouve particulièrement présente au sein du peuple-pauvre[2]. Dès lors, le projet de recréer la nation n'inclut pas tout le peuple, entendu comme groupe d'êtres humains partageant un passé commun et un désir de vivre ensemble pacifiquement, puisqu'il inclut de façon préférentielle le peuple-pauvre. À cette partie du peuple sont associées une souffrance et une sagesse populaire, et le projet doit lui redonner le pouvoir pour qu'elle se sorte de la pauvreté dont elle souffre. L'autre partie du peuple, celle qui est exclue d'emblée de la nation, est qualifiée d'oligarchie, de classe dominante. Elle comprend notamment les élites qui se sont enrichies avec l'extraction des matières premières et les politiciens qui ont supporté le régime précédent. Chávez ne les écarte toutefois pas sur la base de leur appartenance à une classe sociale ou un groupe social, mais bien sur

1. À la suite de son élection en 1999, Chávez a lancé un processus de réécriture de la Constitution vénézuélienne. En moins d'un an, les membres de l'Assemblée constituante ont été élus au suffrage universel. Ils ont rédigé une constitution et celle-ci a été soumise à un référendum qui l'a approuvée. Dès la première rencontre de cette assemblée, Chávez a soumis à ses membres, majoritairement sympathiques au nouveau président, une proposition de Constitution.
2. L'expression « peuple-pauvre » est utilisée par Chávez pour définir la partie du peuple à laquelle s'adresse son mouvement.

la base de leur manque d'adhésion au projet qu'il avance pour forger à nouveau la nation. Ainsi, il dit qu'il désire bel et bien l'union et le consensus, mais pas si cela implique d'obtenir l'accord de ceux et celles qui cherchent à freiner le projet de la nation.

Lorsque Chávez invite à l'unité populaire, il le fait en rappelant que celle-ci signifie qu'il faut laisser de côté les intérêts individuels pour mettre de l'avant les intérêts collectifs, voire l'intérêt général. L'intérêt ainsi conçu doit être plus important que celui de petits groupes de possédants. Un tel appel à l'unité, à la lumière de la définition du terme nation, devient une exigence dirigée vers ceux qui possèdent davantage, afin qu'ils redistribuent leur richesse et contribuent à l'émancipation du peuple-pauvre. Ils ne sont pas inclus dans la nation, ni dans l'unité populaire, sauf s'ils acceptent de servir le projet politique qui promeut l'intérêt général de la nation. Leur exclusion semble sans effet au niveau des institutions et du droit, sinon qu'ils deviennent un repoussoir contre lequel se constitue l'unité de la nation.

La division entre le peuple-pauvre, inclus dans la nation, et l'oligarchie, qui en est exclue, ne correspond pas à une dynamique de classe sociale, ni non plus à une problématique marxiste. À cet égard, Chávez soutient qu'il est nécessaire d'aller au-delà du marxisme. Lorsqu'il se réfère à la prise de pouvoir au service d'une classe, il soutient qu'il ne milite pas seulement pour la libération du prolétariat. La classe au service de laquelle il veut prendre le pouvoir est celle des exploités, et cela inclut les classes dites moyennes.

Il est important de remarquer à quel point cette définition de la nation n'insiste pas sur les caractéristiques culturelles ou historiques de celle-ci. Le passé commun dont il est question n'exclut pas les Autochtones, puisque ceux-ci ont partagé le passé de la décolonisation. Par définition donc, les Autochtones peuvent être intégrés dans le projet socialiste. Leur culture communautaire serait porteuse d'un socialisme originaire, proprement vénézuélien, qui doit servir de modèle pour l'instauration du socialisme à la grandeur du pays. C'est ainsi que le socialisme, déjà porteur de plusieurs épithètes, est également qualifié de socialisme indo-vénézuélien[1]. Ainsi, les Autochtones, étant associés au peuple-pauvre, peuvent faire partie de la nation s'ils acceptent de partager le projet commun.

---

1. Thomas Chiasson-Le Bel, *op. cit.* p.119.

De plus, une telle définition de la nation, qui doit réunir le peuple-pauvre pour le sortir de sa situation, n'est pas fondée sur la base de la production de la richesse, mais sur un rapport à la distribution. Il ne s'agit pas d'une doctrine qui cherche dans les conditions de production les conflits qui pourraient alimenter la transformation sociale, mais d'un idéal de justice, d'une utopie qui souhaite développer une plus grande égalité économique[1].

Le passé commun et l'héritage de Bolívar

Pour être nation, les personnes doivent d'abord former un peuple, et pour être peuple, elles doivent partager un passé commun. Le passé commun est évoqué de façon constante dans les discours de Chávez, principalement par des références à des acteurs historiques dont les écrits et les actions permettent de tracer la voie du modèle pour le futur. Trois acteurs sont d'une importance majeure : Simón Rodríguez, Ezequiel Zamora et, surtout, Simón Bolívar.

Le rôle des personnages historiques dans la création de son projet idéologique est double. D'une part, les références à des personnages permettent d'organiser, à l'aide de pensées politiques antérieures, le socle d'un modèle idéologique. D'autre part, ces références sont puisées à même l'histoire vénézuélienne. Ils participent ainsi à l'établissement d'un passé commun local, d'une histoire partagée, élément qui est essentiel à l'existence d'une nation. Cependant, ce n'est pas dans la véracité des références que les acteurs historiques acquièrent leur importance, mais dans le rôle qui leur est assigné pour comprendre le présent. Ainsi, bien qu'il soit possible, et fort probablement juste, de critiquer le lien entre Bolívar et le socialisme, il n'en demeure pas moins que l'utilisation de l'épithète « bolivarien » pour qualifier le socialisme donne une justification historique au modèle avancé pour le présent[2].

---

1. Chávez écrivait avant de prendre le pouvoir sur l'utopie qui devait guider les transformations au Venezuela. Baptisée *utopie concrète robinsonnienne*, elle est une position téléologique dont la finalité est une société où régnerait « prospérité, splendeur, qui serait un carrefour pour la famille humaine », une société de « liberté, de justice, de gloire et de majesté ». Une telle société repose sur un mode de vie solidaire dans lequel les êtres humains sont ensemble afin de se consulter sur les meilleurs moyens de satisfaire leurs désirs. Hugo Chávez Frias, *El libro Azul*, Caracas, ediciones del Minci, 2007.

2. Germán Carrera Damas explique que malgré le débat historique sur les

Mise à part l'importance que Chávez lui accorde, Simón Bolívar est un personnage historique important. Issu d'une famille de riches propriétaires terriens, il fait des études en Europe au début du XIXᵉ siècle pendant lesquelles il se familiarise avec les idées modernes de l'époque. À son retour en Amérique, Bolívar participe à la libération d'un immense territoire qui comprend six pays d'Amérique latine : le Venezuela, la Colombie, le Panama, l'Équateur, le Pérou et la Bolivie. Il tente de former une seule fédération de tous ces pays, la grande Colombie. Cette tentative, cependant, échoue à cause des divisions entre les différents dirigeants de l'insurrection indépendantiste.

Selon Chávez, Bolívar est le père fondateur de la patrie vénézuélienne. Il est un guide, un chef politique et spirituel. Il a toutefois échoué à réaliser deux de ses projets majeurs. D'une part, il n'est pas parvenu à unifier en une seule fédération les différents territoires des anciennes colonies qu'il avait contribué à libérer. D'autre part, il n'est pas parvenu à assurer la justice et l'équité promises aux peuples nouvellement indépendants.

Un projet pour le futur : d'abord politique

Au centre du projet actuel proposé par Chávez, il y a l'idée de révolution. Toutefois, le terme « révolution » ne possède pas un sens équivalent à celui qu'il avait pour les guérilleros des années 1960 et 1970 : il n'est pas rattaché directement au socialisme ou au guévarisme. Il se rapporte davantage au concept tel qu'utilisé lors de la guerre d'indépendance (1810-1824). La révolution dont il parle est bolivarienne. Elle est présentée comme un processus de transformations profondes, radicales et accélérées, des structures sociales et politiques, ainsi que des valeurs, qui ne doit pas nécessairement être violent. La nécessité d'une révolution est la réponse

accomplissements de Bolívar, il importe davantage de comprendre comment des aspects de la vie du héros sont utilisés pour construire une formation historico-idéologique du passé qui permet la projection de valeurs actuelles. Il explique que le culte du héros est tout autant un fait historique que le héros lui-même. L'image du héros ainsi créée devient une forme d'écran sur lequel se projette la compréhension de l'histoire. Germán Carrera Damas, *El culto a Bolivar : esbozo para un estudio de la historia de las ideas en Venezuela*, Caracas, Alfadil, 2003 [1970], p.19 à 35.

que compte offrir Chávez à la débâcle économique des années 1980 et 1990. Chávez perçoit cette crise comme étant totale. Contre celle-ci, il propose son grand Projet national qui doit déboucher sur la réalisation de l'utopie d'une société reposant sur un mode de vie solidaire.

Pour y parvenir, l'objectif stratégique premier est de ressouder les forces sociales. En forgeant une nation par la définition d'un projet collectif pour le futur, Chávez croit pouvoir y parvenir. C'est à la nouvelle constitution qu'est accordée une bonne partie de ce rôle[1]. Dans celle-ci, Chávez insiste sur la nécessité d'une démocratie participative et « protagonique ». Il veut ainsi dire que les masses populaires doivent avoir le contrôle du pouvoir par une capacité autonome à changer jusqu'aux règles initiales de la démocratie. Le pouvoir électoral quant à lui a pour fonction de diffuser la souveraineté afin que le peuple en soit le véritable dépositaire. À la lumière de cette pensée politique, il est possible de comprendre pourquoi Chávez a introduit une série de référendums d'initiative populaire dans la proposition de constitution présentée devant l'Assemblée constituante.

La souveraineté

Pour faire le lien entre le peuple, la nation, la Constitution et l'État, il manque toutefois un élément essentiel de la pensée de Chávez : la souveraineté. L'idée de souveraineté est en fait celle du peuple qui manifeste sa volonté. Ainsi, seul le peuple est maître de cette volonté, il en est le seul propriétaire. L'importance accordée à la manifestation de la volonté du peuple explique la quantité d'élections et de référendums auxquels le peuple a été convoqué pendant les années de pouvoir cháviste[2].

L'importance accordée à la volonté du peuple se transpose également dans l'idée d'autodétermination. C'est au peuple du Venezuela

1. La rédaction d'une nouvelle Constitution a pour rôle de modifier la structure politique. Chávez entend remettre le politique à l'avant-scène, plutôt que de laisser les considérations économiques dominer la société. En voulant remettre le politique à la tête du projet, il devient essentiel de modifier cet aspect avant de travailler à transformer l'économie.

2. Entre 1998 et 2006, l'électorat vénézuélien a été convoqué à 14 élections et référendums.

d'exercer sa volonté qui est absolue, et cela doit se faire sans pression d'un pays ou d'une nation autre, sans influence d'une puissance étrangère ou impériale. Elle se traduit par la nécessité de défendre les frontières et le territoire. Elle devient ainsi l'expression d'une capacité de l'État à se défendre militairement.

La défense de la souveraineté sur le territoire et de la volonté populaire s'accompagne d' une conception de l'ordre international comme devant reposer sur le respect, par les différents gouvernements, de la souveraineté des autres peuples. Chávez souhaite donc développer une indépendance par rapport aux autres pays, et principalement par rapport aux organisations internationales telles que le Fonds monétaire international, la Banque mondiale et l'Organisation mondiale du commerce.

L'impérialisme, stade suprême du néolibéralisme

Les critiques de Chávez envers l'impérialisme sont devenues plus explicites en 2003. Lors d'un discours tenu le jour de la célébration de son retour au pouvoir[1], il affirme que le coup d'État de 2002 porte le sceau de l'impérialisme, qu'il a été planifié à l'extérieur du pays, sans toutefois mentionner les États-Unis directement. Son accusation pointe davantage les secteurs du pays qui ont appuyé le coup, qu'il qualifie de fascistes, de corrompus et de syndicalistes pourris. La référence initiale à l'impérialisme états-unien apparaît en février 2004. Il dénonce alors la complicité du gouvernement de Georges W. Bush dans le blocage-sabotage pétrolier[2]. En mai, la dénonciation de l'impérialisme est associée à l'activité menée par plus d'une centaine de paramilitaires colombiens en terre vénézuélienne. Il affirme alors que la révolution bolivarienne est en train d'entrer dans sa phase anti-impérialiste.

Le néolibéralisme, la globalisation et les tentatives d'imposition

---

1. En avril 2002, une tentative de coup d'État a retenu Chávez prisonnier pendant quelques jours. Chávez a toutefois repris le pouvoir le 14 avril, grâce à une forte mobilisation populaire et à la fidélité de certains secteurs de l'armée.

2. À la suite de la tentative de coup d'État, des secteurs de la société ont organisé le blocage de la compagnie pétrolière d'État, la PDVSA, notamment par des sabotages. Le ralentissement de la production a duré de la mi-décembre 2002 au début mars 2003.

d'accords commerciaux internationaux constituent des éléments qui sont critiqués depuis le début de la présidence de Chávez. Toutefois, il ne s'affiche pas à l'origine contre les investisseurs étrangers au Venezuela, ou contre l'insertion du Venezuela de manière compétitive dans le marché international. Il critique cependant le fait que ces dynamiques se fassent au détriment de la souveraineté. L'intégration économique continentale n'est pas pour lui à proscrire, tant qu'elle adopte des formes respectueuses des souverainetés des peuples. Lorsque l'ordre international est imposé par la force, ou lorsque les craintes de cette imposition servent de justification pour dicter la ligne d'action d'un pays, on peut parler d'impérialisme.

Le néolibéralisme est également condamnable puisqu'il correspond à l'accaparement des richesses d'un pays par une élite qui s'empresse de les donner à des puissances internationales. Mais il ne devient impérialisme, pour Chávez, qu'à partir du moment où il masque la possibilité d'une invasion, d'une agression étrangère pour s'imposer où on la refuse.

La construction des alternatives

Les dénonciations de l'impérialisme arrivent tard dans la doctrine de Chávez. Néanmoins, l'appel à la formation d'un monde multipolaire fait déjà partie de ses discours en 1999 et de son programme général de gouvernement dès 2001. Il faut, affirme-t-il, respecter l'autodétermination des peuples et travailler à renforcer des alliances diversifiées afin que le monde ne soit pas dominé par une puissance hégémonique. De plus, il s'identifie à un retour du discours tiers-mondiste. Ces différentes dénonciations de l'impérialisme cherchent également une caution morale par des références fréquentes à Jésus-Christ, dont l'opposition à l'Empire romain constituerait, selon Chávez, une attitude anti-impérialiste.

Il faut, selon le président vénézuélien, reconstruire des relations internationales sur une base qui soit davantage politique. Sans rejeter l'idée de l'intégration économique continentale, il s'oppose à la ZLÉA (Zone de libre-échange des Amériques), car elle est le fruit du néolibéralisme. Un tel accord cherche selon lui à mettre en compétition des acteurs qui ne sont en rien égaux. Il en rejette l'idée en donnant l'exemple de l'agriculture : si le projet de la ZLÉA avait été mis en œuvre, le gouvernement vénézuélien n'aurait pas pu appuyer les petits producteurs vénézuéliens, alors que ceux qui font la promotion d'un tel accord subventionnent les grandes productions agricoles de leur pays à coup de milliards.

Contre ce genre d'intégration, il propose plutôt une intégration qui repose sur les nations. Une telle intégration doit viser à créer une unité entre celles-ci autour d'un projet politique commun, afin que les objectifs déterminés souverainement par les différents peuples soient mis de l'avant. Alors, l'intégration économique se fera en fonction d'objectifs politiques, et non l'inverse. Une telle compréhension de la construction d'un ordre international alternatif reprend l'idée de la nation telle que présentée plus haut : l'unité doit se construire sur la base d'un projet politique partagé par les peuples concernés.

Il promeut une telle vision à travers différentes initiatives. D'abord, en cherchant à intégrer le Mercosur (dont le Venezuela est devenu membre à part entière), pour y faire valoir ses idées, puis en impulsant sa vision au sein de la Communauté andine des nations (qu'il a quittée à cause d'un désaccord avec le gouvernement colombien). Bien qu'il s'oppose à la ZLÉA, il ne quitte pas la table de négociation afin d'y faire entendre ses positions. Toutefois, dès 2001, il cherche à créer une nouvelle forme d'intégration, qu'il baptise Alternative (parfois Alliance) bolivarienne pour les Amériques (ALBA[1]). Un premier accord est signé entre Cuba et le Venezuela en décembre 2004. Selon Chávez, l'ALBA vise une intégration basée sur la participation directe des peuples (travailleurs, étudiants, agriculteurs, femmes…), afin de créer une meilleure distribution des richesses, une transformation du modèle économique et une plus grande inclusion sociale. C'est ainsi que s'explique l'existence d'un conseil des mouvements sociaux de l'ALBA.

En prenant connaissance des exemples qu'il évoque à propos du genre d'intégration que prône l'ALBA, on comprend que Chávez

---

1. Le nom de cette initiative a pris plusieurs appellations : *Alternative bolivarienne pour les Amériques*, *Alternative bolivarienne pour l'Amérique latine et les Caraïbes* ou, plus récemment, *Alternative bolivarienne pour les peuples de notre Amérique*. Voir site Internet de l'ALBA : < http://www.alternativabolivariana.org >

cherche à promouvoir des échanges de biens et de services entre les différents gouvernements sans nécessairement les faire transiter par le marché. Ainsi, il échange du pétrole à prix préférentiel à Cuba contre un programme d'alphabétisation et des médecins qui permettent de fournir les services essentiels et de promouvoir le développement intégral du peuple vénézuélien. Il vante également le lancement d'une chaîne de télévision du Sud, *Telesur*, qui permet de faire contrepoids à CNN dans la diffusion de l'information. Il invoque également des accords de coopération avec le Brésil et l'Uruguay pour fonder de nouvelles raffineries dans ces pays et y exporter du pétrole. Selon Chávez, les différents échanges de biens et de services entre les pays convenus au sein de l'ALBA se fondent sur des accords qui ne répondent pas à la « pure » logique marchande, mais à des octrois à des prix préférentiels afin de combler des manques et de supporter le développement des peuples-pauvres dans les différentes régions des Amériques.

Éléments de conclusion

Ce bref survol des idées qui sont à la base du chávisme permettra, nous l'espérons, de mieux saisir l'articulation entre les différentes mesures adoptées par son régime entre 1999 et 2006. Il importe de les présenter pour favoriser une meilleure compréhension des idées véhiculées par ce personnage souvent caricaturé, et parfois caricatural. Elles sont en bonne partie responsable de l'appui populaire sur lequel Chávez peut compter. Leur présentation devrait surtout permettre d'en faire une meilleure critique qui portera non seulement sur l'attitude politique de Chávez, mais sur les idées qui sont véhiculées à travers sa pratique politique. Les idées présentées dans ce texte devraient être complétées par d'autres pans de sa doctrine, tels que l'économie et les relations entre le chef, l'État et le peuple.

Bien que la partie de sa doctrine ici présentée corresponde davantage au début de son exercice de la présidence, alors qu'il était moins question du socialisme, il est fort utile de retracer ces éléments pour saisir le genre de réflexions qui sont une des sources du socialisme aujourd'hui promu en Amérique latine. Les idées socialistes telles qu'elles étaient véhiculées il y a une trentaine d'années sont toujours présentes, mais elles ont perdu du terrain au profit d'un discours différent, notamment en cela qu'il intègre des préoccupations relatives aux travailleurs et aux paysans, mais aussi pour ceux qui sont exclus du marché du travail, voire même ceux qui ne sont pas certains de vouloir s'y inclure dans les modalités actuelles. C'est ainsi qu'il est possible aux processus de refonte institutionnelle en cours dans le cône sud d'inclure des concepts autochtones tels que le Sumak Kawsay, le bien vivre avec la nature.

Cependant, à la différence des processus en cours en Équateur et en Bolivie, qui ont élargi la citoyenneté en reconnaissant la plurina-tionalité, le modèle cháviste a cherché plutôt à recréer l'unicité du lien national par l'adhésion à un projet politique. Plutôt que d'utili-ser la nation comme moyen de retrouver des racines traditionnelles qu'il faudrait défendre, la nation est, pour le chávisme, une façon de projeter l'identité vers le futur d'un projet politique. Le passé sert alors de légitimation à ce projet.

Sans contredit, le chávisme s'offre comme une tentative originale pour combattre le capitalisme. Les alternatives mises de l'avant par le processus bolivarien méritent notre attention et notre critique. Sans en copier les défauts, le chávisme peut nous inspirer ici, encore plus aujourd'hui alors que des alternatives apparaissent non seule-ment souhaitées, mais exigées.

Relire la révolution russe

Pierre Beaudet

Pendant des décennies, des générations de militant-es et de chercheur-es ont planché sur ce grand basculement du monde survenu en 1917. Et pour cause. Voilà une révolution populaire qui, tout en reprenant le flambeau de l'émancipation soulevé par la Commune de Paris, défiait le double joug du capitalisme et du féodalisme. De Lima à Shanghai en passant par Turin, Détroit et Winnipeg, les dominés célébraient l'« utopie » que Marx avait annoncée bien avant :

> Tous les mouvements historiques ont été, jusqu'ici, accomplis par des minorités ou au profit des minorités. Le mouvement prolétarien est le mouvement spontané de l'immense majorité au profit de l'immense majorité. Le prolétariat, couche inférieure de la société actuelle, ne peut se soulever, se redresser, sans faire sauter toute la superstructure des couches qui constituent la société officielle[1].

Une immense révolution populaire

Rappelons brièvement le contexte. En 1917, les grandes puissances se dressent les unes contre les autres dans une foire d'empoigne inter-impérialiste. Dans les tranchées, c'est une véritable boucherie où coulent des flots de sang prolétaire et populaire, éclaboussant un corps social pourrissant. Pourtant, presque partout, l'opinion populaire est pro-guerre, emportée par une ferveur nationaliste manipulée par la droite et l'extrême-droite. Pire encore, ce patriotisme mal

---

1. Karl Marx et Friedrich Engels, *Manifeste du parti communiste*, < http:// www.marxists.org/francais/marx/works/1847/00/kmfe18470000.htm >

placé est endossé par les principaux mouvements socialistes. Certes, il y a des exceptions : ici et là, des mouvements, des intellectuels, quelques partis de gauche, rechignent, mais sans grand impact. Sauf en Russie.

Dans l'empire tsariste, il y a une odeur de fin de régime. Corrompue et inapte, la structure féodale est incapable d'ériger un État « moderne ». Les « nouveaux » dominants autour d'une bourgeoisie très dépendante des capitaux extérieurs ne sont pas articulés. Dans les villes se retrouvent d'immenses concentrations prolétariennes où les idées socialistes sont en forte progression. Les paysans n'en peuvent plus de supporter la famine. Dans les marges de l'empire, les peuples opprimés se révoltent. Toute cette effervescence est catalysée par la guerre. Les soldats, qui sont des ouvriers et surtout des paysans, refusent de combattre. Une extraordinaire convergence se produit : « Les dominants ne peuvent plus, les dominés ne veulent plus », affirme Lénine, un des leaders socialistes. Il pense que le moment est propice pour « transformer la guerre impérialiste en guerre civile » (défaitisme révolutionnaire). Au début, tout le monde le prend pour un illuminé.

Mais en février, la mutinerie éclate à Petrograd et se transforme en grève générale. Le tsar abdique, laissant la place à une coalition chambranlante qui cherche à maintenir la Russie dans la guerre tout en préparant l'affrontement avec le peuple. Quelques mois plus tard, la révolution reprend son cours impétueux. Les soviets, comités constitués par les ouvriers et les paysans sur une base territoriale, sont confiants en leur force et se saisissent des principaux sites du pouvoir. Le 26 octobre, le Congrès panrusse des soviets ouvriers et soldats proclame la révolution soviétique et approuve la constitution du Conseil des commissaires du peuple, présidé par Lénine et Trotski, qui apparaissent comme les chefs de la faction la plus déterminée du mouvement (les Bolcheviks) auquel se joignent des socialistes modérés (les Mencheviks), des libertaires, des populistes et d'autres factions organisées, mais d'abord et avant tout, la masse des révoltés.

Contrairement à une idée répandue, la révolution n'est pas l'« œuvre » des Bolcheviks : il s'agit d'une insurrection populaire, auto-organisée dans une large mesure, mais stimulée si l'on peut dire, par les partis de gauche. Le processus est complexe, comme l'explique Victor Serge, un observateur-participant de la première heure :

> 1917 fut une année d'action de masses étonnante par la multiplicité, la variété, la puissance, la persévérance des initiatives populaires dont la poussée soulevait le bolchevisme. Les fonctionnaires de l'autocratie virent très bien venir la révolution ; ils ne surent pas l'empêcher. Les partis révolutionnaires l'attendaient ; ils ne surent pas, ils ne pouvaient pas la provoquer. L'événement déclenché, il ne restait aux hommes qu'à y participer avec plus ou moins de clairvoyance et de volonté. Les Bolcheviks assumèrent le pouvoir parce que, dans la sélection naturelle qui s'était faite entre les partis révolutionnaires, ils se montrèrent les plus aptes à exprimer de façon cohérente, clairvoyante et volontaire, les aspirations des masses actives[1].

De la Commune à l'État

« Arrivés » au pouvoir, les soviets se retrouvent devant un immense chaos. La machine d'État a implosé. L'armée se désintègre. Bientôt, les tsaristes avec l'appui de la bourgeoisie et des puissances occidentales se réorganisent pour revenir au pouvoir. L'élan de l'émancipation semble cependant irrésistible. Pas question de retour en arrière. Sur la base de l'expérience de la Commune de Paris (l'insurrection populaire vaincue de 1871), les soviets affirment ne pas vouloir « conquérir » l'État, mais le détruire! Ils rappellent la réflexion de Marx : l'État est un « pouvoir de classe », en l'occurrence le pouvoir des dominants (bourgeoisie) sur les dominés (prolétariat). L'État, c'est aussi une « excroissance parasitaire[2] ». L'objectif du mouvement social est de remplacer l'État, dans un processus historique prolongé, par une nouvelle société où « une fois le travail émancipé, tout homme devient un travailleur et le travail productif cesse d'être l'attribut d'une classe ».

---

1. Victor Serge, « Trente ans après la révolution russe », in *Mémoires d'un révolutionnaire et autres écrits politiques*, Paris, Robert Laffont, 2001, p. 853-855.
2. Karl Marx et Friedrich Engels, *La guerre civile en France*, « Adresse du Conseil général de l'Association internationale des travailleurs », in *Inventer l'inconnu, textes et correspondance autour de la Commune*, présentés par Daniel Bensaïd, Paris, La Fabrique, 2008, p.126.

Aussitôt le pouvoir renversé, les ouvriers exproprient les usines. Les paysans détruisent les grandes propriétés terriennes. À l'ordre du jour, la suppression de la propriété accaparée par les patrons et seigneurs, mais aussi, de la bureaucratie et de l'armée permanente. Les soviets demandent l'électivité et la révocabilité des dirigeants à tous les niveaux, de même qu'ils exigent que ceux-ci soient payés au même niveau que les ouvriers. Ils veulent un État « sans État », une immense autogestion dont Lénine se fait le promoteur dans un texte fracassant, *L'État et la révolution* :

> C'est nous-mêmes, les ouvriers, qui organiserons la grande production en prenant pour point de départ ce qui a déjà été créé par le capitalisme, en nous appuyant sur notre expérience ouvrière, en instituant une discipline de fer maintenue par le pouvoir d'État des ouvriers armés. Nous réduirons les fonctionnaires publics au rôle de simples agents d'exécution de nos directives, au rôle « de surveillants et de comptables », responsables, révocables et modestement rétribués (tout en conservant, bien entendu, les spécialistes de tout genre, de toute espèce et de tout rang) : voilà notre tâche prolétarienne. Ces premières mesures, fondées sur la grande production, conduisent d'elles-mêmes à l'« extinction » graduelle de tout fonctionnarisme, à l'établissement graduel d'un ordre – sans guillemets et ne ressemblant point à l'esclavage salarié – où les fonctions de plus en plus simplifiées de surveillance et de comptabilité seront remplies par tout le monde à tour de rôle, pour ensuite devenir une habitude et disparaître enfin en tant que fonctions spéciales d'une catégorie spéciale d'individus[1].

Certes, affirme Lénine, dans la période de « transition » entre le capitalisme et le socialisme, transition amorcée par la révolution (mais non complétée), il faut « encore » un État, ce que la Commune de Paris a échoué à faire, et ce qui est, pour les Russes, une leçon fort importante :

> Mater la bourgeoisie et briser sa résistance n'en reste pas moins une nécessité. Cette nécessité s'imposait particulièrement à la Com-

---

1. Vladimir Lénine, *L'État et la révolution*, in *Œuvres choisies*, tome II, Moscou, Éditions du progrès, 1968, p. 325, < http://www.marxists.org/francais/lenin/works/1917/08/er00t.htm >

mune, et l'une des causes de sa défaite est qu'elle ne l'a pas fait avec assez de résolution. Mais ici (en Russie), l'organisme de répression est la majorité de la population et non plus la minorité. Or, du moment que c'est la majorité du peuple qui mate elle-même ses oppresseurs, il n'est plus besoin d'un « pouvoir spécial » de répression! C'est en ce sens que l'État commence à s'éteindre. Au lieu d'institutions spéciales d'une minorité privilégiée (fonctionnaires privilégiés, chefs de l'armée permanente), la majorité elle-même peut s'acquitter directement de ces tâches; et plus les fonctions du pouvoir d'État sont exercées par l'ensemble du peuple, moins ce pouvoir devient nécessaire[1].

Quelques mois après la mise en place de la Commune toutefois, le rapport de forces change *contre* les soviets. Les armées « blanches » des anciens dominants, avec l'appui des grandes puissances, encerclent Petrograd, Moscou et les grandes villes. Les usines autogérées cessent de fonctionner faute de matériel et parce que les ouvriers partent au front. Les paysans se replient sur leurs villages. C'est la famine. Sous la direction de Trotski, une nouvelle armée « rouge » est érigée. Le pouvoir soviétique décrète une économie de « guerre » où les ressources essentielles sont confisquées et redistribuées par des organismes mandatés par les soviets. Un organe chargé de la répression est mis en place, la redoutable Tchéka, qui arrête et parfois exécute des personnes accusées de participer à la contre-révolution. Certes, les « Blancs » pratiquent d'épouvantables massacres de civils et de soldats rouges. La lutte est impitoyable et les atrocités se commettent des deux côtés.

Cependant, tout cela dans la tête des soviets est une manœuvre nécessaire pour assurer le triomphe de la révolution. Trotski (qui sera lui-même plus tard victime de la répression) explique que tous les moyens sont bons, car, « du point de vue du marxisme, qui exprime les intérêts historiques du prolétariat, la fin est justifiée si elle mène à l'accroissement du pouvoir de l'homme sur la nature et à l'abolition du pouvoir de l'homme sur l'homme[2] ».

Au début de 1921, les Rouges réussissent effectivement à renverser la vapeur. D'autant plus que les Blancs n'ont aucun projet sinon

1. *Ibid.*, p. 357.
2. Léon Trotski, *Leur morale et la nôtre*, « Les classiques des sciences sociales », UQAC, < http://classiques.uqac.ca >

que de remettre la dictature tsariste en place. Toutefois, le prix de la victoire est très élevé. Les organes soviétiques sont atrophiés et marginalisés par une nouvelle machine étatique qui a su certes vaincre les Blancs; mais celle-ci a de facto rétabli une bonne partie de l'« ordre » ancien. Le noyau dur du prolétariat politisé est affaibli, voire décimé. Les partis de gauche, dont plusieurs ont tergiversé pendant la guerre civile, et la plupart des mouvements sociaux sont interdits, laissant les Bolcheviks pratiquement seuls dans l'exercice du pouvoir. Dans les campagnes, les villages souffrent des réquisitions imposées par le « communisme de guerre ».

C'est alors que survient un affrontement très grave. Sur la base navale de Cronstadt en face de Petrograd, les marins se révoltent, réclamant le retour des principes libertaires à l'origine de la révolution et la fin du régime des « commissaires ». Cette révolte n'est pas banale, car ces marins rouges ont été dès le départ parmi les contingents les plus déterminés de la révolution. Mais ils ne se reconnaissent plus dans l'autoritarisme qui domine le nouvel État. Leur révolte est écrasée par les Bolcheviks, dans un climat de grande amertume.

D'autres turbulences éclatent dans le pays dans une grande confusion où le désir de liberté des masses se confond avec toutes sortes de projets réactionnaires. La révolution semble à bout de souffle.

L'espoir et l'angoisse

Un peu partout dans le monde, les révolutionnaires s'interrogent devant ce qui semble la dérive de la révolution russe. Rosa Luxembourg, une des dirigeantes du socialisme allemand, se demande si Lénine et ses compagnons ne sont pas tombés dans un piège. Elle estime que la suppression des libertés, même en tenant compte de la guerre civile, porte en germe une nouvelle dictature. Elle affirme que la révolution est condamnée, sans « la vie politique active, libre, énergique, de larges masses populaires, sans la démocratie la plus large et la plus illimitée, sans une vie intensément active des masses dans une liberté politique illimitée[1] ». Comme Lénine et Trotski toutefois, elle pense que la réponse à cette impasse ne réside pas principalement en Russie, mais ailleurs en Europe, où la révolution semble imminente. En effet, le drapeau rouge est porté par des mul-

---

1. Rosa Luxembourg, *La révolution russe*, < http://www.marxists.org/francais/ luxembur/spartakus/rl19170324.htm >

titudes à Berlin, Budapest, Turin. On l'attend en particulier en Allemagne où la révolution espérée, rêvée, permettrait non seulement de briser l'isolement de la révolution russe, mais de créer un vaste mouvement de transformation mondiale[1]. La IIIe Internationale, convoquée à Moscou dans des conditions invraisemblables, cherche à relancer cet appel :

> L'Internationale communiste, c'est le parti de l'insurrection du prolétariat mondial révolutionné. Elle rejette toutes les organisations et les partis qui endorment, démoralisent et énervent le prolétariat, en l'exhortant à s'incliner devant les fétiches dont se pare la dictature de la bourgeoisie : la légalité, la démocratie, la défense nationale, etc. L'IC ne possède pas le remède infaillible à tous les maux ; elle tire leçon de l'expérience de la classe ouvrière dans le passé et dans le présent, cette expérience lui sert à réparer ses fautes et ses omissions ; elle en tire un plan général et elle ne reconnaît et n'adopte que les formules révolutionnaires qui sont celles de l'action de masse[2].

Le grand repli

Entre-temps en Russie, bien que tous soient conscients des enjeux globaux, il faut remettre le pays en marche. Lénine propose alors un grand virage. Son argument est qu'il faut donner du temps au temps et préparer la « base matérielle » du socialisme, ce qui veut dire l'industrialisation essentiellement, pour permettre de redémarrer l'économie. Pour ce faire, pense-t-il, il faut un grand compromis avec la bourgeoisie russe et internationale, inviter les capitaux étrangers et absorber l'expertise technique de la bourgeoisie, incontournable à ses yeux. Parallèlement, les soviets tendent la main aux paysans, en libéralisant le commerce et en cessant les réquisitions forcées.

Selon Lénine, les révolutionnaires russes veulent aller trop vite. C'est une erreur, pense-t-il, d'établir, presque par décret, un socialisme intégral dans ce qu'il décrit comme un pays arriéré, tant

---

1. Ce moment crucial est raconté par l'historien Pierre Broué dans *La révolution allemande*, Paris, Minuit, 1971, et *Histoire de l'Internationale communiste*, Paris, Fayard, 1997.

2. « Manifeste, IIe Congrès de l'Internationale communiste (1920) », in *Les quatre premiers congrès de l'Internationale communiste*, Montréal, La librairie progressiste, 1974, < http://www.marxists.org/francais/inter_com/1920/ic 2_19200700i.htm >

sur le plan technique que culturel. Il préconise de se « replier » sur ce qu'il qualifie de « capitalisme d'État », qui est une « étape immédiatement consécutive au monopole capitaliste d'État[1] ». Ce capitalisme d'État impose le marché capitaliste sur la société, mais il se trouve sous la direction du pouvoir soviétique. C'est au pouvoir soviétique effectivement de « gérer » le marché, de structurer l'accumulation du capital pour le bien des classes populaires, de récupérer et rediriger cette accumulation vers la construction des « bases matérielles » du socialisme.

De cela pourra naître, espère Lénine, non seulement un pouvoir plus stable, mais aussi et surtout, une nouvelle alliance entre ouvriers et paysans, entre les villes et les campagnes. Au lieu de contrôler les paysans (en donnant à l'État le contrôle sur la production agricole), il propose de promouvoir un vaste mouvement de coopératives « librement » acceptées et développées par et pour le monde rural. Le commerce entre les villes et les campagnes est libéralisé. Pour Lénine, cette alliance avec les paysans est fondamentale mais implique des compromis : le monde rural doit y trouver son compte, en améliorant son sort et en étant respecté.

Cette bifurcation n'est pas acceptée facilement par les révolutionnaires. Depuis longtemps, en effet, le projet socialiste est conçu en fonction de la classe ouvrière industrielle : c'est cette classe, et seulement cette classe, qui va faire bouger l'histoire. Plusieurs théoriciens russes pensent alors qu'il faut faire le « grand bond » vers le socialisme intégral, supprimer l'argent et le marché, étatiser l'économie et « discipliner » les populations dans une sorte de grande « armée du travail » (Trotski parle même de « militariser » les syndicats)[2].

Peu à peu cependant, la nouvelle orientation préconisée par Lénine s'impose comme la seule option réaliste. Progressivement, la production reprend dans les usines, en partie grâce au retour des cadres et des investisseurs capitalistes. La famine diminue parce que les paysans approvisionnent les villes en échange de produits de consommation. Les tensions sociales s'apaisent. Le pouvoir soviéti-

1. Lénine, *Œuvres complètes*, Moscou, Édition du progrès, tome XXV, p. 347.
2. Trotski, Intervention au 3ᵉ Congrès panrusse des syndicats (1920), d'après Maurice Brinton, « Les Bolcheviks et le contrôle ouvrier », *Autogestion et socialisme*, septembre 1973, p.155.

que peut respirer un peu. Cette « nouvelle politique économique » (NEP) promue par Lénine semble aller à contre-courant de l'utopie de la Commune, mais pour le chef de l'État soviétique, ce sont les révolutionnaires qui doivent s'adapter à la réalité et non l'inverse. Dans une autre intervention-choc, *La maladie infantile du communisme, (le « gauchisme »),* il met en garde la gauche européenne contre une vision à court terme et propose la perspective d'une très longue transition comme l'explique Charles Bettelheim :

> Une véritable transformation sociale des rapports et des formes de production exige une lutte de classe de longue haleine, une lutte qui doit se développer à travers des étapes dont la succession est commandée par le développement des contradictions. Précisément en 1923, une telle transformation en Russie est à peine ébauchée. Les éléments capitalistes sont profondément inscrits dans l'ensemble des procès de production et de reproduction, dans les modalités de la division du travail au sein des entreprises d'État. Ainsi sont reproduits des rapports marchands et salariaux[1].

Le dernier combat de Lénine

Au début de 1924, Lénine meurt à la suite d'une longue maladie. Depuis des mois, il cherche à régler ses comptes avec un parti qui, estime-t-il, est en train de glisser dans une dérive autoritaire tout en étant incapable de faire face aux problèmes de la société. Il craint l'influence croissante du nouveau « secrétaire général » du Parti, Joseph Staline. Celui-ci se taille effectivement un rôle à sa mesure tout en capitalisant sur un groupe ascendant de « managers » rouges qui remplacent peu à peu la vieille garde.

De grands enjeux se profilent donc, mais tout cela reste relativement obscur. Il est vrai que la révolution présente un portrait contrasté. La société russe revit et se transforme dans le sillon de la NEP. Le prestige de la nouvelle Union des Républiques socialistes soviétiques (URSS), qui met officiellement fin à l'empire pour laisser la place à une association de républiques indépendantes, est très élevé dans le monde. Les sombres luttes factionnelles qui affaiblissent le parti, aggravées par l'atrophie des organes soviétiques

---

1. Charles Bettelheim, *Les luttes de classes en URSS, 1917-1923,* tome I, Paris, Seuil/Maspéro, 1974, p. 455.

supposés, en théorie du moins, être les maîtres du pouvoir, ne sont pas encore bien connues. Des comités opaques, des instances de contrôle et de répression sans nom ni visage, agissent de plus en plus comme des États dans l'État, dans une obscurité que Staline ne cesse d'ériger en système.

Plus grave encore est le fait que les objectifs du « grand compromis » sont mal compris. Pour plusieurs dirigeants soviétiques, en effet, la NEP est une « astuce », une manœuvre pour « gagner du temps » en attendant de revenir aux stratégies antérieures de « développement du socialisme », à pas de géants, peu importe l'état de préparation et de conscientisation des masses. Conséquence indirecte de cette vision, l'autoritarisme s'incruste. L'interdiction des partis, mesure temporaire au début et en lien avec la guerre civile, devient permanente. En même temps, les factions et tendances à l'intérieur même du Parti sont elles-mêmes prohibées, ce qui diminue le débat et empêche la critique. Les exactions de la sécurité d'État, la Tchéka, se multiplient, y compris contre les paysans que les commissaires soupçonnent d'entraver le socialisme.

Peu avant sa disparition, Lénine s'insurge contre le traitement réservé aux dissidents, notamment à ceux qui résistent contre l'hégémonie et la centralisation de Moscou dans les républiques en principe autonomes de l'URSS. C'est, selon l'historien Moshe Lewin, le « dernier combat » du dirigeant soviétique[1].

Concrètement, Lénine propose de cesser ces exactions. Et aussi d'augmenter le nombre de membres ouvriers dans la direction des organes soviétiques. Plus tard, il suggère de mettre Staline de côté, l'accusant de concentrer trop de pouvoir et d'agir brutalement, tout en le remplaçant par une direction collégiale comprenant ceux qu'il considère les meilleurs dont Trotski, Boukharine, Radek. Il estime surtout que le projet soviétique doit devenir plus « modeste », qu'il faut faire « moins mais mieux[2] ». Il continue bien sûr de penser que le sort de la révolution dépend dans une large mesure de l'expansion de la révolution, mais il pense que celle-ci est maintenant plus

---

1. Moshé Lewin, *Le dernier combat de Lénine*, Paris, Éditions de Minuit, 1967.
2. C'est le titre d'une des dernières interventions de Lénine, publiée dans la *Pravda*, 4 mars 1923, in Vladimir Lénine, *Œuvres choisies*, tome III, Moscou, Éditions du Progrès, 1968.

prometteuse dans l'« est », en Asie, où de puissants mouvements anti-impérialistes demandent l'appui des Soviétiques.

Un bilan lourd et complexe

Il est impossible d'aborder ici l'histoire subséquente du pouvoir soviétique (après la disparition de Lénine), sa lente et terrible dégénérescence, l'épouvantable décapitation de la génération de 1917, la mise en place des goulags et la consolidation d'une impitoyable bureaucratie. Certes, jusqu'à la fin des années 1930 et même plus tard jusqu'à l'assassinat de Trotski, la résistance continue en Russie contre la dictature de Staline. Mais de manière générale, on peut dire que la révolution a été vaincue. Ou plutôt, qu'elle s'est défaite elle-même.

Comment comprendre cette évolution ?

Pendant les années 1930, un profond débat a été amorcé par les courants de gauche sur la révolution « trahie ». Des dissidents de toutes sortes, socialistes de gauche, libertaires, communistes antistaliniens, y ont participé, la plupart du temps dans des conditions de grande adversité[1]. Plusieurs de ces interventions ont été produites dans un dialogue croisé, convergent et parfois conflictuel, avec le grand dissident qu'est devenu Trotski après son expulsion de l'URSS et jusqu'à son assassinat à la veille de la Deuxième Guerre mondiale[2].

Il faut donc revenir à ces critiques initiales de la révolution pour trouver des points de repère valables. Comme le rappelle Victor Serge, la révolution soviétique a certes échoué parce qu'elle a été isolée. Mais, plus encore, parce que les révolutionnaires européens de l'époque, y compris en Russie, ont été incapables de lire correctement les avancées et les reculs du mouvement :

> Les Bolcheviks voyaient, avec raison, le salut de la révolution russe dans la victoire possible d'une révolution allemande. L'Europe était instable, la révolution socialiste y paraissait théoriquement possible, rationnellement nécessaire, mais elle ne se fit pas. (Mais) l'immense majorité de la classe ouvrière des pays d'Occident se refusa à engager

---

1. On se reportera notamment aux travaux de Victor Serge, Boris Souvarine et les philosophes de l'École de Francfort.
2. Lire à ce sujet, Isaac Deutscher, *Trotski, le prophète armé, 1879-1921*, Paris, Omnibus, 1996, de même que la biographie de Trotski écrite par Pierre Broué, Paris, Fayard, 1988.

ou soutenir le combat ; elle se laissa nourrir d'illusions. Les Bolcheviks se sont trompés sur la capacité politique et l'énergie des classes ouvrières d'Occident et d'abord de la classe ouvrière allemande. Cette erreur de leur idéalisme militant entraîna les conséquences les plus graves. Ils perdirent le contact avec les masses d'Occident. L'Internationale communiste devint une annexe de l'État-Parti soviétique[1].

Pour Trotski cependant, c'est le processus de bureaucratisation du pouvoir soviétique qui a été déterminant. Pour lui, Staline et consorts, qui représentaient cette caste bureaucratique, ont abandonné non seulement le socialisme mais l'internationalisme, en se retournant vers une perspective étroite, le « socialisme dans un seul pays ». Le dirigeant soviétique a également manipulé le débat en exerçant de fortes pressions sur les mouvements révolutionnaires dans les autres pays pour qu'ils se conforment à cette stratégie[2].

Plus tard, la réflexion de l'Italien Antonio Gramsci a porté sur cette question. Le théoricien italien proposait une explication davantage historique et sociologique. La révolution russe, une situation extraordinaire dans un pays extraordinaire, ne pouvait pas être « exportée » ni même servir de modèle dans les formations sociales capitalistes avancées d'Europe de l'Ouest. Dans les formules sibyllines des *Cahiers de prison*[3], Gramsci proposa donc une réorientation de la stratégie vers une « guerre de position », par laquelle le mouvement social « infiltrerait » les territoires de l'adversaire, les prendrait à rebours et délaisserait la tactique bolchevique de la « guerre de mouvement » de caractère insurrectionnel.

Retour de l'histoire

Dans une large mesure, ces travaux précurseurs ont été marginalisés, voire ignorés et occultés par toute une génération militante, obnubilée, si l'on peut dire, par l'URSS alors au faîte de sa puissance aux lendemains de la Deuxième Guerre mondiale.

Il a donc fallu attendre plusieurs années pour que les débats

---

1. Victor Serge, *Trente ans après la révolution russe, op. cit.* p. 862.
2. Léon Trotski, *L'Internationale communiste après Lénine*, Paris, Presses universitaires de France, 1969.
3. Antonio Gramsci, *Cahiers de prison*, Paris, Gallimard, 1978.

reprennent avec vigueur. Les dissidences dans le camp dit socialiste, en Yougoslavie d'abord, en Chine ensuite, ont ranimé de vieux débats. Comment « construire le socialisme » dans un contexte de polarisation mondiale ? La répression en URSS était-elle systémique, découlant de la structure du pouvoir, ou était-elle une sorte de « pathologie » qui aurait pu être « soignée » par un socialisme « à visage humain » ? Fallait-il pousser davantage les contradictions avec l'impérialisme et le capitalisme mondial ou, au contraire, accepter une « coexistence pacifique » pour permettre au camp socialiste de prendre des forces ?

Au sein de la gauche en Europe occidentale, ces débats se sont assez rapidement radicalisés. À des degrés divers et selon des modes d'interprétation multiples, la critique de l'URSS et du socialisme « réellement existant » est devenue prédominante, parallèlement au long déclin des partis communistes en France, en Italie et ailleurs. Il faut à cet égard noter les travaux du groupe Socialisme et barbarie[1], de même que les interventions de plusieurs intellectuels liés aux diverses factions de la Quatrième Internationale, notamment les travaux d'Ernest Mandel.

Dans les années 1970, cette critique s'est approfondie au moment où l'empire soviétique amorçait son irrésistible déclin. Des chercheurs comme Charles Bettelheim, Robert Linhart[2] et bien d'autres ont décortiqué la structuration du pouvoir de classe à l'œuvre, en mettant en lumière notamment la domination d'une « proto bourgeoisie » reposant sur la même division du travail, sur la même appropriation du travail salarié, sur la même exclusion et la même exploitation des masses que dans le système capitaliste. Plus récemment, des travaux d'une grande qualité ont été réalisés sur l'expérience soviétique, notamment ceux de Moshe Lewin, de Jacques Lévesque et de David Mandel[3].

---

1. Socialisme et barbarie apparaît dans le décor de l'extrême-gauche française sur la base d'une critique virulente des mouvements trotskistes. Sous la plume de Cornelius Castoriadis et de Claude Lefort principalement, le groupe publiera jusqu'en 1963 et posera plusieurs jalons à partir desquels la « nouvelle » gauche européenne poursuivra ses travaux par la suite. Plusieurs des textes de *Socialisme et barbarie* sont en ligne : < http://www.plusloin.org/plusloin/rubrique.php3?id_rubrique=16 >
2. Robert Linhart, *Lénine, les paysans et Taylor*, Paris, Seuil, 1976.
3. Moshe Lewin, *Le siècle soviétique*, Paris, Fayard/Le Monde diplomatique,

Par ailleurs, une « nouvelle » historiographie de droite a pris forme, dans le sillon de l'implosion de l'URSS et de l'écroulement du projet soviétique. Pour celle-ci, la révolution soviétique a été une terrible déviation, une sorte de coup d'État permanent mené par des aventuriers littéralement « assoiffés de sang ». Cette « explication » est devenue relativement populaire avec la publication, en 1997, du *Livre noir du communisme*, un réquisitoire sans nuance dont la thèse principale est que le « crime bolchevique » a provoqué la mort de centaines de millions de personnes[1]. Depuis, le livre a été critiqué par des historiens comme Marc Ferro qui ont démontré la nature déclamatoire de l'ouvrage, sans égard aux faits et aux débats qui ont traversé, à l'époque et depuis, les principaux protagonistes[2]. Nous n'insisterons pas beaucoup sur cette interprétation, bien qu'elle demeure dominante dans l'univers médiatique notamment, où l'expérience du communisme des soviets est traitée avec une grande vulgarité.

Sans naïveté ni déterminisme, apprendre du passé

Aujourd'hui cependant, la révolution russe interpelle à nouveau. L'analyse critique qui a été partagée par des générations de révolutionnaires a-t-elle été suffisante? Rétroactivement, je pense que non. Je tire mon inspiration à ce niveau de Victor Serge, qui pensait que la révolution russe, au-delà de tous ses échecs, avait failli sur une question fondamentale et qu'elle n'avait pu réconcilier les impératifs de la transformation avec ceux des besoins plus vastes de l'humanité qui, comme on le sait, ne sont pas seulement des besoins matériels.

2003. Jacques Lévesque, *1989, La fin d'un empire : L'URSS et la libération de l'Europe de l'Est*, Paris, Presses de Sciences Po, 1995. David Mandel, *Labor after Communism: Autoworkers and their Unions in Russia, Ukraine and Belarus*, Montreal, Black Rose Books, 2004. Mandel a également publié un long article, représentatif de la tradition de la Quatrième Internationale, « La révolution d'octobre, 90 ans après », dans *Inprecor*, novembre 2007, < http://classiques.uqac.ca/contemporains/mandel_mark_david/revolution_octobre/revolution_octobre_texte.html >

1. Sous la direction de Stéphane Courtois et de Nicolas Werth, *Le livre noir du communisme Crimes, terreur et répression*, Paris, Robert Laffont, 1997.
2. Marc Ferro, *La révolution russe de 1917*, Paris, Flammarion, 2007.

Ce fut, on peut le comprendre rétroactivement, une grave erreur de détacher la lutte pour la justice de la lutte pour la liberté et la démocratie. Il aurait donc fallu que la gauche se fasse non seulement le champion de cette lutte pour la liberté, mais qu'elle soit aussi l'ennemi sans nuance de tous les totalitarismes, y compris au niveau de la pensée. Serge qui pensait en ce sens au moment où l'expérience soviétique, relayée par l'influence de Moscou et de la IIIe Internationale, était à son zénith, eut le courage de poser des questions bien embarrassantes sur le marxisme et rappela la nécessité de regarder tout cela avec beaucoup de nuances :

> Quelle que soit la valeur scientifique d'une doctrine, du moment qu'elle devient gouvernementale, les intérêts de l'État ne lui permettent plus d'investigation désintéressée. Les rapports entre l'erreur et la connaissance sont encore trop obscurs pour qu'on puisse prétendre les régler d'autorité ; sans doute faut-il aux hommes de longs cheminements à travers les hypothèses, les erreurs et les essais de l'imagination pour arriver à en dégager des connaissances plus exactes, en partie provisoires. C'est dire que la liberté de pensée me semble une des valeurs les plus essentielles[1].

Certes, l'expérience de cette grande révolution reste fondamentale, de même que les travaux immenses qui ont été réalisés sur elle par des intellectuels et des militants. Mais elle n'est pas un dogme, ni une religion, ni une « science » à mettre en œuvre. La génération militante dont je fais partie a payé cher cette croyance en la « science » de la révolution dont on pensait trouver les fils dans l'œuvre de Lénine ou de Trotski, entre autres. Aujourd'hui en tout cas, on est plus critiques et moins crispés : tant mieux !

Une fois dit cela, ce n'est pas parce qu'on est dans une autre époque qu'on peut faire du passé, comme le dit la chanson, « table rase ». La réalité contemporaine n'est pas une page blanche à réécrire à chaque tournant de l'histoire. Aujourd'hui, dans les processus révolutionnaires que l'on observe en Amérique du Sud par exemple, il y a bien des débats, bien des bifurcations et aussi bien des erreurs

---

1. Victor Serge, *Mémoire d'un révolutionnaire, op. cit.*, p. 817. À souligner également la biographie de Serge écrite par Susan Weissman, *Victor Serge, une biographie politique*, Paris, Syllepse, 2006.

que d'autres ont expérimentées en d'autres lieux et d'autres temps. Relire l'histoire n'est donc jamais un « détour » inutile.

Devant tant de luttes, tant de résistances, tant d'héroïsme, nous devons être modestes mais aussi avoir l'audace de poser des questions. Encore là, Victor Serge est une inspiration. Il prenait effectivement la peine de dire qu'il continuait de se revendiquer de cette révolution russe et d'assumer ses propres erreurs, lui qui a tant souffert, avec bien d'autres, de ses excès et de ses monstruosités. Bien que la vie des sociétés et des individus soit déterminée par d'immenses forces sociales, économiques, politiques et culturelles qui nous dépassent, il y a au bout de la ligne une flamme humaine, un être vivant qui a aussi ses choix, ses capacités, ses intuitions. L'histoire des ouvriers et des matelots rouges de Petrograd, selon Victor Serge, n'était pas « déterminée » d'avance. Il pensait enfin qu'il faut garder confiance « au pouvoir énorme de l'homme, à la responsabilité personnelle ». Sans naïveté, les révolutionnaires s'efforcent de garder le cap, sans « jamais renoncer à défendre l'homme contre les systèmes qui planifient l'anéantissement de l'individu[1] ». Je pense que cette réflexion reste tout à fait fondamentale aujourd'hui.

---

1. Victor Serge, *Mémoire d'un révolutionnaire, op. cit.*, p. 822.

Notes de lecture

Pierre Dard et Christian Laval, *La nouvelle raison du monde.*
Essai sur la société néolibérale,
Paris, La Découverte, 2009

Le philosophe français Pierre Dardot et le sociologue Christian Laval proposent une lecture costaude du néolibéralisme dans *La nouvelle raison du monde : essai sur la société néolibérale.* Ambitieux, les auteurs veulent nous démontrer que ce courant idéologique qui marque notre époque n'a plus grand-chose à voir avec le vieux libéralisme classique d'Adam Smith. Alors que ce dernier défendait le naturalisme du marché sans intervention politique de l'État, les penseurs néolibéraux, eux, défendent et soutiennent la présence et la participation de l'État dans la définition de politiques en matière économique et sociale basées sur la concurrence.

S'appuyant sur une bibliographie impressionnante et s'inspirant largement des travaux initiés par le philosophe français Michel Foucault sur la biopolitique[1], les deux auteurs annoncent d'entrée de jeu que « nous n'en avons pas fini avec le néolibéralisme » et que, malgré la crise actuelle, il est fort probable que ce dernier va se recomposer, se reconstruire, car il n'est pas seulement « une politique économique qui donne au commerce et à la finance une place prépondérante », mais il est aussi « la manière dont nous vivons, dont nous sentons, dont nous pensons ». Ainsi les auteurs stipulent que le néolibéralisme s'impose comme une « rationalité », comme une

---

1. De 1976 à 1980, Michel Foucault a développé dans le cadre de ses cours au Collège de France sa conception du biopouvoir et de la biopolique en s'intéressant dans l'histoire à la constitution de la gouvernance, ou encore, comme il le dit si bien, au « gouvernement de soi et des autres ». Ici, il ne s'agit pas de gouvernement au sens où nous l'entendons par la constitution politique d'un parti dans l'exercice du pouvoir, mais bien de mécanismes subjectifs qui permettent de contrôler la société et les individus qui la composent. *La nouvelle raison du monde* reprend l'argumentaire développé par M. Foucault dans la *Naissance de la biopolitique* présenté en 1978-1979 et qui porte sur le néolibéralisme.

véritable « raison » philosophique, épousant les moindres recoins de notre existence et que cette « rationalité gouvernementale » tend à structurer et à organiser non seulement l'action des gouvernants mais jusqu'à la conduite des gouvernés eux-mêmes[1] ».

Si le néolibéralisme imprègne ainsi le « vivant », donc les humains, les deux auteurs jugent nécessaire une relecture de son histoire parce « qu'il faut désormais, à gauche, cesser de penser que nous savons à quoi nous avons affaire quand nous parlons de libéralisme et de néolibéralisme ». Jugeant que « le prêt-à-penser antilibéral », par ses raccourcis et ses approximations, nous a fait perdre trop de temps[2] », ils invitent la gauche à définir une nouvelle rationalité en opposition à l'esprit de concurrence dans lequel nous entraîne le néolibéralisme.

Aux origines du néolibéralisme

La première partie de ce livre s'inspire largement des travaux initiés par Christian Laval dans ses études antérieures sur l'homme économique. Partant du principe que le néolibéralisme ne représente pas une simple revanche historique du libéralisme classique sur le keynésianisme ou encore un retour aux sources du laisser-faire économique, les auteurs énoncent que le néolibéralisme, tout comme le keynésianisme, se définit à partir du moment où le capitalisme entre en crise dans les années 1920 et 1930. Ce qui est alors remis en question, c'est le modèle classique, libéral, de l'économie. Deux approches sont alors développées : celle de John Maynard Keynes qui justifie l'intervention de l'État dans une perspective de stabilisation et de redistribution, et le néolibéralisme qui souhaite aussi une participation de l'État et qui propose, dès les années 1930, de faire de la concurrence le *nec plus ultra* de la vie économique et sociale.

Ces deux conceptions s'affrontent lors du colloque Walter Lippmann à Paris en 1938, moment considéré comme l'acte fondateur de la pensée néolibérale. Si les politiques mises en avant par Keynes s'imposent au sortir de la Deuxième Guerre mondiale, le néolibéralisme va prendre des chemins qui le conduiront à se définir particulièrement chez les penseurs Allemands et Austro-Américains.

---

1. Pierre Dard et Christian Laval, *La nouvelle raison du monde. Essai sur la société néolibérale*, Paris, La Découverte, 2009, p.13.
2. Entrevue au journal *Libération*, 19 février 2009.

En Allemagne, on parle alors de l'ordolibéralisme qui conçoit la reconstruction de l'économie nationale en faisant appel à la responsabilité des Hommes. Ce nouveau capitalisme concurrentiel nécessite cependant un ordre légal et juridique qui implique l'intervention d'un État fort. Pour eux, la nécessité de l'État de droit repose sur l'idée générale « que l'établissement et le fonctionnement du capitalisme ne sont pas prédéterminés, qu'ils dépendent des actions politiques et des institutions juridiques[1] ». Cette application allemande cohabite avec celle définie par les Austro-Américains L.V. Mises et Friedrich Hayek. Pour ces derniers, le capitalisme, c'est d'abord et avant tout la liberté économique des individus déterminée par une concurrence leur permettant justement d'adhérer aux principes et aux valeurs libérales. Si les Allemands confient au cadre juridique et politique de la société le soin d'encadrer les actions humaines, les Austro-Américains empruntent la voie du subjectivisme, c'est-à-dire celle de l'autoformation de l'homme entreprise.

Cependant, cette culture de la concurrence et de l'entreprise nécessite aussi la présence d'un État qui saura développer les « mécanismes » et les « contraintes » nécessaires à l'implantation de cette nouvelle culture. Dardot et Laval ciblent le monde de l'éducation et de l'information comme moyen de diffusion de cet « esprit d'entreprise ». Les gouvernements et les grandes institutions internationales deviennent de puissants relais dans la constitution de « ce nouvel Homme ». Ce dernier est alors appelé à agir dans les différentes sphères de pouvoir constituées en société. Le milieu de travail, les sports, la santé, l'éducation, la communauté deviennent les corps constituants du biopouvoir.

Cette nouvelle rationalité, qui se définit en marge des Trente Glorieuses, s'impose dans les années 1970 avec le choc pétrolier et les premières manifestations d'essoufflement du modèle keynésien. Dans les années 1980 et 1990, on assiste à la création d'un « néosujet » produit par l'État et les entreprises. Dans différents champs d'activité tels que le travail, la santé, la culture ou l'éducation, les individus deviennent alors des entreprises eux-mêmes. D'abord mené par la nouvelle droite incarnée par Reagan et Thatcher et repris comme une fatalité par la gauche européenne, le néolibéralisme impose donc au « gouvernement de soi et des autres » une véritable

---

1. Pierre Dard et Christian Laval, *op. cit.*, p. 217.

lutte idéologique en engageant une critique systématique et durable de l'État-providence. On instaure ainsi un nouveau système subjectif qui facilite la mise en place d'une « rationalité néolibérale » reposant essentiellement sur la concurrence. Si les vingt dernières années sont marquées par des exemples qui confirment la thèse néolibérale, les auteurs empruntent à Foucault le concept de la biopolitique pour démontrer que « les dispositifs de contrôle » mis en place facilitent la transformation des comportements. Ils rappellent « que le pouvoir ne peut donc s'exercer par une pure contrainte sur un corps. Il doit accompagner le désir individuel en faisant jouer l'influence[1] ».

Le néolibéralisme va ainsi créer le plus grand nombre possible de situations de marché, en plaçant la concurrence au cœur de ces mêmes marchés. Milton Friedman est identifié comme un penseur influent de ce courant idéologique qui favorise l'interventionnisme pour créer et mettre en place les mécanismes qui amènent les individus à s'adapter. Les travailleurs et les syndicats sont les premières cibles de cette volonté d'inculquer la nouvelle rationalité. Dans le monde occidental, malgré le phénomène accéléré de la désindustrialisation et des délocalisations, les auteurs jugent que l'intériorisation des valeurs néolibérales dans le monde du travail a permis de faire avancer à grands pas la mise en place de ce nouveau modèle de gouvernance, qui dépasse l'entreprise pour rejoindre les différentes facettes de l'action humaine.

Par ailleurs, les auteurs s'appuient sur les transformations survenues particulièrement en Europe au cours des dernières années pour articuler leur point de vue sur le néolibéralisme. Prétendant que le projet européen est tourné contre l'État social, ils rappellent les politiques qui ont guidé jusqu'à maintenant sa constitution. Flexibilisation des salaires et des prix ; réforme des retraites et incitation à l'épargne individuelle ; promotion de l'esprit d'entreprise ; nouvelles normes internationales et rationalité budgétaire ; efficience et efficacité des programmes sociaux et des services publics sont le lot des transformations qui sont au cœur de la constitution néolibérale.

Si l'homme et le gouvernement « entrepreneurial » cohabitent, accompagnent et entretiennent cette nouvelle « rationalité », jamais pour Dardot et Laval le néolibéralisme ne doit être considéré comme une idéologie globale concoctée et imposée par les insti-

---

1. *Ibid.*, p. 301.

tutions politiques et le capitalisme transnational. Au contraire, les auteurs s'appuient sur les travaux de Foucault pour démontrer que le pouvoir n'est jamais monolithique, uniforme, mais qu'il repose sur des mécanismes complexes, diffus, prenant ainsi différentes formes. On est alors loin du modèle classique d'analyse qui propose une transformation de la société à partir des réformes ou des changements politiques plus radicaux préconisés par la social-démocratie ou encore la gauche révolutionnaire.

Ainsi donc, le néolibéralisme serait devenu une rationalité puissante et dominante. Il pose à la gauche un « redoutable » défi. Cependant, si la démonstration historique de l'esprit du néolibéralisme est remarquable, la question des alternatives reste plutôt mince. En fait les auteurs concluent en nous invitant à éviter quelques écueils sans toutefois donner les indications nécessaires à la construction d'une nouvelle raison qui remplacera celle de la concurrence par celle du commun. Après avoir rejeté le « vieux compromis » social-démocrate et keynésien, qui serait de toute façon emporté par la mondialisation néolibérale, les auteurs s'appuient sur M. Foucault et prétendent « que la gouvernementalité socialiste autonome » n'a jamais existé et qu'« il faut donc l'inventer » en sortant des sentiers battus et en travaillant, dès maintenant, à construire une autre subjectivité alternative au modèle de l'entreprise de soi. Reste maintenant à savoir comment on s'y prend !

Pour une lecture critique de Charles Taylor

Louis Desmeules

Comment situer la pensée taylorienne sur le plan des fondements philosophiques ? Le concept de cadre de référence chez Taylor procède d'une démarche radicalement opposée à celle qui permet de penser le concept marxiste d'aliénation. De plus, la recherche critique de l'école de Francfort et l'insistance répétée d'un « marxisme culturel » (Bloch et Marcuse) sur l'organisation de la société est à mille lieux du souci de l'intériorité (aux sources du moi) tel que conçu par Taylor.

Charles Taylor mesure l'aliénation à partir de constructions théoriques ou de ce qu'il regroupe sous l'appellation de « cadres de références ». Il est persuadé que ces « cadres » sont utiles à la compréhension des phénomènes de la vie quotidienne. En opposition, les marxistes, selon Taylor, sont du côté de l'élément expressiviste, dans la suite de la rationalité des *Lumières*[1], et donc ils ne perçoivent qu'un aspect réducteur de la réalité. Pour Taylor, la prise en compte de cadres de références peut nous permettre d'avoir accès à un niveau plus riche de compréhension. Il va jusqu'à prétendre que ces horizons nous préservent de l'aliénation et sont une garantie d'authenticité. Certes, chez ceux que l'on a appelé « les marxistes culturels » comme Herbert Marcuse (et ici au Québec, le sociologue Marcel Rioux), la raison culturelle joue un rôle important, mais pas à la manière présentée par Taylor. L'activité matérielle peut être vue comme une activité de dépassement, de création. Bref, le courant marxiste ne se réfère pas à des cadres théoriques provenant d'un horizon lointain dans son schéma d'explication, mais aux conditions matérielles des individus dans leurs rapports sociaux.

Marx et l'aliénation

Rappelons que, pour Marx, l'aliénation se lit dans le contexte de la vie religieuse. L'homme y est divisé. Il se réfugie dans la religion pour chercher réconfort au lieu de participer au processus de désaliénation qui lui permettrait de transformer consciemment sa réalité. Dans l'aliénation, il y a perte de conscience de son rôle dans la vie, dans son activité. Comme Hegel avant lui, il s'attaque, mais de manière différente, à la question de l'aliénation religieuse. Alors que, pour Hegel, il s'agit de chercher la réconciliation dans un savoir intégrateur et totalisant, pour Marx, la critique de la religion doit déboucher sur la sphère de l'économie politique. La catégorie d'aliénation pour Marx renvoie alors à une société donnée, à la production et au travail. Le travail est l'activité productrice par excellence. Or il y a quelque chose dans le travail qui ne tourne pas rond : sous le capitalisme, le travailleur est dépossédé. Comment est-ce possible que sa propre activité se retourne contre lui ? Comme il n'y a plus de Dieu, comment se fait-il que les producteurs ne parviennent pas à maîtriser leur propre activité ?

1. Charles Taylor, *Les sources du moi. La formation de l'identité moderne*, Montréal, Boréal, 2003, p. 40.

Le problème de l'aliénation demeure, parce nous avons remplacé la divinité aliénante de jadis en autre chose de beaucoup plus puissant et efficace : « Le fétichisme de la marchandise. » De plus, certains en tirent un bénéfice. C'est cette nouvelle illusion qui nous aliène.

Dans les *Manuscrits de 1844*, Marx aborde la question de l'argent qui a un pouvoir absolu sur toutes les choses, y compris les humains. Pour s'en défaire, il faut que les travailleurs s'unissent contre le Capital. Mais par quoi remplacer l'économie politique bourgeoise ? Dans les années 1970, Marcuse initie une première critique de la société de consommation. Il est en quelque sorte un précurseur des écologistes à venir. Il sait que des changements de surface ne riment à rien, que nous avons les moyens de nourrir l'humanité et aussi de nous autodétruire. Un autre monde est possible si, à la base, il y a une transformation radicale de ce qu'il appelle l'organisation sociale. Ernst Bloch pour sa part ose penser jusqu'à leurs limites les conséquences d'un monde sans aliénation. Il doit pour cela séculariser les catégories religieuses et ajouter une perspective utopiste au marxisme pour éviter qu'il ne se fige. Il faut sans cesse maintenir vivant le combat pour un monde meilleur et refuser d'accepter le « meilleur des mondes» (Huxley) qui nous est imposé.

La catégorie d'aliénation implique aussi de prendre en compte la souffrance réelle, bref, tout ce qui empêche les hommes, les femmes et les enfants de vivre, de s'épanouir, de réaliser des activités dans lesquelles ils se reconnaissent. Ce sont des conditions de possibilité pour que puisse se réaliser la libération de l'individu. Le capitalisme, parce qu'il est fondé sur l'exploitation de l'homme, ne peut assurer cela. Seule l'action consciente et collective des hommes peut inverser ce processus. Par comparaison, la quête d'un moi oublié visée par Charles Taylor apparaît limitée, d'autant plus qu'elle ne remet pas en cause les fondements de l'exploitation et de la domination.

Taylor et Hegel

Taylor nous dit dans son étude sur Hegel que l'homme est d'abord un être expressif[1]. Même la communauté possède une unité expressive. Il reprend à sa manière la catégorie hégélienne d'aliénation mais sans y inclure le mouvement dialectique tel que le fait Hegel :

---

1. Charles Taylor, *Hegel et la société moderne*, Québec, PUL, 1998, p. XI.

L'aliénation survient lorsque les buts, les normes ou les fins qui définissent les pratiques communes ou les institutions sont perçus comme non pertinents, parfois même odieux, ou lorsque les normes sont redéfinies de manière telle que les pratiques semblent n'en être qu'une parodie[1].

Taylor partage avec Hegel l'importance du symbolique, de la hiérarchie et de la différenciation. Comme Hegel, il se méfie aussi de la liberté déchaînée. Il croit que Marx n'a fait que remplacer le « *Geist* » hégélien par une « essence générique[2] ». Pour lui, l'homme fait partie d'un « ordonnancement des choses ». La liberté promise dans le marxisme est pour Taylor « absolument vide » et cela est dû au fait que le marxisme néglige les sources du moi, qui sont à un niveau beaucoup plus profond. Mais malgré ce qu'en dit Taylor, la société n'est pas organisée sur la base de concepts théoriques, ou encore moins, académiques. Si la société fonctionne, c'est parce qu'il y a l'organisation productive du travail. Pour survivre, le travailleur doit vendre sa force de travail, en échange de quoi il reçoit un « salaire », le prix qui lui a été, plus souvent qu'autrement, imposé par le détenteur des moyens de production. Par la suite, ce processus de consommation se transforme en surproduction et en surconsommation. La cause des maux de l'humanité n'est pas dans une quelconque philosophie de l'histoire ou dans l'horizon imaginaire des sources du moi. Elle est plutôt à chercher dans ses conditions de possibilité.

Possibilités du « sujet »

Chez Marx, le « sujet » est un « nous », c'est-à-dire à la fois les forces de production *et* la volonté radicale de transformation radicale qui l'accompagne. L'homme est situé par rapport à des objets, mais il est aussi sujet. Le sujet est aussi la « critique[3] ». C'est cette critique qui s'attaque aux divers systèmes philosophiques. La critique est une rhétorique de combat, à la fois impersonnelle et en même temps incarnée dans la révolte du travailleur opprimé. Le sujet n'est pas le point de départ, il est à libérer, c'est l'humanité non encore réalisée dans ses potentialités.

1. *Ibid.*, p. 90.
2. *Ibid.*, p. 143.
3. Étienne Balibar, *La philosophie de Marx*, Paris, La Découverte, 1993, p. 30-31.

À cette réflexion, Ernst Bloch ajoute la catégorie du « non-en-core ». L'homme est un être qui ne s'est pas encore réalisé dans ses potentialités. L'essence humaine n'a pas encore de réalité véritable[1]. Nous savons ce qui est inhumain, mais nous en savons moins sur ce qui est humain. En termes marcusiens, la société de consomma-tion détourne les forces qui pourraient être au service de l'humain en maintenant la sur-répression. Autrement dit, nous ne sommes pas encore dans une société humaine. Dans quoi sommes-nous alors ? Dans une société soumise à la représentation marchande, à une rationalité économique qui nous échappe. Au nom de la ren-tabilité, des hommes et des femmes souffrent, perdent leur emploi, vivent dans un environnement dégradé, ne mangent pas à leur faim, alors que nous avons la capacité matérielle de nourrir toute l'humanité.

Au contraire, pour Taylor, nous sommes des « moi » constitués alors que le marxisme réduit l'homme à sa dimension d'homme-producteur[2]. Il cherche d'abord du côté du vécu personnel et des histoires personnelles des individus. Il cherche des cadres de réfé-rence qui sont des horizons intérieurs à partir desquels on conduit nos vies. Il fait abstraction de l'organisation sociale, des structures économiques. Taylor critique sans ménagement l'utilitarisme et ses principaux protagonistes comme Kant et Habermas. Pour lui, leurs thèses sont procédurales plutôt que substantielles. Quelle est donc cette substance si nécessaire à la compréhension des sources du moi ? En fait, les « sources du moi » dont parle Taylor sont en réalité les « sources morales du moi ». C'est pourquoi le silence est fait sur la critique radicale de la religion, car elle est une des sources morales.

Taylor nous invite à nous poser des questions sur notre vécu, sur nos aspirations personnelles. Les questions politiques font partie de l'instrumentalité. Ce qui intéresse Taylor est la zone de notre sensibilité personnelle. La question devient : dans quelle mesure pouvons-nous fonder nos grands engagements moraux envers la justice et la bienveillance ? À un moment donné de sa réflexion, il a une phrase révélatrice : « Peut-être ne suis-je qu'en train de céder

---

1. Voir à ce sujet Ernst Bloch, *L'utopie concrète*, et Arno Münster, *Une biogra-phie*, Paris, Kimé, 2001.
2. Charles Taylor, *Les sources du moi, op. cit.*, p. 28-29.

à une réaction excessive à l'étroitesse du monde universitaire, qui a peu d'effet sur le monde extérieur[1]?» Comme s'il se doutait qu'il passe peut-être à côté de l'essentiel…

Résister ou se soumettre

Pour les théoriciens de l'École de Francfort, l'accent doit être mis sur la compréhension de l'organisation sociale plutôt que sur les comportements d'acteurs isolés ou des idées abstraites. Le rapport à l'autorité, à la domination, à l'organisation économique et politique sont objet d'études critiques. Le présent est situé dans une dynamique historique. Résister à la soumission de la pensée est le mot d'ordre. En 1931, Max Horkheimer se fixe comme tâche « l'étude des rapports complexes qui existent entre la situation économique des ouvriers ou des employés, la structure psychique qui les caractérise et l'influence de l'idéologie dominante[2] ».

Dans *Philosophie et révolution*, Marcuse nous met en garde : il n'y a pas de fondement transcendantal de l'expérience sociale pas plus qu'il y a de prémisses épistémologiques. Sur quelles bases alors fonder une théorie?

> Les prémisses dont nous partons ne sont pas arbitraires, ne sont pas des dogmes : ce sont des prémisses réelles dont on ne peut faire abstraction qu'en imagination. Ces prémisses sont les individus réels, leur action et leurs conditions de vie matérielles, aussi bien celles qu'ils ont trouvées toutes faites que celles qu'ils ont engendrées par leur propre action[3].

La perspective taylorienne cherche plutôt à délimiter l'imaginaire social en prenant appui sur des cadres théoriques faisant référence à la tradition. Comme si les valeurs fondamentales prenaient racine dans cet horizon. Ce souci de l'intériorité est-il compatible avec un autre point de vue qui part de l'organisation sociale? En fin de compte, ces deux positions sont irrémédiablement et pour toujours inconciliables.

---

1. *Ibid.*, p. 649.
2. Jean-Marie Vincent, *La théorie critique de l'École de Francfort*, Paris, Galilée, 1976, p. 88.
3. Karl Marx et Friedrich Engels, « Archives », cités dans Herbert Marcuse, *Philosophie et révolution,* Paris, Denoël, 1969, p. 36.

Gerald A. Cohen, *Rescuing Justice and Equality*, Londres, Harvard University Press, 2008

RAYMOND FAVREAU

Jusqu'au début des années 2000, le concept d'égalité des opportunités a été invoqué par des gouvernements se réclamant de la « troisième » voie, notamment ceux de Bill Clinton et de Tony Blair. Pour ceux-ci, il fallait remplacer l'aide sociale par le *workfare* et diminuer la portée universelle des programmes de santé et d'éducation. Ainsi, avec la montée du social-libéralisme, la valeur d'égalité a été remplacée par celle d'équité. Plusieurs de ceux qui ont emboîté le pas l'ont fait en sachant à quoi s'en tenir (Jospin, Schröder, Brown). D'autres, à gauche, en sont venus à affirmer que l'égalité des opportunités est une notion progressiste[1].

En fait, cette approche est remise à la mode dans les années 1970 par John Rawls[2] qui, tout en se disant épris de justice sociale et d'égalité, pose d'abord et avant tout le principe de différence. Selon le philosophe, les inégalités peuvent améliorer le sort des plus pauvres. Le « surplus de richesses » produit par les plus talentueux au sein de la société peut être « redistribué » aux couches sociales défavorisées : c'est la théorie dite du *trickle down*.

Les travaux de Gerald A. Cohen se situent dans une approche critique par rapport à Rawls. Cohen estime notamment que la pensée rawlsienne n'applique pas vraiment le principe de différence au modèle de la société juste qu'il prétend prôner. Selon Cohen, ceux qui dominent la société de marché ont nécessairement plus de talent que la moyenne : ils se trouvent souvent au sommet socio-économique du fait d'être nés de parents riches. Il s'agit d'ailleurs

---

1. Voir notamment Michel Venne (*Le Devoir*, 26 septembre 2000), et Louise Beaudouin (*Le Devoir*, 12 septembre 2008). On retrouve également ce concept d'« égalité des chances » chez Françoise David. Dans le chapitre qu'elle a écrit dans *L'avenir est à gauche* (Pierre Mouterde, dir., Écosociété, 2008), elle affirme que « nos objectifs doivent être clairs : nous visons le bien commun : l'égalité des droits et des chances » (p. 71). L'idée apparaît également en Europe, notamment chez Habermas ainsi que chez des membres du Conseil scientifique d'Attac (France), « Éditorial », *Grain de sable*, n° 18, 3 octobre 2008.

2. *A Theory of Justice*, University of Harvard Press, 1971, mis à jour en 1991.

de « talents » reliés aux affaires et aux finances. L'enseignant et l'infirmière ne sont pas réputés talentueux.

Cohen estime que, ou bien les personnes talentueuses adhèrent au principe de différence, ou bien elles n'y croient pas. Si elles n'y croient pas, la société qu'évoque Rawls n'est pas juste au sens où ce dernier l'entend (une société dont les membres croient en l'égalité). Si elles y croient, comment peuvent-elles exiger une rémunération plus élevée pour produire plus ? Et pourquoi est-ce nécessaire qu'elles touchent plus afin d'améliorer le sort des démunis ? Logiquement le principe de différence ne peut justifier les inégalités.

Le livre de Cohen, comme les ouvrages de Rawls, est long, abstrait et répétitif. On y remarque aussi des omissions. Par exemple, il ne fait pas mention du fait qu'au cours des trente dernières années, alors que les inégalités se sont creusées de façon abyssale, non seulement la part du salariat par rapport au capital a baissé d'environ 10 %, mais au bas de l'échelle, la pauvreté s'est accrue. En pratique donc, rien ne justifie le principe de différence, qui constitue en fait l'acceptation par Rawls des pires inégalités. L'usage politique du concept de justice véhiculé par Rawls et ses adeptes est de justifier les baisses des impôts des nantis, l'élitisme, l'individualisme, et le capitalisme avec sa surproduction de richesses, sans égard pour l'environnement.

Cohen, se disant pragmatique, accepte le principe d'efficience de l'économiste Vilfredo Pareto[1] et du capitalisme en général, ce qui réduit de beaucoup la pertinence de sa critique de Rawls. En effet, cette critique est valable sur le plan méta-éthique, mais elle ne vient que très partiellement à la rescousse de la justice et de l'égalité.

Francis Dupuis-Déri, *L'altermondialisme*, Montréal, Boréal, 2009

PHILIPPE BOUDREAU

Peut-on cerner en 125 pages d'un livre de poche la substance d'un phénomène aussi ample et multidimensionnel que l'altermon-

---

1. Selon Pareto, une configuration socio-économique est « efficace » dans la mesure où on ne peut la changer sans avantager quelqu'un au détriment d'un autre.

dialisme ? Tel est le défi auquel s'est attaqué Francis Dupuis-Déri dans le dernier opuscule de la collection Boréal Express, sorte de version québécoise des *Que sais-je ?* français.

Le contenu du livre répond indéniablement à ce souci de vulgarisation scientifique et sa structure cherche effectivement à rendre compte des multiples facettes du phénomène. L'ouvrage en aborde essentiellement cinq : les causes et le contexte d'émergence de l'altermondialisme, les composantes du « mouvement des mouvements », les principaux clivages en son sein, les idées et discours altermondialistes, puis les grandes manifestations ayant ponctué l'histoire du mouvement.

Le premier chapitre présente quelques caractéristiques originales. Ainsi, l'auteur, plutôt que de situer la naissance du phénomène en Amérique ou en Europe, comme le font tant d'autres, perçoit les prémices de l'altermondialisme dans les émeutes de la faim qui secouent les pays du sud, dans les années 1970 et 1980, « alors que des foules s'insurgeaient contre des politiques d'austérité adoptées par leur gouvernement sous la pression du FMI et de la Banque mondiale ». De plus, il suggère que la popularité soudaine du mouvement, au tournant du millénaire, a été nourrie en partie par les chantres et les valets de la globalisation néolibérale par un effet de rétroaction discursive :

> … l'élite politique et économique aura pendant des années présenté comme des fatalités , en raison de la mondialisation, [les] réductions de personnel, [les] restrictions budgétaires et [les] réductions de services publics et privés. Cette propagande des politiciens occidentaux a pu avoir pour effet de favoriser la convergence de divers mouvements sociaux distincts […] sous la bannière unifiante de l'altermondialisme. En effet, ces politiciens ont justifié par la « mondialisation » leurs coupes dans les budgets de l'éducation, de la santé, de la protection de l'environnement et de l'aide sociale. Les politiciens de droite comme de gauche martelaient qu'il fallait être « pragmatique » et « réaliste » en raison de la « mondialisation » […] [Ils] se sont si souvent servi de l'excuse de la mondialisation que les groupes se sentant lésés en sont venus à considérer qu'ils avaient tous un ennemi commun, celui que leur avaient désigné les politiciens eux-mêmes : la mondialisation capitaliste.

Dans la section suivante, le politologue de l'UQÀM entend décrire quelques-uns des principaux éléments de ce qu'il appelle la

convergence altermondialiste. Il nous présente donc, dans l'ordre :
l'Action mondiale des peuples, l'Association pour la taxation des
transactions financières et l'aide aux citoyens (ATTAC), les Black
Blocs, les campements autogérés temporaires, les Convergences des
luttes anticapitalistes (CLAC), les Forums sociaux, Indymedia, la
Marche mondiale des femmes, les mouvements paysans, les organisations non gouvernementales (ONG), les organisations religieuses,
les syndicats et les zapatistes. La composition de cet assortiment est
quelque peu déroutante.

Outre l'accent évident mis sur les acteurs relevant de la sensibilité
anarchiste-libertaire-autogestionnaire, on reste perplexe devant la
sélection effectuée et l'absence de classement autre qu'alphabétique.
Tout est mis sur le même pied, pêle-mêle : le local (zapatistes) avec
le planétaire (FSM), les événements (campements autogérés) avec les
structures permanentes (mouvements des paysans sans terre, ONG,
syndicats, Marche mondiale des femmes), les organisations politiques ou quasi politiques (CLAC, Black Blocs) avec les grandes religions et leurs organisations. Est-ce le propre de l'altermondialisme
que de ramener toutes ces catégories d'acteurs à un seul et même
niveau ? Le cas échéant, la science politique doit-elle faire de même ?
Et pourquoi s'en tenir à ces acteurs-là ? Ce choix n'est pas expliqué.

Comme maints auteurs ayant écrit sur le même sujet, Dupuis-
Déri identifie les principaux clivages du mouvement : réformistes
versus radicaux, anti-pouvoir versus contre-pouvoir, diversité versus unité, Nord versus Sud, et place des femmes ou du féminisme
dans l'altermondialisme. La description qu'il en donne est assez
juste, bien que l'on sente, pour les trois premiers clivages, la prédominance d'une sensibilité que certains observateurs qualifieraient
d'anarcho-syndicaliste[1].

Deux autres lignes de tension mériteraient d'être décrites dans
une prochaine édition du livre. D'abord, celle mettant en concurrence action à l'échelle locale et action à l'échelle planétaire. Ensuite,
celle opposant les tenants de l'initiative individuelle citoyenne (vue
comme expression achevée entre toutes du progressisme et de la
légitimité démocratique) et les tenants des organisations de masse
constituant les mouvements sociaux (vues par les premiers comme

---

1. Christophe Aguitton et Philippe Corcuff, « Mouvements sociaux et
politique : entre anciens modèles et enjeux nouveaux », *Mouvements*, n° 3,
mars-avril 1999, p. 8-18.

institutionnalisées, donc peu démocratiques, peu combatives et plutôt paralysantes). Étrangement, cette section débouche sur un bref exposé sur le thème « *L'autre antimondialisation : nationalismes xénophobes et islamisme radical* » dans lequel, pour une large part, l'auteur analyse le nationalisme québécois, présenté quasi uniquement dans sa dimension réactionnaire, c'est-à-dire favorable à la mondialisation néolibérale et charriant un vieux fond d'intolérance ethniciste. Le politologue y soutient en effet que « plusieurs nationalistes au Québec sont racistes ».

Le chapitre suivant, intitulé « *Idées et discours* », offre une tentative louable d'identifier les figures intellectuelles contemporaines ayant une influence sur le mouvement et participant au développement de la pensée altermondialiste. L'auteur en reconnaît une douzaine : Walden Bello, Michel Benasayag, Noam Chomsky, Susan George, Michael Hardt, John Holloway, Naomi Klein, Antonio Negri, Arundhati Roy, Vandana Shiva, Joseph Stiglitz et Aminata Traoré. Tout le monde conviendra que la confection d'une liste limitée à 12 noms est un exercice nécessairement risqué et forcément incomplet. Dans le cadre de cette contrainte cependant, est-il nécessaire de mettre autant l'accent sur les auteurs rejetant l'idée de la capture de l'État et son corollaire, l'action politique classique ? Peut-être qu'il aurait été souhaitable de faire une petite place à des Boaventura De Sousa Santos, François Houtart, Éric Toussaint, Chico Whitaker et autres Hilary Wainwright ? Et Joseph Stiglitz, qui n'est pas un altermondialiste à proprement parler, pourrait leur céder sa place.

« *À qui la rue ? À nous la rue !* », la dernière partie du livre, est de loin la plus captivante. On y propose une vibrante description des grandes manifestations altermondialistes. Le récit des événements de Seattle (1999), haletant et trépidant, nous plonge directement au cœur de l'action. Comme pour Seattle, les manifestations de Québec (2001), de Gênes (2001), de Florence (2002), d'Évian (2003) et de Cancùn (2003) font l'objet d'un compte-rendu qui laisse souvent penser que l'auteur était lui-même présent. Le professeur d'université s'efface un peu, afin de laisser davantage de place au militant. Sa plume devient plus agile et le récit parfois émouvant. C'est ainsi que la dimension la plus populaire et la forme (probablement) la plus combative de l'altermondialisme trouve toute sa place et s'exprime comme mouvement social au sens fort du concept. C'est ce qui fait dire à Dupuis-Déri, à propos de ces manifestations :

> … il y a bien ici quelque chose de politique qui se joue, peut-être même la part la plus lourde de la signification des mobilisations altermondialistes, soit une mise en jeu du politique et de ses frontières, de l'expérience commune du consensus et du conflit. En prenant la rue, en principe espace public mais de plus en plus privatisé, le grand nombre s'invite bruyamment dans la politique […] [Il] s'exprime sous la forme de l'insurrection, ouvrant des « brèches » dans la vie policée des sociétés. Le choix des moments d'insurrection et les cibles de sa colère indiquent bien tout le sens politique […] de cette expérience.

En terminant, mentionnons que cet ouvrage, qui contient également une chronologie des moments forts de l'altermondialisme ainsi qu'une typologie des thèmes portés par le mouvement, remplit bien sa fonction pédagogique. Le grand public, ainsi que les étudiant-es qui font leurs premières armes en sciences sociales, apprécieront ce type de condensé qui réussit à présenter en peu de pages une abondance d'informations exactes et pertinentes.

Jean-Luc Gréau, *La trahison des économistes*, Paris, Gallimard, 2008

Raymond Favreau

Jean-Luc Gréau a été, pendant plusieurs années, l'économiste en chef des patrons français, du Medef[1]. Dans son dernier livre, il développe deux sujets abordés dans son ouvrage précédent, *L'avenir du capitalisme*[2], c'est-à-dire, le rôle de la Bourse et du libre-échange. Selon lui il s'agit de sauver le secteur productif du capitalisme, miné par sa variante financiarisée des dernières décennies et par ce qu'il appelle la vulgate néolibérale. Comme l'indique le titre *La trahison des économistes*, Gréau reproche à ses collègues leur adhésion aveugle à la vulgate néolibérale, l'abandon des idées économiques prônées

---

1. Mouvement des entreprises de France
2. Jean-Luc Gréau, *L'avenir du capitalisme*, Paris. Gallimard, 2005.

auparavant, et l'escamotage du débat sur la gouvernance financière, le libre-échange, et la demande globale.

Alors que pour certains marxistes, entre autres Samir Amin, la Bourse est un des piliers du capitalisme, Gréau estime qu'elle menace le système. Qu'on partage ou non son désir de préserver le capitalisme, notons que son traitement des marchés boursiers et de l'intégrisme du libre-échange est pertinent. Par ailleurs, même s'il prête aux syndicats des pouvoirs qu'ils n'ont pas, sur le plan social, son cœur bat quelque peu à gauche. Par exemple, il déplore l'érosion de la part salariale des revenus et la délocalisation des emplois vers les pays à faibles coûts salariaux.

La toile de fond est évidemment la prétendue nécessité de rendre les territoires plus compétitifs, la suprématie du secteur financier et des services par rapport à l'activité industrielle, et la stimulation de l'offre – tout en entraînant la déflation salariale. Quoi qu'il en soit, l'acte d'accusation que dresse Gréau contre la Bourse comporte les chefs suivants : 1° Les gros actionnaires exigent le libre-échange mondial afin de maximiser le rendement, de l'ordre de 15 %. Un tel rendement est beaucoup trop élevé, ne laissant pas de marge pour la recherche ou les placements en capital industriel. 2° La Bourse ne finance pas les activités productives, sauf pour une partie minime du produit des émissions d'actions. En effet, le gros de l'argent transigé sur les places financières est échangé entre investisseurs. 3° La Bourse incite les dirigeants d'entreprises à prendre des décisions à court terme afin de profiter de leurs *stock-options*, sans égard à moyen ou à long terme aux intérêts de l'entreprise, de ses employés, de ses créanciers, ou de la communauté. 4° Les marchés financiers ont pris le contrôle et pilotent l'économie et l'État.

La critique du libre-échangisme fondamentaliste est tout aussi sévère. Il préconise un retour à un protectionnisme sélectif afin de protéger l'essentiel de l'industrie française, notamment l'aéronautique et l'automobile. Il reproche à l'Union européenne (UE) de laisser des pays comme le Japon, la Corée et la Chine faire du dumping de leurs produits en Europe, alors que ceux-ci bloquent les importations provenant de l'UE. L'auteur nie l'affirmation des bons apôtres de la vulgate néolibérale voulant que le libre-échange est généralement bénéfique pour l'ensemble des pays. D'après lui, le soi-disant marché libre fait plutôt glisser les grandes économies vers des déficits commerciaux irréversibles. Le libre-échange globalisé remplace les emplois bien rémunérés par des emplois à basse rémunération. Il met les pays en concurrence fiscale et contribue à la déréglementation.

En plus d'aborder ces deux sujets, Gréau fait la mise à jour de sa critique de la financiarisation, qu'il avait traitée en 1998 dans *Le capitalisme malade de sa finance*[1], mais cette fois-ci à la lumière de la crise actuelle qui, selon lui, valide ses prévisions.

En somme, on pourrait dire que, sans que cela soit son objectif, Gréau fait le procès du capitalisme tout court. Nombreux sont les socialistes qui ont rappelé que le capitalisme financiarisé n'en est pas une variante extraordinaire. Il est plutôt typique de ce système[2], qui, espérons-le, aura bientôt fait son temps.

Richard Poulin avec la collaboration de Mélanie Claude,
Pornographie et hypersexualisation. Enfances dévastées, **tome 2,**
Ottawa, L'Interligne, 2008

Sylvie Richard-Bessette

Richard Poulin s'intéresse à la pornographie et à la prostitution depuis de très nombreuses années. Dans cet ouvrage, qui fait suite au premier tome *L'enfer de la prostitution*, il poursuit son analyse de la mondialisation de l'industrie du sexe, notamment en montrant l'ampleur de cette industrie et ses liens étroits avec le phénomène de l'hypersexualisation. Comme de nombreux spécialistes dans le domaine, il constate que la porno banalise les représentations sexistes et violentes, en plus de contribuer à la sexualisation et à l'exploitation sexuelle des enfants et des jeunes. Accessible et consommée par un public de plus en plus jeune, la pornographie est souvent dépeinte comme un modèle de libération sexuelle. Consommer de la porno est devenu tellement banal que même le Parti libéral du Canada a cru bon présenter à ses troupes un spectacle de drag-

---

1. Jean-Luc Gréau, *Le capitalisme malade de sa finance*, Paris, Gallimard, 1998.
2. Chesnais, Foster, Gindin, Magdoff et les autres.

queens et une strip-teaseuse lors de la fête de clôture du congrès en mai dernier[1]. Dans les médias, cet événement est presque passé inaperçu.

Le sexe fait vendre, c'est bien connu, et il est partout, mais paradoxalement il y a peu de recherches scientifiques rigoureuses sur les causes et les conséquences de la pornographie. Malgré cette lacune, Poulin présente un portrait détaillé de la situation actuelle.

Une industrie lucrative qui transforme les représentations de la sexualité dans nos cultures

Il y a trente ans l'industrie de la pornographie générait aux États-Unis des revenus de 4 milliards de dollars[2]. En 2006, ces revenus sont estimés à 13,3 milliards[3]. Non seulement cette industrie est de plus en plus lucrative, mais son développement fulgurant à l'échelle mondiale « s'est traduit par une pornographisation de la culture (imaginaire, attitude, comportement), par une banalisation de la prostitution considérée par beaucoup comme un travail comme un autre et, en conséquence, par une marchandisation accrue des femmes et des fillettes[4] ».

Grâce à Internet, au téléphone portable et à la télévision par câble, la pornographie est maintenant accessible d'un simple clic. Selon des estimations rapportées par Poulin, 12 % des sites Internet sont, en 2006, à caractère pornographique et la moyenne d'âge de la première exposition à la porno sur le Web est de 11 ans.

À l'usage, la porno ne s'est pas adoucie. Les photos du *Playboy* des années 50 paraissent bien inoffensives quand on les compare aujourd'hui à la porno infantile ou à la porno *hardcore* dans laquelle la violence, l'humiliation et le viol sont à l'honneur.

L'auteur analyse l'expansion de cette industrie et le lien entre la pornographie et la marchandisation du corps des femmes et des jeunes filles. Poulin soutient deux thèses : 1° que les médias contribuent au phénomène de la pornographisation de la culture ; 2° que

---

1. Hélène Buzzetti, « Des drag-queens à la fête du PLC », *Le Devoir*, 4 mai 2009.
2. Richard Poulin et Cécile Coderre, *La violence pornographique*, Hull, Asticou, 1986.
3. Richard Poulin avec la coll. de Mélanie Claude, *Pornographie et hypersexualisation, Enfances dévastées*, tome 2, Ottawa, L'Interligne, 2008.
4. *Ibid.*, p. 34-35.

la répétition des modèles pornographiques socialise les jeunes filles à être sexy de plus en plus tôt, à se définir principalement à partir de leurs attributs physiques et à plaire à l'autre sexe en utilisant les codes pornographiques. Ainsi, l'univers de la pornographie n'est plus réservé seulement aux hommes puisque les femmes sont constamment confrontées aux normes de la porno : seins hauts, ronds et volumineux, lèvres gonflées au collagène, ongles et cheveux longs, visage lisse, ventre plat, fesses rebondies, talons hauts, vêtements ajustés, dessous affriolants, utilisation d'objets sexuels, etc. Les vedettes de l'industrie du sexe sont devenues des célébrités connues autant par les consommateurs de pornographie que par monsieur et madame tout-le-monde. On les présente dans des magazines ou les émissions de télévision comme des modèles à suivre. On vante même les vertus de leurs prouesses, comme la danse poteau, une activité qui permet à la femme d'être plus féminine et de plaire à son homme !

Les nombreux cas présentés par Poulin appuient l'hypothèse selon laquelle la répétition des images pornographiques contribue à banaliser l'exploitation sexuelle des femmes et à les aliéner. En effet, les femmes apprennent que, pour avoir du succès auprès des hommes, il suffit d'être jeune, ferme et sexy. Pour y parvenir une multitude de moyens s'offrent à elles : produits cosmétiques, botox, chirurgie esthétique, toute chose qui permet de réduire les imperfections ou d'augmenter les attributs. Selon Poulin, l'augmentation du nombre de chirurgies esthétiques serait d'ailleurs un indicateur de l'effet de l'objectivation du corps des femmes.

Cette surenchère d'images finit donc par convaincre de nombreuses femmes que se conformer aux modèles pornographiques les rendra plus heureuses et surtout leur procurera du pouvoir. Cette « célébrité éphémère », nous explique l'auteur, est intimement liée à cette exposition publique de l'intimité, de plus en plus fréquente depuis le milieu des années 1990. Les émissions de téléréalité et les sites de réseautage social (comme *Facebook*) dans lesquels des individus, particulièrement les femmes, s'exhibent en sont de parfaits exemples.

Pendant qu'on socialise les filles à correspondre au modèle pornographique, les garçons apprennent de leur côté à considérer les filles comme des objets sexuels pouvant répondre à leurs moindres fantasmes et besoins sexuels. Selon l'étude de Poulin et les observations d'autres chercheurs, les jeunes débutent de plus en plus tôt leur consommation de matériel pornographique et ils sont nombreux à vouloir reproduire dans leur vie sexuelle les comportements observés dans la porno.

L'exploitation sexuelle des jeunes et des enfants

De tous les types de pornographie, la porno infantile est sans doute celle qui retient le plus l'attention du public et qui suscite le plus de réactions négatives. Or, cette porno est non seulement lucrative (de 16 à 22 % du chiffre d'affaires de l'industrie pornographique aux États-Unis[1]), mais elle serait en pleine expansion grâce à Internet, et ce malgré une surveillance accrue des autorités policières. Selon Poulin, cette forme de pornographie renforce l'idée que les enfants sont des objets sexuels à consommer, contribuant ainsi au développement du tourisme sexuel et à la violence faite aux jeunes enfants. Les pornocrates exploitent abondamment l'idée qu'il est tout à fait normal pour un homme d'avoir des rapports sexuels avec une fille de 20 à 40 ans plus jeune que lui. Ce modèle n'est évidemment pas propre à la pornographie puisque le cinéma contribue également à renforcer cette idée.

Plusieurs sites pornographiques vont même jusqu'à prétendre qu'il serait bénéfique pour une fille d'être initiée à la sexualité par un homme expérimenté, même si cet homme est son père. Ces sites présentent les jeunes filles comme des aguicheuses qui ne pensent qu'au sexe et plusieurs d'entre eux se spécialisent dans la promotion de l'inceste (à partir d'un moteur de recherche, l'auteur a recensé trois millions de résultats en entrant les mots « incest porn »).

En effaçant progressivement la frontière qui sépare la pornographie adulte et la pornographie infantile, on contribue à la « pédophilisation » soutient Poulin. En effet, on ne peut que s'inquiéter de cette érotisation des jeunes enfants et des produits qu'on offre aux petites filles (brassière rembourrée, *string*, maquillage, bijoux) pour les transformer en petites « jeunes femmes disponibles ». En somme, Poulin trace un portrait sombre de l'exploitation sexuelle des jeunes et des enfants dans le monde.

---

1. *Ibid.*

La pornographie : mécanisme de maintien des rapports de dominance entre les sexes

Les nouveaux modes de communication permettent à l'industrie pornographique de rejoindre un public de plus en plus jeune et diversifié. Les jeunes initiés précocement à la porno apprennent très tôt à voir le corps de façon morcelée, à considérer normaux les comportements hétérosexistes et les violences faites aux femmes. Selon Poulin, ils développent un imaginaire érotique où la dominance sexuelle prime. Les jeunes garçons consommateurs de porno exigent des filles qu'elles reproduisent les comportements vus dans la porno, et les filles se soumettent à ces exigences croyant que c'est la façon d'obtenir l'amour des garçons. L'auteur rapporte d'ailleurs des cas de jeunes filles au primaire offrant des fellations dans les cours d'école ou les autobus scolaires. L'initiation précoce à la pornographie et la sexualisation prématurée des jeunes ont des effets néfastes sur la sexualité et les rapports entre les sexes. L'auteur analyse les impacts de la pornographie adulte et infantile auprès des jeunes, des hommes consommateurs et des femmes. Il présente aussi des résultats d'entrevues auprès de prostituées, de danseuses nues et de hardeuses. Il ressort de ces témoignages que la réalité de l'univers porno est bien loin de l'image *glamour* manufacturée par les médias.

Les enjeux actuels

Avec Poulin, on peut déplorer le manque de recherches rigoureuses dans des conditions contrôlées. Cependant, il faut reconnaître qu'il existe de nombreuses études qui analysent le contenu des messages sexuels dans les médias. Plusieurs de ces recherches tentent de mesurer les conséquences des représentations pornographiques sur les attitudes et les comportements des jeunes et des adultes. Il aurait été pertinent ici de présenter davantage ces résultats.

Les exemples pour illustrer ce qu'est la pornographie sont nombreux dans le livre. Cependant, aucune définition du concept de pornographie n'est clairement proposée par l'auteur. Il convient de rappeler que toute représentation de la sexualité n'est pas pornographique. Bien sûr, tracer une ligne claire entre des représentations érotiques et pornographiques n'est pas une tâche aisée. Des représentations de la sexualité non dégradantes, non sexistes, non racistes, égalitaires et sans violence sont de plus en plus rares.

En ce qui concerne les effets de la sexualisation précoce, il existe plusieurs questions en suspens, plus particulièrement quant au rôle de la famille. Quelles sont les caractéristiques personnelles et familiales des jeunes qui consomment la porno de façon régulière ? Qui sont les filles qui se soumettent davantage aux codes pornographiques ? Qui sont ces garçons qui attendent des filles qu'elles correspondent aux modèles pornographiques ? Poulin reconnaît que les parents ont une responsabilité en matière d'éducation sexuelle, mais du même souffle, il insiste sur la difficulté pour les parents de surveiller l'utilisation de l'Internet et de la télévision et d'imposer des choix liés à la consommation. Certes, la tâche n'est pas facile. Toutefois, faut-il le rappeler, les parents sont les principaux éducateurs des jeunes.

À la fin de son livre, Poulin présente les différents groupes communautaires et gouvernementaux qui s'organisent pour contrer la pornographisation et qui jouent un rôle fondamental. Cependant, leur efficacité est amoindrie par l'absence d'une législation claire condamnant toutes les formes d'exploitation sexuelle, et non seulement la pornographie infantile. Certes, les lois ne pourront jamais mettre fin à ce fléau, mais elles auraient au moins le mérite d'envoyer un signal clair à notre société, de dire sans détour que toutes les formes de porno sont inadmissibles.

Le mérite de Poulin est d'avoir montré à quel point la pornographie est un phénomène tentaculaire qui envahit presque toutes les sphères d'activités humaines. Cette « pieuvre lubrique », qui croît admirablement bien dans les eaux d'une société capitaliste néolibérale et permissive, maintient fermement en place les rapports de dominance entre les sexes tout en donnant aux femmes l'illusion que l'adhésion aux modèles pornographiques est une question de choix personnel.

Les auteur-es

- Samir Amin préside le Forum mondial des alternatives, à Dakar (Sénégal).
- Pierre Beaudet enseigne le développement international à l'Université d'Ottawa.
- Pierre Beaulne est économiste à la CSQ.
- Daniel Bensaïd enseigne la philosophie politique à l'Université Paris 8.
- Luc Bonenfant enseigne les études littéraires à l'UQÀM.
- Sébastien Bouchard est militant syndical basé à Québec.
- Philippe Boudreau est politicologue au Cégep Ahuntsic et doctorant à l'Université d'Ottawa.
- Robert Brenner enseigne l'économie à l'Université de Californie à Los Angeles (États-Unis).
- René Charest est animateur social et militant de la CSN.
- Thomas Chiasson-LeBel est chargé de projet à la Ligue des droits et libertés du Québec.
- Donald Cuccioletta est chercheur à la chaire Raoul-Dandurand (UQÀM).
- François Cyr est politicologue au Cégep Ahuntsic et avocat.
- Françoise David est porte-parole de Québec solidaire.
- Louis Desmeules est enseignant de philosophie au Cégep de Sherbrooke.
- Gilles Dostaler enseigne l'économie à l'UQÀM.
- Raymond Favreau est coordonateur du conseil scientifique d'ATTAC-Québec.
- Jacques Gélinas est sociologue et écrivain.
- Sam Gindin enseigne l'économie politique à l'Université York (Toronto) et est membre de Socialist Project.
- Jean-François Hamel enseigne les études littéraires à l'UQÀM.
- Michel Husson est économiste et chercheur à l'Institut de recherches économiques et sociales (Noisy-le-Grand, France).
- Songjin Jeong est éditeur du quotidien *Hankyoreh* en Corée du Sud.

- Xavier Lafrance est doctorant à l'Université York et membre du SCFP.
- Josée Lamoureux est économiste à la CSN.
- Jacques Létourneau est responsable des relations internationales à la CSN.
- Gustave Massiah est président du Centre de recherche et d'information sur le développement (Paris).
- Leo Panitch enseigne l'économie politique à l'Université York et est membre de Socialist Project.
- Jacques Pelletier est professeur en études littéraires à l'UQÀM et militant syndical.
- Martin Petit est membre de l'Institut de recherche et d'informations socio-économiques (Montréal).
- Martin Petitclerc enseigne l'histoire à l'UQÀM.
- Victor Alexandre Reyes Bruneau est trésorier du Syndicat des travailleuses et travailleurs du Holiday Inn Longueuil et étudiant en communication à l'UQÀM.
- Sylvie Richard-Bessette est professeure de psychologie au Cégep André-Laurendeau et chargée de cours à l'UQÀM.
- Bernard Rioux est militant social et politique de la région de Québec.
- Boaventura de Sousa Santos enseigne la sociologie à l'Université de Coimbra (Portugal).
- Bertrand Schepper est membre de l'Institut de recherche et d'informations socio-économiques (Montréal).
- Daniel Tanuro est ingénieur-agronome à Bruxelles (Belgique) et à Buenos Aires (Argentine).
- Emmanuel Terray enseigne l'anthropologie à l'Université de Vincennes (Paris).
- Alain Tremblay est juriste.
- Francisco « Chico » Whitaker est membre du comité international du FSM et militant social au Brésil.

À VENIR...

Le dossier du n° 3 des *Nouveaux Cahiers du socialisme* portera sur le thème « État : pouvoirs et contre-pouvoirs ». Sa sortie en librairie est prévue en février 2010.

Le dossier du n° 4 se concentrera sur « l'oppression et l'émancipation des femmes, les luttes et les rapports sociaux de sexe ». Il sera disponible en librairie en septembre 2010.

Outre les dossiers thématiques, chaque numéro des *NCS* publie trois rubriques – « Bilan de luttes », « Perspectives » et « Notes de lecture » – ouvertes à d'autres sujets.

Les articles et les recensions doivent être envoyés au Collectif d'analyse politique, < cap@qc.ca.edu >. Vous devez vous conformer à nos normes éditoriales de publication.

Le site Internet
des *Nouveaux Cahiers du socialisme*

Entièrement repensé, le site des *NCS* donne accès à plusieurs articles publiés dans le numéro 1 de la revue, ainsi qu'à plusieurs rubriques d'actualité écrites en phase avec nos champs de recherche, l'actualité et les perspectives de transformations sociales.

La nouvelle adresse : < www.cahiersdusocialisme.org >

Nouveaux Cahiers du socialisme

• publiés deux fois par année •

COUPON D'ABONNEMENT
À retourner avec votre règlement
(chèque ou mandat postal) à l'ordre de
Les Éditions Écosociété
c. p. 32 052, comptoir Saint-André
Montréal (Québec)
H2L 4Y5

	1 an	2 ans
Tarif normal	35 $	65 $
Étudiant-es / sans emploi	30 $	55 $
International	45 $/28 €	90 $/56 €
Institution	40 $	80 $
Soutien	50 $	100 $ et plus

Abonnement à partir du numéro ....

Nom ....

Adresse ....

Ville .... Province ....

Pays .... C. P. ....

Téléphone (facultatif) ....

Courriel (facultatif) ....

NOS DIFFUSEURS

EN **AMÉRIQUE**   Diffusion Dimédia inc.
539, boulevard Lebeau
Saint-Laurent (Québec) H4N 1S2
Téléphone : (514) 336-3941
Télécopieur : (514) 331-3916
Courriel : general@dimedia.qc.ca

EN **FRANCE ET**   DG Diffusion
EN **BELGIQUE**   ZI de Bogues
31750 Escalquens
Téléphone : 05 61 00 09 99
Télécopieur : 05 61 00 23 12
Courriel : dg@dgdiffusion.com

EN **SUISSE**   Servidis S.A
Chemin des Chalets
1279 Chavannes-de-Bogis
Téléphone et télécopieur : 022 960 95 25
Courriel : commandes@servidis.ch

Achevé d'imprimer en septembre 2009
par les travailleuses et travailleurs
de l'imprimerie Gauvin
Gatineau, Québec